教職教養講座 第9巻

発達と学習

京都大学名誉教授　　京都大学大学院教育学研究科教授
子安 増生　　　明和 政子　　編著

高見 茂・田中 耕治・矢野 智司・稲垣 恭子　監修

協同出版

刊行の趣旨

　『新・教職教養シリーズ』が、和田修二先生、柴野昌山先生、高木英明先生の監修で刊行されて以来、早や４半世紀が経とうとしています。まだ駆け出しの研究者であった私達は、先生方のご指導の下、シリーズ刊行のお手伝いをさせて頂いたことを昨日の如く鮮明に記憶しています。

　この間わが国の教育は、国際環境の変化、国内の経済・産業構造や人口動態の変化、児童・生徒の興味・関心や父母の教育要求の多様化等、従来には見られなかったダイナミックな変化に晒され、同時多面的な対応を迫られて参りました。こうした実情に対応すべく、教育行政、学校教育、教育課程、教員養成等の改革・改善を志向する教育政策が矢継ぎ早に打ち出されました。

　何れの時代においても、教育界の基幹的任務は人間の育成であります。取り分け変化が激しく先行きの見通しが不透明な今日、変化を的確に捉え時代の要請に柔軟に応答できる人間の育成が求められています。そのためには、現職の教員もまた生涯学び続ける能力の獲得が重要となると考えられます。同じ基準の下、国民全般にわたって広く人間の育成を担うのは、学校教育現場の教員であり、教員自身の資質・能力の向上が今ほど求められている時代はありません。最先端の知見を吸収し、日常の教育指導実践に活かせることが大切です。

　今回刊行される『教職教養講座』全15巻は、『新・教職教養シリーズ』の継嗣に当たるもので、京都大学大学院教育学研究科・教育学部の現職スタッフが中心となり、教職課程の教科書として編まれたものです。編集方針としては、京都帝国大学文科大学の「教育学教授法講座」以来の伝統を受け継ぎ、人間・心・社会と教育の関係を軸に、教職に関わる最先端の研究成果と教職の在り方を全国に発信・提案することをねらいとしています。本講座が読者の知的好奇心を満たし、今後の糧となり道標になることを祈って止みません。

京都大学白眉センター特任教授　　高見　茂

京都大学名誉教授　　田中 耕治

京都大学大学院教育学研究科教授　　矢野 智司

京都大学大学院教育学研究科長・教授　　稲垣 恭子

まえがき

　本巻のテーマである「発達と学習」は、教職教養にとって最も重要な課題であると言っても、決して過言でも手前味噌でもないだろう。教員免許状取得に必要な科目の内容は、「教科に関する科目」、「教職に関する科目」、「その他の科目」（「日本国憲法」など）に大別されるが、教職に関する科目のうち、「教育の基礎理論に関する科目」の6単位の中に「児童等の心身の発達及び学習の過程」が含まれていることに、教職教養における発達と学習の重要性が如実に示されていると言えよう。

　心理学の一般的定義としては、発達は「受胎から死にいたるまでの時間系列にそった心身の系統的な変化」と定義され、学習は「経験による比較的永続的な行動の変容」と定義される。しかし、発達も学習も、その現実の姿は多様であり、学ぶには奥深いものがある。本巻の12の章は、全体としてそのことを示しており、各章のタイトルと執筆者は下記の通りである。ちなみに、本巻の執筆者は全員、京都大学教育学部・大学院教育学研究科の教育方法学講座または教育認知心理学講座（両者の前身の講座を含む）の出身者である。

　第1章「発達と学習の基礎」（子安増生）と第2章「発達と学習の進化」（明和政子）は、発達と学習の両方に関わる基礎的な諸問題を論じている。第3章「発達期への視点」（西垣順子）、第4章「幼児期の発達」（西川由紀子）、第5章「児童期の発達」（金田茂裕）、第6章「青年期の発達」（中間玲子）、第7章「発達・学習の障害と支援」（赤木和重）、第8章「児童養護施設における発達支援」（髙橋菜穂子）、第9章「家庭と地域の役割」（坂上裕子）、第10章「養育者の発達」（田中友香理）の8章は、発達心理学あるいは発達実践上の諸問題を取り扱っている。最後に、第11章「学力と進学」（松下佳代）および第12章「学力の国際比較」（松下佳代）は主として学習の問題である学力を扱う章である。全体を通じて、発達に関連する章の方が学習に関連する章よりも多いが、それは、執筆者が発達心理学あるいは発達教育論をバックグラウンドに持っているからであり、また学習ならびに学校教育の諸問題については、本シリーズの他

1

の巻にも関連する章が多く含まれるからでもある。

　本巻の編集も他の巻と同様、協同出版（株）の編集部、とりわけ諏訪内敬司
氏にお世話になった。ここに記して、厚く御礼を申し上げる次第である。

2017年9月1日

子安増生　明和政子　識

教職教養講座　第9巻　発達と学習
目　次

第1章
発達と学習の基礎

第1節　発達の基礎

第1項　発達の概念

　発達（development）は、広義には「受胎から死にいたるまでの時間系列にそった心身の系統的な変化」と定義される。英語の "develop" の語源的意味は「巻物をひろげる」ことであり、発達は遺伝子という巻物にプログラムとして書きこまれた人間の素質が発現していく過程である。太古の時代に地球上で誕生した生物は、単細胞生物から多細胞生物へ、さらには複雑な身体組織・器官をもつ生物へと進化してきた。この進化の過程を系統発生（phylogeny）と言う。これに対して、一個の受精卵が細胞分裂と増殖を重ねて成体になるまでの発達過程を個体発生（ontogeny）と言う。個体発生に関して、生殖細胞の中に最初から存在する何らかの構造に基づいて発生が生ずるとする前成説（preformationism）が長く信じられたが、発生の研究が進むと共に、そのような構造があらかじめ存在するということはなく、細胞や器官が順次形成されるとする後成説（epigenesis）の考え方が現在では優勢となっている。

　発達とよく似た概念に「成長」、「成熟」、「加齢」などがある。成長（growth）は発達と同じ意味で用いられることも多いが、発達が言語や歩行の能力の獲得のような質的変化をさすことが多いのに対し、成長は計測可能な身長や体重などの量的変化をさすことが多い。成熟（maturation）は、個体が成長して生殖機能が完成する（性成熟）ことを言う場合と、経験や訓練の結果としての変化

である学習（learning）と対立する概念として、遺伝的に規定された発達の側面をさす場合とがある。加齢（aging）は、広く年齢にともなう心身の変化のことをさすが、狭義には成熟以後の心身の衰退過程（老化）をさして言う。

発達の時代変化

　発達の様子は、地域や時代をこえて普遍的なものであるわけではない。わが国では1948（昭和23）年から「学校保健統計調査」として幼児（幼稚園児）・児童（小学生）・生徒（中・高校生）の身長・体重・座高・胸囲などが毎年調べられているが、最高身長などの値が年々高くなる年間加速現象、最高身長に達する年齢が年々早まる成熟前傾現象が報告されている。女子の初潮（月経の開始）の時期が年をおって低年齢化する傾向も成熟前傾現象である。このような現象を概括して発達加速（developmental acceleration）という。

　ニュージーランドの心理学者フリン（Flynn, J. R.; 1934－）は、年代による平均知能の推移を調べる知能の時代差の研究を行い、多くの国々で知能の発達加速傾向が見られるという報告をおこなってきた（Flynn, 2012）。これは、フリン効果（Flynn effect）と呼ばれる現象である。これとは反対に、いわゆる「学力低下」など、世代をおって発達が遅くなっていくことを発達減速と言う。

第2項　発達期の区分

　発達期（developmental period）の区分は、行政機関ごとに個別に法律によって定義されている。以下、各省庁の発達期の区分について見た後、最後に発達心理学の標準的な発達区分を示す。

　法務省：少年法では、満20歳に満たない者を「少年」、満20歳以上の者を成人と定義している（第2条）。これは、飲酒（未成年者飲酒禁止法）と喫煙（未成年者喫煙禁止法）の可能な年齢区分にも対応する。また、少年法によれば、14歳未満と14歳以上では刑事上の責任能力に違いがあり、14歳未満の少年では責任能力が問われず「触法行為」となることが14歳以上では責任能力が問われ「犯罪行為」となる。婚姻（結婚）が可能となる年齢は、女子で満16歳以上、男子で満18歳以上（民法第731条）であるが、未成年者の場合には父母の同意

が必要である（民法第737条）。

　厚生労働省：児童福祉法（第4条）では、「児童」とは満18歳に満たない者をさす。それには、乳児（満1歳に満たない者）、幼児（満1歳から小学校就学の始期に達するまでの者）、少年（小学校就学の始期から満18歳に達するまでの者）という下位区分がある。児童相談所が対象とするのは18歳未満の者であり（第10条）、保育所は「保育を必要とする乳児・幼児を日々保護者の下から通わせて保育を行うことを目的とする施設」（第39条）である。すなわち、保育所（担当は保育士）は、幼稚園（担当は教諭）と違って、教育機関ではなく児童福祉施設の1つである。

　外務省：1989年の国連総会において児童の権利条約が採択され、1990年に発効したが、日本は1994（平成6）年に批准している。この条約の適用上、児童とは「18歳未満のすべての者をいう」（第1条）。また、「締約国は、その管轄の下にある児童に対し、児童又はその父母若しくは法定保護者の人種、皮膚の色、性、言語、宗教、政治的意見その他の意見、国民的、種族的若しくは社会的出身、財産、心身障害、出生又は他の地位にかかわらず、いかなる差別もなしにこの条約に定める権利を尊重し、及び確保する」（第2条1）とされる。2016年2月現在、児童の権利条約を締約した国または地域は196となっている。

　文部科学省：学校教育法において、所属する学校の種別によって幼児・児童・生徒・学生とよび分けている。幼稚園に入園できるのは、満3歳からの「幼児」と定められている（第26条）。すなわち、2歳以前の子どもは学校教育の対象外である。なお、「園児」と呼ぶのは通称である。小学生（6歳〜12歳）を「児童」、中学生（12歳〜15歳）・高校生（15歳〜18歳）を「生徒」と呼ぶ。したがって、小学校では児童会、中学・高校では生徒会となる。専門学校、短期大学、大学、大学院では「学生」と呼ぶ。大学院学生を「院生」と呼ぶのは通称である。

　発達心理学：以下は、発達心理学の標準的な発達区分であり、日本の法律制度（母子保健法、学校教育法、国民年金法など）にも準拠した時期と発達的特徴を示している。

　新生児期（neonatal period）：生後4週間。呼吸、体温調節、授乳、排泄の開始。

乳児期（infancy）：1歳半まで。歩行と言語の準備期。

幼児期（young childhood）：6歳の就学まで。身辺の自立と話しことばの基礎。

児童期（childhood）：小学生の時期。書きことばの基礎。計算能力の発達。

青年期（adolescence）：中学生から20代後半。職業と配偶者の選択に折り合い。

成人期（adulthood）：30代から64歳まで。仕事、家庭、子どもの養育。

老年期（senescence; old age）：65歳から。第2の人生。老化と死に直面。

第3項　代表的発達理論

これまでに多くの発達理論が示されてきたが、その中でもピアジェの発生的認識論とエリクソンのライフサイクル論はとりわけ重要である。

ピアジェの発生的認識論

スイス生まれの発達研究者ピアジェ（Piaget, J.; 1896 – 1980）は、故郷のニューシャテル大学で生物学の博士号を得た後、知能の発達研究に転じ、スイスとフランスの研究機関で子どもの認識の発生過程を研究して発生的認識論（genetic epistemology）の体系を樹立した（Piaget, 1966, 1970）。ピアジェの発生的認識論は、認識の個体発生過程である認知発達論と認識の系統発生過程である科学史（人間科学の歴史）の両輪からなる。ここでは、前者について見ていく。

ピアジェの発生的認識論では、事物を認識するための枠組みであるシェマ（schema）を用いて外界から情報を取り入れる同化（assimilation）の過程と、既存のシェマでは同化がうまくいかなくなった時にシェマ自体を変更する調節（accommodation）の過程の両方が認識の発達を推進する原動力であるとされる。たとえば、小学校の「算数」では計算の正確性が求められるが、中学や高校の「数学」では論理の正確性が求められるとされ、算数から数学に移行する時に数的処理に関するシェマの調節が求められるのであり、そこに中学ではじめて数学を学ぶ生徒の戸惑いも生ずるのである。

ピアジェは、0歳から15歳までの認知の発達を以下の4期に分けた。

感覚－運動期：誕生から2歳頃までの時期は、感覚－運動期（sensori-motor period）と呼ばれる。感覚－運動というのは、表象や言語がほとんど介在せず、

感覚刺激と運動反応が直に結びついた状態をさしている。赤ちゃんが手に触れたものを握る動作を示す把握反射や、頬に触れたものをくわえて吸おうとする吸綴反射などのような原始反射（primitive reflex）は、感覚－運動反応の典型例である。赤ちゃんが手にガラガラを持って振ると、ガラガラ音が振る動作を促し、その振る動作がまたガラガラ音を作り出すという双方向的関係が生ずるようになると、循環反応（circular reaction）が成立する。感覚－運動期の後半には、歩行と言語が可能となりはじめ、探索行動が子どもの認知発達を促進していく。その結果、物体が見えなくなったり聞こえなくなったりして直接的知覚ができなくなったとしても、なおどこかに存在し続けるという対象の永続性（object permanence）が理解されるようになり、感覚－運動的シェマからの脱却が成立する。

　前操作期：2歳頃から7歳頃までの時期を前操作期（preoperational period）と言う。動作として理解できることが動作に頼らなくても「頭の中」だけでできるようになることをピアジェは操作（operation）の獲得と定義したが、この時期はいろんな点で操作が獲得される前の段階（前操作的段階）である。たとえば、目の前に物があれば足し算はできるが、暗算はまだできないなどの状態を言う。2歳前後から、ことばが出はじめるだけでなく、さまざまな記号的機能（semiotic function）が出現する。記号的機能とは、能記（あらわすもの）と所記（あらわされるもの）の関係が成立することを言う。たとえば、ままごとのようなごっこ遊び（pretend play）あるいは象徴遊び（symbolic play）では、葉で皿を、砂でごはんを、枝で箸をあらわすなど、遊びの中に記号的機能が用いられている。

　描画（drawing）は、1歳前後からはじまるが、最初は感覚－運動的ななぐりがき（scribble）が、2歳を過ぎると人間・動物・植物・電車などをあらわす表象的描画へと変化していく。前操作期に特徴的な心性の1つにアニミズム（animism）がある。これは、動物・植物だけでなく、動くおもちゃのような人工物や石のような自然物に対してまで、生命性を感ずることをいう。このことは、現実にはあり得ない不可思議な現象が起こることを当然視する魔術的思考にもつながる。端的な例としては、サンタクロースが実在すると信ずることで

ある。

　具体的操作期：7、8歳頃から11歳頃までの小学校の中心部分にあたる時期を具体的操作期（concrete operational period）と言う。この時期にはさまざまな論理操作が可能になるが、同じ形式の論理であっても、材料の具体的イメージに影響されて誤ったり、抽象度があがると迷わされたりする。たとえば、「A＝A」を同一律と言うが、具体的操作期の初期の子どもたちは「鉄1kgと綿1kgではどちらが重いか？」というなぞなぞに簡単に引っかかってしまう。また、物質がその見かけなどの非本質的特徴において変化しても、数・重量・面積・物質量・液量などの本質的特徴は変化しないことを保存性（conservation）と言うが、具体的操作期の子どもはまだ保存性獲得の途上にあり、たとえば同形同大の2つのコップに同じだけ水を入れて等量であることを確認させた後、片方のコップはそのままにし、もう片方を別の形をした容器に移しかえ、「水が増えたか、減ったか、それとも同じか」と液量の保存性を尋ねると、容器の見かけの形状に影響されて誤答してしまう。

　形式的操作期：最後に、11、12歳から14、15歳の小学校高学年から中学生にかけての時期を形式的操作期（formal operational period）と言う。形式的操作期の時期の思考は、事実についてだけでなく可能性の問題について論じたり、仮説検証的な推理を行ったりすることを可能にする。形式的操作的思考の特徴は、（1）「かつ」や「または」を用いて論理的に考える「命題の組合せ」、（2）ある現象に対して作用しているように見えるいくつかの要因の中から真に関連する要因を取り出す「関連要因の発見」、（3）天秤の左右に重りを乗せてつりあうかどうかを見る「比例概念」の3点が特に重要とされる。ピアジェは11〜15歳までに形式的操作の思考が完成すると考えたが、その後の研究ではこのことは追認されず、むしろ大学生になっても形式的操作の思考ができない者が少なくないことが示された。このことを受けてピアジェは、具体的操作期から形式的操作期へという操作的思考の発達の順序性は動かないが、その到達の時期に大きな個人差があること、論理的思考は理数的思考だけではなく、発達段階の概念と適性分化の概念を調和させて考える必要があることを認めた（Piaget, 1972）。

エリクソンのライフサイクル論

　アメリカの心理学者エリクソン（Erikson, E. H.; 1902－1994）は、デンマーク人を母親としてドイツに生まれ、青年期にヨーロッパ中を放浪する生活を送り、「自分は何者か」、「自分が帰属すべき集団は何か」という自己同一性（self-identity）に関わる問いを抱き続けた後、精神分析の訓練を受けて臨床家となり、アメリカに帰化してインディアンの子どもたちの発達と養育についての研究を行い、その成果等をもとに生涯にわたる8つの発達段階と各時期の発達課題を明らかにするライフサイクル（life cycle）論を提唱した（Erikson, 1950）。以下の各発達段階の説明の「対」の左側はそれぞれの段階の発達課題に成功した場合、右側は発達課題に失敗した場合に生ずることがらを示している。

　乳児期（0〜1歳）：基本的信頼 対 不信。母親は赤ちゃんにとって重要な存在であり、その愛情と養護によって、赤ちゃんの基本的信頼感が育まれる。他方、育児放棄や虐待など基本的信頼が得られない場合、赤ちゃんは不信を形成する。

　幼児前期（1〜3歳）：自律性 対 恥。この時期の幼児は、何にでも興味をもち、無理なことでも自分でやりたがり、それがうまくいけば自律性を促進する。他方、トイレット・トレーニングの場合のように、失敗は恥の感覚と自分の能力に対する疑惑を生む。

　幼児後期（3〜6歳）：積極性 対 罪悪感。小学校に入学するまでの時期、保育所や幼稚園での集団生活にも慣れ、何でも自分から進んで行うという積極性が育まれるが、集団の規律が守れないなどの失敗は周囲から非難されるので罪悪感につながる。

　児童期（6〜12歳）：勤勉性 対 劣等感。小学校に入ると勤勉性が育まれ、競争性がある環境の中で切磋琢磨し、人よりも上を目指したいという気持ちが出るが、反対に人よりも遅れる経験を繰り返すと、自分は劣っているという感情（劣等感）が強くなる。

　青年期（12〜18歳）：同一性 対 役割混乱。進学や就職などを契機として、自分が一体何者か（自己同一性）について考えはじめる。その決定を先延ばしにすることは、心理・社会的モラトリアム（psycho-social moratorium）と呼ば

れる（単に「モラトリアム」とも呼ばれている）。他方、自己同一性の規定の失敗は役割混乱を生じさせる。

　成人前期（18～35歳）：親密性 対 孤独。学校教育を終えて職業生活に入ると、職場の上司、同僚、後輩らとの人間関係を良好に保つことが重要となり、異性との親密性の機会も生まれてくる。他方、そのような親密性がうまく育たないと、孤独が強くなる。

　成人後期（35～64歳）：生殖性 対 沈滞。結婚して子どもがいる場合や職場で若い部下がいる場合などには、次世代の育成を行う生殖性（generativity）が育まれる。そのような機会が得られないか、機会があってもうまく生かせないと、沈滞の状態に陥る。

　老年期（65歳～）：自我統合性 対 絶望。退職して「第二の人生」と言われる時期が始まる。今までの自分の人生を振り返り、目指していた課題の達成がうまくできたかを考え、自我の統合を図る。しかし、それがうまくできないと、絶望感に苛（さいな）まれる。

　エリクソンのライフサイクル論の年齢区分は、第2項で述べた発達心理学の標準的な発達区分とは異なる部分がある。最も大きな違いはエリクソンのライフサイクル論では青年期の終わりが18歳になっている点であるが、平均寿命も学歴も短い時代の理論であるので、少なくとも大学生までを青年期に含める現在の基準から見ると、終期がかなり早期に設定されている。

第4項　社会性の発達

　人間は、家族・地域・学校・職場などさまざまな集団の中で生きる存在であるので、自己、他者、自－他関係を理解し、コミュニケーションの道具を身につけるなど、集団の中でうまく生きていくためのスキルとしての社会性（sociability）を身につけることは、とりわけ重要な発達課題である。

社会的微笑

　微笑は、生後間もない赤ちゃんにも、お乳でおなかがいっぱいになった時などの快適な状態のあらわれとして生理的微笑が見られるが、生後2～3ヶ月頃

になると、だれかが顔を近づけるだけでほほ笑むというような社会的微笑（social smile）が見られるようになり、そのことが親や保育者からの関わりを誘うものとなる。生後6ヶ月を過ぎる頃には、愛着関係が形成された特定の大人に対してなつく反応を示す一方、知らない大人には人見知りを示すようになっていく。

喃語

　表情と共に重要なものは、音声的コミュニケーションである。赤ちゃんの発声は、最初は泣き声だけであるが、生後1か月ごろから機嫌の良いときに「ウーウー」などの発声が生じ、5〜6ヶ月頃になると「バ、バ、バ」など音の多様性がましてくる。まだ言語としては意味をもたないこのような発声活動を、日本語では「ナン、ナン、ナン」という音声をとらえて喃語、英語では「バブ、バブ、バブ」という音声をとらえてバブリング（babbling）と言う。喃語そのものは言語とは言えないが、喃語にふくまれる音声は基本的に母語の発音を構成する要素であり、後に獲得する母語の音声的基盤となる。親や保育者が「ナン、ナン、ナンね」などと喃語のまねをして話しかけると、子どもは喜んでその発声をくりかえし、言語獲得に欠かせない音声模倣の基盤が形成される。

言語

　言語の発達は、初語（first word）の出現から始まる。初語とは「子どもが生まれて初めて発した意味のあることば」という意味であるが、それは周囲の大人から見て、その場面で子どもの発声が単語として聞き取れ、その発話の意味が理解できるという主観的な側面を有している。子どもが最初に発音することができるのは、先ず上下の唇を使って調音を行う両唇音（パ行、バ行、マ行の音）、次いで上の歯茎に舌の端を触れさせて調音を行う歯茎音（特にタ、ダ、テ、デ、ト、ド）であり、初語やそれに続く発語の例としては、これらの音の組み合わせである「パパ」、「ママ」、「ブーブー」、「ダメ」などがある。

　1歳頃から2歳の幼児のことばは、「ワンワン」のように、基本的に一語から成る文であり、そのために一語文あるいは全体句（holophrase）と言われる。

一語文では、発話の意図が十分に伝わらないことが多いが、二語文では「ワンワン　イル」、「ワンワン　カッテ」、「ワンワン　コワイ」など、発話の意図の明確さが強まる。一語文の段階から二語文が言えるようになる段階に進むには、数ヶ月を要することも普通であるが、二語文が出るようになると三語文、四語文に進むのは早く、その意味において一語文から二語文への発達はきわめて大きな一歩である。

　3歳から6歳の幼児期後期は、「話しことば」が飛躍的に発達する時期である。話したり聞いて理解したりすることのできる語彙が増えていくだけでなく、母語の基本的な文法構造の理解が進んでいく。6歳頃になると、「は」「が」「を」「に」などの助詞が正確に使えるようになったり、文と文を接続詞でつないだり、長い文章が言えたりするようになる。しかし、個人差も大きく、幼児発音は7歳くらいまで残ることもある。とりわけ発音が難しいのは、ザ行音（ジャリガニ）、ラ行音（ダイオン）、サ・ス・セ・ソ（シャクラ、シュルメ）、ツ（チュメ）などである。

　児童期は、学校教育において「書きことば」の世界に入っていき、読み書きの基本が形成される時期である。識字（literacy）は、すべての国や地域において、初等教育（小学校教育）の目標の最大の柱である。書きことばの習得によって、時代や地域を隔てた人との文字を介したコミュニケーションが可能となるだけでなく、自分の思想を文字によって表現することができるようになる。

　知的発達に特に遅れがないのに文字の読み書きに著しい困難があることをディスレクシア（dyslexia）という。この語は、「難読症」、「識字障害」、「読み書き障害」とも訳されているが、病気ではないし、他の障害と同列にとらえてよいかについては議論があり、そのままディスレクシアと表記する傾向にある。ディスレクシアは、英語のように綴りと発音の関係が不規則な言語では生じやすい。日本語の場合は、読み書きの学習の初期の段階では綴りと発音がほぼ一致している平仮名を用いるので、ディスレクシアは比較的生じにくいのであるが、漢字の学習が進んでいくとともに、読み書きの困難性が高まっていく。

　小学校学習指導要領では、学年別学習漢字が定められ、6年間で1,006字を学ぶことになっている。千字程度の漢字を学ぶだけでも、たとえば「古典的認

識論では、認識主体としての主観と認識客体としての客観との対置構造におい
て認識がとらえられたが、主観に重きを置く観念論と客観を重視する実在論の
2 つの相対立する思想があった。」という哲学的な抽象性の高い文をあらわす
ことができるのである。

自己理解

　社会性の発達の基礎に、自己と他者の区別の問題がある。自己自身について
の認識はどのようにして始まるのであろうか。生まれて間もない赤ちゃんは、
自分自身の顔や身体全体を見る機会はなく、周りの人間の顔や身体を見ること
しかできない。したがって、鏡で自分の姿を見せられても、最初は自分だと分
からないのである。自然界の動物も当然鏡を見ることはなく、鏡を見せられて
自分の姿であることを認識できる動物種はきわめて限られているとされる。ア
メリカの心理学者ギャラップ（Gallup, G. G., Jr.; 1941 −）は、麻酔で昏睡状態
にしたチンパンジーの顔の一部に無臭の染料を塗った後、鏡で姿を見せるミ
ラー・テスト（mirror test）を行い、鏡の方でなく染料が付着した自分の身体
に触れれば鏡像自己認知が可能であると判定した（Gallup, 1970）。人間の乳幼
児を対象にした追試研究（Amsterdam, 1972）では、生後 6 ヶ月〜12 ヶ月の子
どもは鏡に映った自己像をだれか別の他者のようにみなし、13 ヶ月〜24 ヶ月児
では鏡を避けるような反応や鏡の中の像におずおずと対処するような反応を示
すが、24 ヶ月以後の子どもは鏡の中の像が自分自身であることが分かり始め、
事前にこっそり鼻に付けられた口紅に手で触れる反応が見られるようになるこ
とが示された。

　「人のふり見て我がふり直せ」という格言があるが、自分だけでは自分のこ
とは分からないものであり、他人の様子を見たり、人から指摘を受けたりして、
自分自身についての理解が深まることは、子どもだけでなく大人でも同様であ
る。

　自分自身のことを考えるとき、考える主体を自我（ego）、考える客体として
とらえられるものを自己（self）と呼ぶ。自分とはこういう人間であるという
自己定義のことを自己概念（self-concept）と言うが、自己自身の価値に関する

自己規定は自尊心またはセルフエスティーム（self-esteem）と呼ばれている。カナダ出身のアメリカで活躍する心理学者バンデューラ（Bandura, A.; 1925−）は、自分が何らかの働きかけをするとその成果がきっと得られるという感覚を自己効力感（self-efficacy）と呼んだ（Bandura, 1971）。自己効力感は、自尊心の形成にとって大変重要な条件である。

他者理解

　社会性の発達のもう１つの重要な基礎は、他者の心を読み取る他者理解の能力である。ピアジェは、幼児期の心性の１つとして、自己中心性（egocentrism）ということを挙げた。これは、子どもが自分勝手に行動するとか、自己の利益しか考えないという意味ではなく、物事が自分の視点からしか見えず、相手からどのように見えるかがうまく推測できない状態を言う。子どもは、自分が知っていることは相手も知っているものと思い込んでいるので、話がかみ合わないことがしばしば生ずるのである。幼児期に子どもは「うそ」をつきはじめる。うそは、たとえば「自分はこわしたことを知っているのにお母さんは知らない」ということの理解を前提としており、たくまずしてそのような自−他の違いの理解を体験する機会となっている。

　アメリカの心理学者プレマック（Premack, D.; 1925−2015）らは、チンパンジーが他の仲間や人間の心の内容を読み取る能力を想定し、それを心の理論（theory of mind）と呼ぶことを1978年に提唱した（Premack & Woodruff, 1978）。

　この考え方を受けて、オーストリアの心理学者パーナー（Perner, J.; 1948−）らは、幼児の心の理論の発達を研究する方法として、「棚に置いておいたチョコレートを知らない間にお母さんが別のところに移したのに、元のところのままであると思い込んでいる登場人物のマクシという男の子の誤り」が理解できるかを調べる誤った信念課題（false belief task）を1983年に開発した（Wimmer & Perner, 1983）。パーナーらの原論文を含む多くの研究から、人間は４歳から６歳の間に心の理論を獲得していくことが示されている。

　イギリスの心理学者バロン＝コーエン（Baron-Cohen, S.; 1958−）らは、1985年に自閉症児の心の理論に関する最初の研究を発表した。平均年齢11歳11ヶ月

の高機能とされる自閉症児でも、誤った信念課題に正解できたのは20%にとどまり、バロン＝コーエンは、心の理論の欠損が自閉症の中核的障害であると論じた。なお、この研究では、課題の登場人物が2人の少女に変更され、その登場人物の名前をとって「サリーとアンの課題」と命名された。

ソーシャル・スキル・トレーニング

　アメリカ精神医学会の『精神疾患の診断・統計マニュアル』第4版（DSM-IV-TR）では、広汎性発達障害（pervasive developmental disorder; PDD）として、自閉性障害、アスペルガー障害、レット障害、小児期崩壊性障害、特定不能の広汎性発達障害が分類されていたが、2013年に改訂された第5版（DSM－5）では、このような細かな区別は行われなくなり、レット障害以外は自閉スペクトラム症（autism spectrum disorder; ASD）に統合された（American Psychiatric Association, 2013）。DSM-IV-TRの広汎性発達障害は①社会性の障害、②コミュニケーションの障害、③限定的／反復的行動の3つで定義されていたが、DSM－5の自閉スペクトラム症では①社会的コミュニケーションの障害と②限定的／反復的行動の2つにまとめられた。

　集団の中でうまく生きていくためのスキルとしての社会性に障害を抱えている場合に有効であるとされるのがソーシャル・スキル・トレーニング（social skills training; SST）である。これは、挨拶の仕方をはじめとして、相手の話の聞き方、仲間への入り方、頼み方と断り方、謝り方と苦情の伝え方、トラブルの解決法など社会生活能力と自己対処能力を高める訓練法である。

第2節　学習の基礎

第1項　学習の概念

　心理学における学習（learning）は、広く「経験による比較的永続的な行動の変容」と定義される。行動の変容であっても、遺伝的に規定された「経験によらない」発達的変化や、薬物の影響による「一時的な」行動変化は、学習の概念には含まれない。

　学校教育における学習は、明確な教育目標に向かって、正しい認知と行動を身につけるために行われる意図的活動であるが、心理学では正しい認知と行動だけではなく偏見や悪癖などの誤った認知と行動も学習により形成されるものと考える。たとえば、タバコ・アルコール・ギャンブルなどの依存症や、対人恐怖・不潔恐怖などの恐怖症は、誤った学習から生ずるものである。アメリカの心理学者セリグマン（Seligman, M. E. P.; 1942-）は、電気ショックからの回避ができない状況に長期にわたって置かれたイヌが、その後回避が可能な状況に変わっても、電気ショックを受けたまま身動きしないでいる状態のことを学習性無力感（learned helplessness）と名づけ、無力感もまた学習されるものであることを示した（Seligman, 1972）。

　誤って学習された認知や行動は、認知行動療法（cognitive behavioral therapy）などを通じて学習解除（unlearning）を行うことが可能である。たとえば恐怖症を学習解除する場合は、恐怖心が生ずるさまざまな場面を想定して階層化し、恐怖心が弱い場面から強い場面へと徐々に慣らしていくことによって恐怖心を取り除く系統的脱感作（systematic desensitization）という手法がとられる。

発達と学習の関係

　発達は、子ども自身の成長する力によって先に進むものであるが、そこに経験の要素である学習もさまざまな形で影響を及ぼす。発達と学習の関係につい

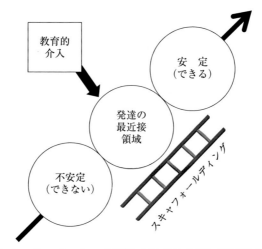

図1-1　ヴィゴツキーの発達の最近接領域（筆者作画）

て、ロシア・ソビエト連邦の心理学者ヴィゴツキー（Vygotsky, L. S.; 1896 –
1934）は、発達の最近接領域（zone of proximal development）という考え方を
提唱した（図1-1参照）。すべての発達は、最初は現れたり消えたり、できたり
できなかったり、不安定な状態であるが、それが安定した状態に進む際に、学
習を促進させる教育的介入が重要な役割を果たす。教育的介入に際して、でき
ない状態をむりやり引き上げようとしたり、もう既にできる状態であるのに輪
をかけて畳みかけたりしても無益であり、そのようなことは時にかえって有害
となる。「できない状態」と「できる状態」の間にあるものが発達の最近接領
域であり、働きかけはそこにこそ行わなければならない。

　アメリカの心理学者ブルーナー（Bruner, J. S.; 1915 – 2016）は、発達の最近
接領域の考え方をさらに発展させ、できない状態とできる状態の間に「足場を
かける」という意味でスキャフォールディング（scaffolding）という概念を追
加した。学習とは本来的に子ども自身が自力で行うものであり、大人ができる
ことは、必要な時に足場をかけてやることであるという考え方である。

　ちなみに、「啐啄同時」という禅宗のことばも同じような意味あいを持って
いる。鳥のヒナが卵の殻を破って孵ろうとする時、殻の内側からヒナがつつく

ことを「啐」、外から親鳥が殻をつつくことを「啄」といい、両者が息を合わせて同時につつくことが大切とされる。このことばは、発達と教育的介入の望ましい関係を示唆するものである。

第2項　連合説から認知説へ

連合説

　学習の心理学的研究は、1920年代から1950年代末頃まで、特にアメリカ合衆国において、動物を対象とする実験研究に基づいて発展してきた。その主流となる考え方は、観察可能な外に現れた行動のみを研究対象とする行動主義（behaviorism）であり、学習は刺激−反応間の連合の強化（reinforcement）であるとする連合説（associationism）であった。

　連合説の代表的な研究者は、アメリカの心理学者スキナー（Skinner, B. F.; 1904−1990）であり、刺激に対する自発的反応に即座に報酬を与えて両者の連合を強化することが学習の要諦であるとするオペラント条件づけ（operant conditioning）の理論を提唱した。オペラント条件づけは、たとえばライオンの火の輪くぐりやクマの玉乗りなど、サーカスの動物たちが自然界では絶対に行うはずのないさまざまな芸を見せるように仕込む「調教」の理論的根拠を与えるものである。

　オペラント条件づけの理論は、学習教材を小さな単位に分割するスモールステップの原理に基づいて問題を作成し、提示された問題に対する学習者の積極的な反応を即時強化することで学習の効率を高めるプログラム学習（programmed learning）と、発達障害などの子どもの行動を細かに分析して行動修正プログラムを作成する応用行動分析（applied behavior analysis; ABA）に結実した。

認知説

　連合説では、賞や報酬を与えると正しい学習を促進し、罰を与えたり報酬を取り去ったりすると誤った学習を抑制するという行動変容のメカニズムにおける強化子（reinforcer）の役割を重視する。しかしその後、特に強化子がなくて

も学習が成立することを強調する新行動主義（neobehaviorism）の理論がアメリカの心理学者トールマン（Tolman, E. C.; 1886 - 1959）らによって提唱されるようになった。たとえば、迷路学習の訓練状況に置かれたネズミはゴールに報酬が置かれなくても迷路についての認知地図を形成するという潜在学習（latent learning）や、学ぼうとする意図や動機があって行う意図的学習（intentional learning）だけでなく、そのような意図や動機がなくても成立する偶発的学習（incidental learning）の存在が明らかにされた。

　何故その行動を行うのかという学習の動機づけにおいては、賞罰が与えられることによる外発的動機づけ（extrinsic motivation）だけでなく、興味や知的好奇心のみに基づく内発的動機づけ（intrinsic motivation）も重要であり、特に行動を自分の意志で行うことを決める自己決定の要因が内発的動機づけをさらに強めるとする考え方がアメリカの心理学者デシ（Deci, E. L.:1942 - ）らによって提唱されている。

　さらに、前出のバンデューラは、子どもが新たな行動様式を獲得する際、まわりの大人や仲間の行動をモデルにすることによって学習が成立するとする観察学習（observational learning）の理論を提唱した（Bandura, 1973）。バンデューラの研究では、子どもたちを実験群と対照群の2つのグループに分け、実験群の子どもたちにはおもちゃの部屋で大人がピエロ形の大きな「ボボ人形」に乱暴な振る舞いをしている場面を見せる。他方、対照群の子どもたちには普通に大人が遊んでいる場面を見せる。その後各群の子どもたちを一人ずつおもちゃの部屋に入れ、遊ぶ様子を撮影した。その結果、実験群の子どもたちは、対照群の子どもたちに比べて、大変攻撃的で乱暴な行動を示したのである。

　以上のように、学習を賞罰のような強化子の効果として説明するのではなく、学習者の主体的活動に基づく認知の変化として説明するのが認知説（cognitivism）である。前出のピアジェの発生的認識論も認知説に分類されるが、認知説の学習理論が発展していったのは1950年代後半からである。

第3項　学校における学習

教授－学習理論

　学校教育では、教師が教材を用いて教え、児童・生徒が学ぶという基本的な関係がある。どのような教え方が効果的な学びをもたらすかについての理論を教授－学習理論と言う。教授（teaching）の方法には、一斉授業／グループ学習／個別指導という区分や、プログラム学習／有意味受容学習／発見学習などの区分がある。最近では、情報通信技術を用いた授業を行う ICT 教育（information and communication technology in education）も盛んになっている。

　アメリカの心理学者オーズベル（Ausubel, D. P.; 1918－2008）は、ただ知識を詰め込むだけの機械的な暗記学習（rote learning）ではなく、学習者が既存の認知構造を変容させるように体系的に情報を受け入れる有意味受容学習（meaningful reception learning）が重要であることを主張し、特に学習に先立って提示され、その後の認知構造を形成する核となる先行オーガナイザー（advance organizer）の役割を強調した。

　受容学習では学習すべき内容がその最終的な形で学習者に提示されるのに対し、学習者自身が主体的な探究活動を行う中でさまざまな発見を行い、その発見の喜びが学習者の自信につながっていくとするのが発見学習（discovery learning）である。前出のブルーナーは、発見学習の代表的提唱者として知られており、アメリカの科学教育の改革方針をまとめた『教育の過程』（Bruner, 1960；邦訳1963）は、教育書のロングセラーとなっている。

　わが国の発見学習の授業実践としては、科学教育の研究者の板倉聖宣（1930－）が提唱した仮説実験授業がある。これは、理科などの教科において、授業の最初に学習者に仮説を立てさせ、その後に実際に実験を行ってその結果を観察させ、学習者に認知構造の変容を起こさせるものである。

第4項　学習の評価

　教育目標に向かって一定の教育活動を行った後、目標が実際にどの程度達成されたかを知るために、教育課程、教育環境、教育成果などについて調査し、

報告する活動を教育評価（educational evaluation）と言う。

教育課程の評価

　教育課程（curriculum）については、文部科学省が小学校から高等学校までの各学校の各教科等で教える学年別の基本的な履修内容を学習指導要領に詳しく定めている。なお、就学前教育を行なう幼稚園や認定こども園では、学習指導要領に相当するものとして幼稚園教育要領がある。

　国全体で共通する統一的に定められた教育課程のことをナショナル・カリキュラム（national curriculum）といい、わが国や英国（スコットランドを除く）、インド、オーストラリアのようにそれを定めている国と、アメリカ、ドイツ、フランスのように州や地域ごとに独立した教育課程を持つ国がある。

教育環境の評価

　教育環境は、小・中・高校のそれぞれに学校設置基準があり、学級の児童・生徒数、教諭数、校舎・運動場の面積、校舎内の施設（教室、図書室、保健室、職員室など）、校具・教具等の基準が細かく定められている。

　施設・設備に加えて、学級雰囲気（classroom atmosphere）も重要な教育環境である。たとえば、授業中に児童・生徒が勝手に席を離れて歩き回ったり、教室を出て行ったり、口々に話したり大声で叫んだりして授業の進行が妨げられるような状況が常態化する「学級崩壊」などは、落ち着いて学習に専念することを困難にする最悪の教育環境である。また、学級の中でのグループ間の対立や、いじめの横行のような歪んだ人間関係もまた教育環境として最悪である。

学力の評価

　教育活動を通じて学習者が獲得した学力は、教育成果の代表的指標であり、学力テスト（scholastic ability test）などによって測定される。経済協力開発機構（OECD）が行っている学習到達度調査 PISA（Programme for International Student Assessment）は、生徒の国際学力比較調査として著名である。PISA は、義務教育修了段階（15歳）において身につけている知識や技能を実生活のさま

ざまな場面で直面する課題にどの程度活用できるかを測ることを調査目的とし、参加国が共同して開発した読解力、数学的リテラシー、科学的リテラシーの３分野（実施年によって中心分野を設定）のテストと、生徒質問紙、学校質問紙による調査をあわせて実施するもので、2000年に開始され、以後３年ごとのサイクルで調査が行われている（http://www.nier.go.jp/kokusai/pisa/）。

　学力の評価を個人ごとに行う場合、学級・学校・地域など所属集団の中での学習者個人の相対的位置（順位、偏差値など）を示すことを相対評価または集団準拠評価（group referenced evaluation）と言う。これに対して、教育目標に対する達成の可否や達成の程度で学習者を評価することを絶対評価または基準準拠評価（criterion referenced evaluation）と言う。後者は、到達度評価あるいは習熟度評価とも呼ばれている。かつて通知簿で行われていた相対評価では、１〜５の５段階評価の各段階の人数が厳密に定められ、上位に優秀者がいるといくら頑張っても「５」になれないという問題点が指摘された。他方、絶対評価では各段階の人数に制約がないので、評価者（教師）が最低ランクを意味する「１」を避けるなど、評価インフレが生じやすいとされる。

　学習者が自身の学習成果の原因をどのようにとらえるかが重要であると考えたアメリカの心理学者ワイナー（Weiner, B.; 1935−）は、学習の成功／失敗に関する原因を安定性（安定、不安定）と統制の位置（内的、外的）の２次元で分類する帰属理論（attribution theory）を提唱した。学習成果の帰属因として、自己の「能力」は内的−安定、「努力」は内的−不安定、「課題の困難度」は外的−安定、「運」は外的−不安定な要因である。

〈文献〉

American Psychiatric Association. (2013). *Diagnostic and statistical manual of mental disorders, 5th ed.* Washington, DC: Author. （日本精神神経学会監修，髙橋三郎・大野裕・染矢俊幸・神庭重信・尾崎紀夫・三村將・村井俊哉訳. DSM−5 精神疾患の診断・統計マニュアル　医学書院　2014）

Amsterdam, B. (1972). Mirror image reactions before age two. *Developmental Psychobiology, 5,*

297-305.

Bandura, A.（1971）. *Psychological modeling: Conflicting theories.* Chicago: Aldine-Atherton.（バンデューラ, A., 福島脩美・原野広太郎訳. モデリングの心理学――観察学習の理論と方法―― 金子書房 1975）

Bandura, A.（1973）. *Aggression: A social learning analysis.* Englewood Cliffs, NJ: Prentice-Hall.

Baron-Cohen, S., Leslie, A. M., & Frith, U.（1985）. Does the autistic child have a "theory of mind"? *Cognition, 21,* 37-46.

Bruner, J.（1960）. *The process of education.* Cambridge, MA: Harvard University Press.（ブルーナー, J. S. 鈴木祥蔵・佐藤三郎訳 教育の過程 岩波書店 1963）

Erikson, E. H.（1950）. *Childhood and society.* W. W. Norton & Co.（エリクソン, E. H., 仁科弥生訳. 幼児期と社会Ⅰ みすず書房 1977）

Flynn, J. R.（2012）. *Are we getting smarter? Rising IQ in the 21st Century.* New York: Cambridge University Press.（フリン, J. R., 水田賢政訳 なぜ人類のIQは上がり続けているのか？人種、性別、老化と知能指数 太田出版 2015）

Gallup, G. G., Jr.（1970）. Chimpanzees: Self recognition. *Science, 167,* 86-87.

Piaget, J.（1972）. Intellectual evolution from adolescence to adulthood. *Human Development, 15,* 1-12.

Piaget, J.（1970）. *L'épistémologie génétique.* Paris: Presses Universitaires de France.（ピアジェ, J. 滝沢武久訳 発生的認識論 白水社クセジュ文庫 1972）

Piaget, J., & Inhelder, B.（1966）. *La Psychologie de l'enfant.* Paris: Presses Universitaires de France.（ピアジェ, J.／イネルデ, B., 波多野完治・須賀哲夫・周郷博訳 新しい児童心理学 白水社クセジュ文庫 1969）

Premack, D., & Woodruff, G.（1978）. Does the chimpanzee have a theory of mind? *Behavioral and Brain Sciences, 1,* 515-526.

Seligman, M. E. P.（1972）. Learned helplessness. *Annual Review of Medicine, 23,* 407-412.

Weiner, B.（1972）. Attribution theory, achievement motivation, and the educational process. *Review of Educational* Research, *42,* 203-215.

Wimmer, H., & Perner, J.（1983）. Beliefs about beliefs: Representation and constraining function of wrong beliefs in young children's understanding deception. *Cognition, 13,* 103-128.

〈推薦図書〉
子安増生編（2016）.『よくわかる認知発達とその支援［第2版］』ミネルヴァ書房
子安増生・田中俊也・南風原朝和・伊東裕司著（2015）.『教育心理学［第3版］』有斐閣

無藤隆・子安増生編 (2011).『発達心理学　Ⅰ』　東京大学出版会

無藤隆・子安増生編 (2013).『発達心理学　Ⅱ』　東京大学出版会

二宮克美・子安増生編 (2009).『キーワードコレクション　教育心理学』　新曜社

第2章

発達と学習の進化

▶ 第1節 社会的学習 ◀

第1項 社会的学習のタイプ

　ヒトのきわめて高度な文化（cultures）の基盤はヒト特有の学習能力、とくに社会的場面を生かした学習能力「社会的学習（social learning）」にある。ヒトはきわめて社会的な動物であり、個体は直接行動し、強化を受けずとも他個体の行動やその結果を観察することで行動を変化させる。こうした観察学習の過程は、「モデリング」と呼ばれる。バンデュラの社会的学習理論によると、モデリングは以下の4つの過程から成る（Bandura, 1977）。

① 注意過程：モデルとなる観察対象に選択的に注意を向ける
② 保持過程：観察対象の行動パターンを記憶として保持し、表象する
③ 運動再生過程：保持した記憶を実際に行動で再生し、フィードバックを受けながら少しずつ修正することで行動の正確さを高めていく
④ 強化と動機づけ過程：学習した行動を遂行するための動機を高める

　ヒト以外の動物も、社会的場面で観察学習する。その学習過程については、さまざまな分類が試みられてきた。なかでもソープ（Thorpe, W.）が提唱した定義は、ヒトを含む動物でみられる社会的学習を分類する方法として、これまで多く引用されてきた。ソープは、動物の社会的学習を以下の3つに分類した

（Thorpe, 1956）。

① 社会的促進（social facilitation）：ある行動生起が、観察個体に同じ行動を誘発させる刺激として働く。すでにレパートリーの中にある行動が、他個体が示す同じ行動を引き金として促進される。群れをなす鳥がいっせいに飛び立つ行動などがある。

② 刺激（局所）強調（stimulus/local enhancement）：ある特定の刺激（物や場所）に向かっている他個体の行動が、それを観察している個体の注意をその刺激へと引きつける。観察個体は、刺激に対して試行錯誤を重ねるため、結果的に学習の機会が増え、その行動が獲得される可能性が高くなる。

③ 真の模倣（true imitation）：ある行動（観察個体にとって新奇な行動）の型を、観察個体が試行錯誤することなく再現（しようと）すること。真の模倣で重視される点は、①②とは異なり、学習の過程において試行錯誤をともなわないこと、ただ「見ただけで」新奇な行動を獲得できることである。

第2項 「真の模倣」による社会的学習

真の模倣による学習（imitative learning）は、道具の使用・製作といった遺伝的には伝わらない情報を個体が獲得していく上できわめて有効である。観察個体は他個体の行動を真似ることで、試行錯誤（個体学習）よらずとも環境に適応的な技能を効率的に獲得できる（Abravanel & Gingold, 1985; Bandura, 1986）。私たちの身の周りには、携帯電話やパソコンなど、複雑な操作を必要とする道具があふれているが、説明書を読むなどして自力で学ぼうとする人はまずいないだろう。多かれ少なかれ、他者の行為を観察し、見よう見まねでその技能を習得していく。自分の力だけで試行錯誤しながら学ぶより、他者の行動を観察して真似するほうが断然効率よく、知識や技術を自分のものにできる。

さらに、模倣学習は学習効率がよいだけでなく、これまで蓄積してきた知識や技術を、次世代に忠実に伝えることを可能にする（Galef, 1988）。模倣学習により、祖先が築いてきた最新の知識や技術を「そっくりそのまま」受け継ぐことができる。次世代は、いちから発明、開発していく必要がない。情報の個

体間伝達に差異が大きいと、安定したかたちで情報が伝達、蓄積されない（Tomasello, Kruger, & Ratner, 1993）。模倣は、世代から世代へと知識や技術を効率よく、かつ正確に伝達することを可能にし、ヒトの高度な文化を成立させたと考えられている。

　ここで、意外に思われた方も少なくないだろう。「サル真似」という表現が端的に示すように、模倣には独創性や創造性に欠けていて、頭を使わなくても簡単にできるといったネガティヴな印象がある。実際、私たちはさほど意識することなく、たやすく模倣できる気がする。しかし、最近の研究により、「サル真似」という表現はじつは誤りであることが明らかとなってきた。サル真似するのはヒトだけであり、サルは真似しない（明和, 2004; 模倣能力の進化については後述する）。模倣学習は、生物としてのヒトが進化の過程で特異的に獲得してきた独自の学習手段なのである。

第3項　サルのイモ洗いと文化

　サルはサル真似しないことを示す、有名な例を挙げよう。霊長類研究の草分け的存在である川村俊蔵と河合雅雄によって報告された、ニホンザルのイモ洗い行動だ（図2-1）。幸島で生活していたサルの群れのある一個体（その名も「イモ」と言う）が、砂のついたサツマイモを小川や海水につけて洗ってから食べ

図2-1　幸島のサルがおこなうイモ洗い行動（提供：平田聡）

る、という行動を始めた。その3ヶ月後、このイモ洗い行動はイモの母親や遊び仲間に広まり、2年後にはイモの群れに属する40％の個体に広まった。この現象は、サル社会にも文化が認められる証拠として世界中の研究者の注目を集めた（Kawai, 1965; Kawamura, 1959）。

　しかしその後、飼育下でイモ洗い場面と似た環境を人工的に設置し、さまざまな条件のもと追試がおこなわれ、この行動は模倣学習によらずとも伝播することが示された。サルは、ある個体がもっている「サツマイモ」と「水」に注目し、たまたま水にイモを落としたりするなど試行錯誤を繰り返すうち双方の関係を自ら学習する、つまり、刺激強調によって獲得していったと解釈できた。もし、幸島のイモ洗い行動の伝播が模倣学習によるものであれば、イモ洗い行動はもっと短期間で広まるはずである。しかし実際には、集団の仲間がその行動を観察し、獲得するまでに3年以上もかかった。この事実も、イモ洗いの伝播は模倣によらないという見方を支持している。

第2節　模倣の発達とその進化的基盤

第1項　比較認知発達科学のアプローチ

　だれにでも簡単にできてしまうと思われがちな模倣能力だが、じつはきわめて難しい情報処理を必要とする。目の前にいる他個体の体の動きは、川の流れのように時間の経過とともにどんどん変化する。にもかかわらず、私たちは変化し続けるその動きの中から、模倣するために必要な情報だけを瞬時に選びとっている。さらに、頭の中でそれらの情報を組み立て、自分の体をどう動かせばその行為を再現できるかを変換し、運動を制御している。なぜこのようなことが可能となるのだろうか。この問題は、「対応問題 correspondence problem（Nehaniv & Dautenhahn, 2002）」と呼ばれ、多くの研究者が議論を重ねてきたが、いまだ明確な結論は得られていない。しかし、驚くべきことに、ヒトは生後1年を待たずして目の前にいる他者の行為を模倣し始める。

　なぜ、ヒトはこれほど複雑な情報処理を必要とする能力を進化の過程で獲得

してきたのだろうか。それを考えるためには、ヒトの本性を知ること、つまり、ヒト特有の行動やそれを支える心的機能（心のはたらき）が、「いつ（when）・どのように（how）・なぜ（why）現れてくるようになったのか」を知ることが必要である。

　進化の過程でそれぞれの種（species）が独自に分化、選択してきたものは、身体の構造や形態的特徴にとどまらない。模倣能力のような目では確認しにくい行動やその背後にある認知特性も、それが進化してきた背景、つまり適応的な意味がある（長谷川・長谷川，2000）。模倣能力も、ヒトの生存に深く関わる進化的淘汰の産物と見なすことができる。

　ヒトの心的特性の進化をたどるには、400～350万年前に出現したとされるアウストラロピテクス（*Australopithecus*）や、180万年前に生きていたホモ・エレクトゥス（*Homo erectus*）など、私たちヒト（*Homo sapiens*）のきょうだい（ヒト科）がどのような脳をもち、どのような行動特性をもっていたのかを解明しなければならない。しかし、これらは、化石や道具のような遺物としては残らない。では、ヒトの行動や心的機能の進化の道すじは、どうすれば明らかにすることができるのだろうか。

　有効な研究方法の1つに、「比較認知科学」とよばれるアプローチがある。現在、地球上に生息する動物種の行動や認知機能を実証的に比較する方法である（藤田，1998; 松沢，2011）。たとえば、筆者はおもにヒトとチンパンジーの比較から、ヒトの心的機能の独自性とその生物学的基盤を明らかにしようとしてきた。周知のとおり、チンパンジー（*Pan troglodytes*）は、現生種の中で、ヒトにもっとも近縁な動物種である。遺伝子研究によって、現在のヒトの祖先がチンパンジー属の祖先と分岐したのは、およそ700～800万前であることが示されている（図2-2）。ヒトとチンパンジーの行動や認知機能の比較において、どちらにも共通してみられた特性は、両種が共通の祖先として生きてきた時代にすでに獲得されたもの、ヒトあるいはチンパンジーだけに見られた部分は、互いの祖先が分岐した後に独自に獲得した可能性が高いと推測できる。

　比較認知科学のアプローチによって、ヒトの本性の生物学的基盤がかなり明らかとなってきた。しかし、このアプローチは万能ではない。さらに検討すべ

き重要な点がある。それは、それぞれの動物種における「発達」という個体内レベルでの時間変化である。

　「チンパンジーの知能は、ヒトの○歳くらい」という表現をよく耳にする。ヒト以外の霊長類の心的機能は、ヒトのそれを単純化したに過ぎないと思われがちである。しかし、チンパンジーの成体とヒトの子どもを単純に比較する見方は、完全に間違っている。ヒトもチンパンジーも、受精から死を迎えるまで生涯にわたり心身を変化させていく。とくに、霊長類は他の哺乳類に比べて子ども期が相対的に長い（竹下，1999）。未成熟な期間が長ければ長いほど、食物や危険の回避などを親に依存せねばならず生存上不利となるが、他方、それぞれの動物種、それぞれの個体がもつ脳や心的機能は、育つ環境に応じて可塑的に発達させることができる（ゴメス，2005）。つまり、環境への適応性を飛躍的に高めることができるのだ。

　ヒトの行動や認知特性を正しく知るには、個体がそれぞれの環境にどのように適応しながら育っていくのか、その発達過程を考慮することが不可欠である。進化と発達、2つの物差しを使って多面的にヒトの本性の解明に迫る新たなア

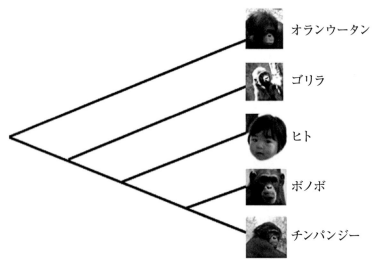

図2-2　ヒトと大型類人猿の系統関係（明和［2012］）

プローチ、これを「比較認知発達科学」と呼ぶ（明和, 2006; 2012）。

第 2 項　模倣の発達的起源？――新生児模倣

話を、模倣能力の発達に移そう。

　模倣は、ヒトと他の動物を分かつきわめて重要な能力であり、その証拠にヒトは生まれながらに模倣する、と主張する研究者がいる。メルツォフとムーアは、生まれて数時間の新生児でも、大人のいくつかの表情（舌を突き出す、口を開閉する）や手指を開閉させる行為を模倣できることを実験によって示した（Meltzoff & Moore, 1977, 1983）。これは、「新生児模倣（neonatal imitation）」と呼ばれている。

　この発見が学術界にもたらしたインパクトはたいへん大きく、世界中で数多くの追試がなされてきた。現在までの結論を概していうと、新生児模倣は必ずしも再現性が高くない。新生児で模倣が明確に見られたという報告は、最近ではむしろ少ない（Ray & Heyes, 2011; Oostenbroek, Suddendorf, Nielsen, et al., 2016）。

　また、新生児模倣を縦断的に調べた研究では、模倣反応が生後 2 ヶ月頃に消失あるいは減少することが報告されている（Abravanel & Sigafoos, 1984; Fontaine, 1984）。身体模倣は、生後 1 年を迎える頃から社会的場面で頻繁に見られるようになるが、新生児模倣が生後 2 ヶ月頃に消えるとしたら、なぜその後再び模倣が現れるようになるのか。新生児模倣は、なぜいったん消える必要があるのか。これらについて十分説明することができない。さらに、舌を突き出すという一種類の表情でしか新生児模倣は確認できないという報告も多く（Anisfeld, Turkewitz, Rose, et al., 2001; Oostenbroek, et al., 2016）、新生児模倣は後の模倣と連続したものではなく、反射や「生得的解発機構（innate releasing mechanism; IRM）」、あるいは刺激によって覚醒レベルが高まったときに出現しやすい反応として解釈するのが妥当という見方もある（Jones 2006, 2009）。

　新生児模倣は、ヒトが特異的にもつ模倣能力の発達的起源なのだろうか。この議論は今も活発に続いている。

第3項　ヒト特有の模倣の起源

　最近、興味深い事実が明らかとなってきた。新生児模倣は、ヒト特有の能力ではなく、ヒトを含む霊長類に共通してみられる能力であるという報告が相次いでいる。

　たとえば、明和らは、メルツォフらによる実験とほぼ同じ方法で、チンパンジーの新生児を対象に表情模倣の実験を行った。彼らの目の前で、実験者がゆっくりと舌を突き出したり、口を開閉させたりしてみせると、生後1週で既にチンパンジーも舌突き出しと口開閉の2種類の表情を区別し、模倣したのである（図2-3: Myowa-Yamakoshi, Tomonaga, Tanaka et al., 2004）。その後、イタリアの研究チームは生後3日未満のアカゲザル（*Macaca mulatta*）を対象に、同じく新生児模倣の実験を行ったが、約半数の個体がいくつかの表情を模倣したと報告している（Ferrari, Visalberghi, Paukner, et al., 2006）。

　さらに重要なことは、チンパンジーやサルで確認された新生児模倣も、ヒトでの報告と同様、生後しばらくすると見られなくなった点である。チンパンジー

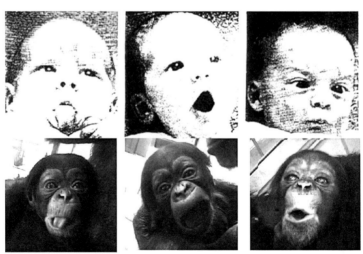

図2-3　ヒト（上：Meltzoff & Moore, 1977）とチンパンジー（下：Myowa-Yamakoshi et al., 2004）の新生児による表情模倣

の新生児模倣は生後9週過ぎから、サルでは生後7日目には見られなくなった（Myowa-Yamakoshi et al., 2004; Ferrari et al., 2006）。種の生活年齢を考慮すると、チンパンジーやサルの新生児模倣が消失した時期は、ヒトの新生児模倣が消えるといわれる時期、生後2ヶ月過ぎとほぼ一致する。

　では、新生児模倣が消えた後、サルやチンパンジーも、ヒトのように模倣能力を発達させるのだろうか。

第4項　サル真似するヒト

　先述のとおり、この十余年で行われてきた実証研究は、サル真似を巧みにおこなうのはヒトだけであることを示している。たとえば明和らは、大人のチンパンジーの模倣がどのような点でヒトより制限されているかを行動実験により調べた（Myowa-Yamakoshi & Matsuzawa, 1999, 2000）。ヒトが行為主（モデル）となり、物の機能に関係しない無意味な行為をチンパンジーと対面して見せた。チンパンジーにとってどのような行為を模倣するのが難しいかを調べるため、呈示する行為に含まれる要素のうち、「操作する物の数や定位方向（1つの物を・1つの物を−自分の身体へ・1つの物を−別の物へ）」と「運動パターン（馴染みあるパターン［叩く・押す・つつくなど］・馴染みのないパターン［なでる・転がすなど］）」を変数として、計48種類の行為を見せた。

　その結果、チンパンジーは行為主の行為を観察しただけで、再現（模倣）することはほとんどなかった。ただし、まったく再現できなかったわけではない。「1つの物を−別の物へ」と操作する行為については、行為主がチンパンジーの手をとって教えれば比較的早くに再現できた。それに対し、「1つの物を」操作する行為、また「1つの物を−自分の身体へ」向ける行為は、再現がきわめて困難だった。チンパンジーにとっては、他動詞的（transitive）行為のほうが自動詞的（intransitive）行為よりも再現が容易であること、身体運動だけからなる（物の操作を含まない）行為、たとえばパントマイムなどは、チンパンジーにとって再現がきわめて困難であることが明らかとなった。

第5項　行為のどこに注意を向けるのか

　この結果をふまえ、私たちは次のような仮説をたてた。チンパンジーは、他個体の行為の見方、目のつけどころがヒトとは違うのではないか。チンパンジーは、観察した行為の中に含まれる情報のうち、物には注意を向けるけれども、物を操作している行為主の身体の動きにはヒトほど注意を向けていないのではないか。

　そこで、次のような実験を行った。アイトラッカー（自動視線追跡装置）と呼ばれる機材がある。これは、モニターの下部あたりから発せられる赤外線がモニターに映し出される視覚映像（動画・静止画）を見ている者の眼（角膜）に投射され、その反射データから刺激のどこをどう見ているのかを自動的に記録できる機材である。ことばで「じっとしてて」と教示できない乳児やヒト以外の動物を対象とする研究ではとくに有効である。ただ、関心の赴くままに映し出される映像を見てもらえばいいだけなので、彼らの心身にストレスをかけることなく眼球運動を記録できる。

　たとえば、他個体がある目的に向かう行為を映した動画（ボトルのジュースをコップに注ぐ等）を、ヒトの乳児と成人、チンパンジーの成体に見せ、彼らの目のつけどころを比較した。ヒトは、顔－物－顔－物－顔というように、操作されている物と操作している行為主の顔との間を、視線を頻繁に往復させる。他方、チンパンジーの視線の動きを分析すると、予想どおり行為主の顔や身体運動にはほとんど注意を向けておらず、操作されている物への注意配分が圧倒的に多いことがわかった（図2-4: Myowa-Yamakohis, Scola, & Hirata, 2012; Myowa-Yamakoshi, Yoshida, & Hirata, 2015）。

　結論として、ヒトとチンパンジーは他個体の行為への目のつけどころが顕著に異なることが明らかとなった。他者の行為の見方の違いが、ヒトとチンパンジーの模倣能力の違いに反映されている可能性が高い。他個体の身体の動きまでをも忠実に再現するレベルの身体模倣は、ヒトの祖先がチンパンジーの祖先と分岐した後、独自に獲得した能力であるらしい。

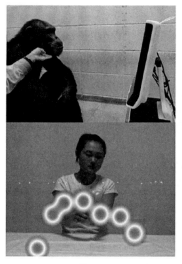

図2-4　ヒトとチンパンジーの視線分析

　チンパンジーは行為主の顔や身体の動きにほとんど注意を向けない。ヒト
は行為主の身体の動きと操作されている物の両方に注意を向ける（Myowa-
Yamakoshi et al., 2012より一部修正）

第3節　模倣の認知・神経系メカニズム

第1項　「生得説」対「経験説」

　ここからはやや専門的となるが、ヒトの模倣能力を支える認知・神経系メカ
ニズムについてもふれておきたい。

　「ヒトの模倣能力はどのように発達するのか」という問題については、これ
まで大きくわけて2つの考え方がある。1つは「生得性」を説く立場、もう1
つは生後の経験、学習を重視する「経験説」の立場である。

　生得説を代表する研究者は、先述の新生児模倣の研究で有名なメルツォフで
ある。彼は、視覚的にとらえた他者の身体運動と自分の身体運動を鏡のように
対応づける情報処理装置、「アクティヴ・インターモダル・マッピング（active

intermodal mapping; AIM）が、ヒトには生まれつき備わっていると主張している（Meltzoff & Moore, 1977, 1992）。AIM とは、他者の運動と自身の運動との等価性を反射的に検出し、視覚情報と運動（自己受容感覚的）情報とが1つの超感覚的（supramodal）な枠組みで統合、変換される装置であり、知覚と運動が共通のフォーマットで自動的に表象化される。この装置をヒトは生まれつきもっているために、視覚的にとらえた他個体の表情を自分の表情として模倣できるというわけである。

　では、経験説ではどのように説明できるのだろうか。ヘイズらは、生後の経験、学習が模倣能力を創発させるという「連合系列学習（associative sequence learning; ASL）」理論を提唱している（Brass & Heyes, 2000）。連合系列学習理論の根底にあるのは「連合学習」、ニューラルネットワークモデルで用いられる学習則「ヘッブ学習（Hebbian learning）」の考え方である。かんたんに説明しよう。行為 X の模倣が起こるとき、行為 X の観察と実行は時間的に近接、随伴している。行為 X の実行時に行為 X を見る確率は、他の行為 Y を見る場合よりも圧倒的に高い。同じ行為を「見る−行う」ことの間には高い生起確率があり、経験によって知覚と運動、それぞれの表象が結びつく連合学習が起こる（図2-5）。

　ASL 理論の最大の特徴は、行為 X を観察している間にそれとは異なる行為 Y を実行する経験を積めば、X-X だけでなく X-Y の連合学習も可能とする点にある。例を挙げよう。手指を開くか閉じる、どちらかの行為を模倣するとき、観察した指の動きと同じ行為のほうが、異なる指の動きを観察した場合よりも模倣が容易である（自動模倣）。しかし、自動模倣は比較的短時間の訓練で消すことができる。相手が手指を閉じている（開いている）時に手を開く（閉じる）訓練を短時間行うだけで、自動模倣は消失する（Heyes, Bird, Johnson, et al., 2005）。

　AIM による生得説は、新生児模倣を可能にするメカニズムはうまく説明できるが、自動模倣の消去については説明できない。他方、連合学習による経験説からは、模倣の促進や自動模倣の消去の説明は可能だが、連合学習のそもそものきっかけ、最初の模倣がなぜ起こるのかについては説明できない。

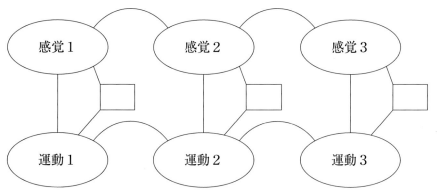

図2-5　模倣の ASL モデル。

　垂直線は、同じ行為における知覚と運動の表象が連合学習により結びついたことを示す。
長方形は刺激、曲線は知覚と運動それぞれの表象が結びついていく過程を示す（Ray &
Heyes, 2011より一部修正）。

　模倣の発達にかんする2つの説は、一見ずいぶん異なるように思えるが、じ
つは両者には共通点がある。どちらの説も、知覚と運動の表象に共通するフォー
マットがヒトの脳内に存在していることを想定しているのだ。では、知覚と運
動に共通する表象フォーマットというものは、いつ、どのように形成されるの
だろうか。

第2項　模倣とミラーニューロン

　知覚と運動に共通する表象フォーマットとは、いったい何なのだろうか。もっ
とも可能性が高いのは、「ミラーニューロン（mirror neuron）」と呼ばれる神経
細胞である。

　ミラーニューロンの活動は、サルの下前頭回（IFG）の単一ニューロンの活
動としてはじめて記録された（Di Pellegrino, Fadiga, Fogassi, et al., 1992）。ヒト
では fMRI（機能的核磁気共鳴画像法）をはじめとする非侵襲的脳イメージン
グによって、サルで発見されたミラーニューロンに相当する神経回路（ミラー
ニューロンシステム）が報告されてきた。ミラーニューロンシステムに含まれ
る脳部位は、前頭葉では言語の産出にかかわるブローカ野を含む IFG の後部

や腹側の運動前野、頭頂葉では頭頂間溝（IPS）とその下に広がる縁上回の前部、側頭葉にある脳溝の1つである上側頭溝（STS）などがある。観察した他個体の行為はまず視覚野を経てSTSで処理される。その後、頭頂葉下部に位置する下頭頂小葉（IPL）で行為に含まれる物体やそれを操作する手の運動に関する情報が抽出される。さらに、IFGで視点や行為の抽象的表象（目標など）が処理される（Ogawa & Inui, 2012）。

　ヒトの模倣（おもに手指運動）に関連する中心的な神経回路も明らかになりつつある。1つめはSTSで、他個体の視線や意図を判断したり、生物らしい動き（biological motion）を検出する機能をもつ（Allison, Puce, & McCarthy, 2000, Puce & Perrett, 2003）。それに加え、IFGやIPLも模倣実行時に活動する（Iacoboni & Dapretto, 2006）。

　これらの知見を、ヒトのミラーニューロンシステムと重ね合わせてみよう。IFGとIPLはミラーニューロンシステムにあたる部位であることから、やはり模倣とミラーニューロンシステムには密接な関連があるらしい。既に述べたが、頭頂葉のミラーニューロンシステムは行為に含まれる運動面のコード化を担い、前頭から頭頂にかけてのミラーニューロンシステムは行為の目的の認識に関与する（Iacoboni & Dapretto, 2006）。これらを中心とした神経回路がさまざまに絡み合い、ヒトの模倣が実現されると考えられる（図2-6）。

　さらに重要なこととして、模倣の実行に関連する神経回路は、他の神経回路と複雑に相互作用することでさまざまなタイプの模倣を引き起こす。たとえば、他個体の情動を映し出す表情を観察し、模倣する時には、上記3つの脳部位だけでなく、扁桃体（amygdala）を含む大脳辺縁系（limbic system）や、それらをつなぐ島皮質（insula）も賦活する（Carr, Iacoboni, Dubeau, et al., 2003）。サルではいまだ情動に関連するミラーニューロンの明確な証拠は見つかっていないことから、ヒトのミラーニューロンシステムは自己と他個体の行為の照合を超え、他個体の情動をわが事のように喚起させる機能をもつものとして進化してきた可能性が高い。

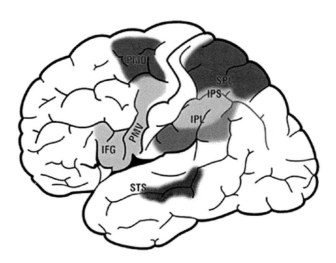

図2-6　ヒトのミラーニューロンシステム（Cattaneo & Rizzolatti, 2009）。
IFG＝下前頭回、IPL＝下頭頂小葉、IPS＝頭頂間溝、PMV＝腹側運動前野、STS＝上側頭溝。

第3項　ミラーニューロンシステムの発達

　新生児模倣がヒトに特有の模倣能力の起源であるとしたら、ミラーニューロンはヒトに生まれつき備わっているはずである。しかし、それを直接的に支持する神経学的証拠は今のところ見つかっていない。他方、経験説の立場からの重要な指摘は、自動模倣が経験の影響を受けながら可塑的に変化する点にあった。しかし、この可能性についても、発達初期の乳児を対象とした証拠はいまだ得られていない。そのもっとも大きな理由の1つは、乳児でfMRIを用いた研究を行うことはきわめて困難だからである。こうした制約を抱えながらも、発達に関心を寄せる研究者らはさまざまな計測手法の開発を試みながら、ミラーニューロンシステムの起源とその発達的変化を解き明かす努力を重ねてきた。

　たとえば、嶋田らは6～7ヶ月児を対象に、目の前にいる他者が物を操作する場面を見せた時と、それと同じ行為を乳児自身が行った時の運動野周辺の活

動を、fNIRS（近赤外分光法）[注] と呼ばれる脳イメージング手法を用いて計測した。NIRS は、測定機器の装着がほかの測定法に比べて容易であり、通常の部屋である程度の脳活動を記録できる。調査の結果、乳児が自分の身体を使ってその行為を行ったときに賦活した脳の場所は、他者がその行為を行っている場面を観察した時にも同じく賦活していたことがわかった（Shimada & Hiraki, 2006）。

　ヒトのミラーニューロンシステムが遅くとも生後半年あたりから機能している可能性は、脳波（EEG）を用いた研究からも支持されている。サウスゲートたちは、9ヶ月児が手操作を観察している時と実行している時の頭頂中心部付近（感覚運動領域）で確認されるアルファ帯域の神経活動変化（μ波）に着目した。μ波とは、体性感覚刺激や手足の運動、さらには運動を想像する場合に抑制されるもので、成人ではミラーニューロンシステムの活動を示す指標と見なされている。調査の結果、やはり行為の観察と実行時の両方で、同様の神経活動変化が見られた（Southgate, Johnson, Osborne, et al., 2009）。

第4項　「サル真似」を超えて

　ここまで、サル真似はヒトが進化の過程で特異的に獲得してきた能力であることを説明してきた。しかし、ヒトはさらなる発達を遂げていく。サル真似するだけの存在ではなくなっていくのだ。

　それをシンプルな実験で見事に示した、ゲルゲリーたちの有名な研究を紹介しよう。ふたりの行為主がブランケットを羽織っている。ひとりの行為主は手もブランケットで覆っているが、もうひとりの行為主は手をブランケットから出している。行為主はこの状態で、タッチライトを額で押して点灯させるという変わった行為を、生後14ヶ月児に見せた。その1週間後、今度は乳児に同じライトを渡し、彼らのようすを観察した。サル真似が得意な乳児は、額でライトを点けると考えられた。しかし、実際にはブランケットで手を覆った行為主のようすを見た乳児のうち、額で点灯させたのはわずか21％にすぎなかった。他方、手が使えた行為主のようすを見た乳児の70％近くは、行為主と同じように額でライトを点灯させた（図2-7: Gergely, Bekkerling, & Király, 2002）。

　この結果について、ゲルゲリーたちは次のように解釈している。「行為主は手が使えるのにわざわざ額でライトを点けたのだから、行為の目的はここにある。だから私も額で点ける（サル真似）」。「行為主は手が使えなかったのでやむなく額で点けただけ。だから私は手で点ける（サル真似の抑制）」。つまり、この時期の乳児は、行為主がおかれた状況に応じて、行為の目的の理解のしかたを変化させるのだ。ヒトは言語を獲得する前、生後2年を迎える前から、サル真似を超えて他個体から学習する存在へと飛躍的な変化を遂げる。

　自動的、反射的な模倣はミラーニューロンシステムと呼ばれる神経系、観察した行為とそれと同じ行為を自分が実行する際に活動する神経系システムの関与を基盤としていると見られる。しかし、模倣が自動的に実行されるばかりでは他個体とのコミュニケーションは円滑に進まない。自分と他個体の心の状態を分離し、他個体の心の状態を独立に推論する、文脈に応じて柔軟に対応していく能力が必要である。

　後者では、ミラーニューロンシステムがトップダウンに抑制される脳活動が起こる。こうした抑制性の脳活動は、他個体の心の状態を自分のそれと区別し推論、解釈する「メンタライジング（mentalizing）」と呼ばれる高次の認知機

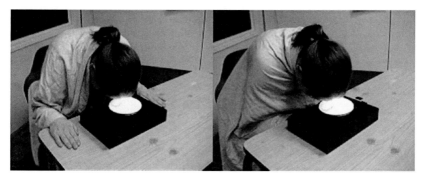

図2-7　ゲルゲリーたちによる模倣実験。行為主が額を使ってライトを点灯させる。

　手が使えない状態（左）と手が使える状態（右）。手が使えない状態でライトを点灯させた行為主のふるまいを見た乳児は、額ではなく手でライトを点灯させた（Gergery, Bekkering, & Király, 2002）。

能と密接に関連する。この点については、本講座　『第1巻　教職教育論』の第7章「発達支援と教師の仕事」にて詳しく説明してあるので、そちらを参照いただきたい。

　乳幼児期は、何でも模倣する時期を超え、メンタライジングをはたらかせながら模倣を抑制するにいたる激変期である。この時期の模倣能力の認知、神経系メカニズムを解き明かすことは、現在の発達科学の優先課題となっている。それにより、対人関係に困難を抱える子どもたちに対する早期支援、早期介入法の新たな提案が期待できる。

◣ おわりに ◤

　比較認知発達科学のアプローチは、「ヒトとは何か」「ヒトらしい心とは何か」という本質的な問いに対し、既存の先入観、価値観をいったん切り離して向き合うこと、そして、次世代の発達において真に適切な環境とは何かを科学的に探究することを可能にしてくれる。現代社会が抱える、子どもたちの心の発達に関連する深刻な問題を客観的に分析し、解決への道筋を模索するための視座を提供してくれる学問と言える。

　模倣能力の発達とその生物学的基盤、およびその認知・神経系メカニズムを明らかにすることは、まさしくヒトの学習能力の本質を知ることに他ならない。そうした理解なくして、子どもたちの社会的場面における学習能力の定型・非定型性を議論することはできない。

　また、個体内で起こる発達的変化だけでなく、子どもたちの社会的学習能力の発達を支える環境要因についての科学的理解を深めることもきわめて重要である。ヒトの養育環境は他の動物に比べ、他個体からフィードバックされる頻度、時間が圧倒的に多い（明和, 2006; 2012）。ヒトは、「模倣する−模倣される」経験、つまり、他者と行為を共有する経験を生後直後から積み重ねることでヒトらしい心的機能を発達させていく動物と言える。

　ヒトの環境が、個体の行動や認知機能の発達に大きく影響することを示唆する報告がある。チンパンジーが身体模倣を苦手とすることは既に述べた。しか

し例外的に、ヒトの幼児に匹敵する模倣能力を発達させたチンパンジーたちがいる。トマセロたちは、生後まもなくヒトの環境で育てられたチンパンジーの模倣能力を、ヒトの2歳児と比較した。その結果、チンパンジーたちはヒト幼児に匹敵する模倣能力を見せた（Tomasello, Savage-Rumbaugh, & Kruger, 1993）。同様のことが、「視線追従（他個体が注意を向けている物や出来事を、目で追う行動）」や、「社会的参照（これまで経験したことのない物や出来事に出くわした時、信頼できる他個体と物とを交互に見比べて情報を得て対処しようとする行動）」といった他の社会的認知機能でも確認されている。生後直後からヒトと生活してきたチンパンジーは、生後1年を迎える頃にヒトの視線方向を追い始める（Leavens, Hopkins, & Thomas, 2004）。初めて遭遇する物を目の前にした時、ヒトの顔色をうかがい情報を得ようとする（Russell, Bard, & Adamson, 1997）。野生下のチンパンジーやヒトとの日常的な接触が少ないチンパンジーでは、こうした行動はほとんど見られない。

　もちろん、ヒトと異なるゲノム情報をもつチンパンジーをいくらヒトらしく養育したとしても、決してヒトにはならない。しかし、ヒト特有の社会的な養育環境には、異種の認知発達に影響を与えるほどの力がある。現在、核家族化、少子化、不特定多数とのインターネットを媒体とした一方向的なコミュニケーションの拡大が急激に進み、他個体の行動をじっくり観察し、身体を使って直接かかわり、学習する機会が減少している。ヒトが進化の過程で特異的に獲得してきた模倣能力、その発達の土台となってきたヒト特有の養育環境を科学的に解き明かすことが、今ほど求められている時代はない。

注）「近赤外分光法（fNIRS: functional near-infrared spectroscopy）」
　物質によって赤外線の吸収・散乱度合いが違うことを利用し、物質の特性や成分などを調べる方法。ヒトの脳内には、「ニューロン（神経単位・細胞体と軸索と樹状突起からなる）」が約1000億個存在し、視覚、聴覚、触覚、嗅覚、味覚などの情報を感覚器から取り込み、それらを電気信号に変える。ニューロンは相互にそれらの情報を伝達・処理することで次の行動を決定する。その時に酸素化ヘモグロビン（oxyHb）は毛細血管を経由して酸素供給を行うが、近

赤外光によって酸素化ヘモグロビンの濃度変化をリアルタイムで計測できる。

【付記】

　本稿執筆にあたり、文部科学省科学研究費補助金（#24300103, #24119005, #17H01016）、京都大学 COI 拠点研究推進機構（平成28年度）、公益法人前川財団家庭教育研究助成（平成27-28年度）の助成を受けました。

〈文献〉

Abravanel, E., & Gingold, H. (1985). Learning via observation during the second year of life. *Developmental Psychology, 21*, 614-623.

Abravanel, E., & Sigafoos, A. D. (1984). Exploring the presence of imitation during early infancy. *Child Development, 55*, 381-392.

Allison, T., Puce, A., & McCarthy, G. (2000). Social perception from visual cues: role of the STS region. *Trends in Cognitive Sciences, 4*, 267-278.

Anisfeld, M., Turkewitz, G., Rose, S. A., Rosenberg, F. R., Sheiber, F. J., Couturier-Fagan, D. A., Ger, J. S., & Sommer, I. (2001). No compelling evidence that newborns imitate oral gestures. *Infancy, 2*, 111-122.

Bandura, A. (1977). *Social learning theory*. Englewood Cliffs, NJ: Prentice Hall（バンデュラ著、原野広太郎訳、社会的学習理論——人間理解と教育の基礎——金子書房　1979）.

Bandura, A. (1986). *Social Foundations of Thought and Action: A Social Cognitive Theory*. Englewood Cliffs, NJ; Prentice-Hall.

Brass, M. & Heyes, C. (2000). Imitation: is cognitive neuroscience solving the correspondence problem? *Trends in Cognitive Science, 9*, 489-495.

Carr, L., Iacoboni, M., Dubeau, M.C., Mazziotta, J.C., & Lenzi, G.L. (2003). Neural mechanisms of empathy in humans: a relay from neural systems for imitation to limbic areas. *Proceedings of the National Academy of Sciences of the United States of America, 100*, 5497-5502.

Cattaneo, L., & Rizzolatti, G. (2009). The mirror neuron system. *Archives of Neurology, 66*, 557-560.

Di Pellegrino, G., Fadiga, L., Fogassi, L., Gallese, V., & Rizzolatti, G. (1992). Understanding motor events: a neurophysiological study. *Experimental Brain Research, 91*, 176-180.

Ferrari, P. F., Visalberghi, E., Paukner, A., Fogassi, L., Ruggiero, A., & Suomi, S. J. (2006). Neonatal imitation in rhesus macaques. *PLoS Biology, 4*, e302.

Fontaine, R. (1984). Imitative skills between birth & six months. *Infant Behavior and Development, 7,* 323-333.

藤田和生 (1998) 比較認知科学への招待——「こころ」の進化学——　ナカニシヤ出版

Iacoboni, M., & Dapretto, M. (2006). The mirror neuron system and the consequences of its dysfunction. *Nature Reviews Neuroscience, 7,* 942-951.

Galef, B. G., Jr. (1988). Imitation in animals: History, definitions, and interpretation of data from the psychological laboratory. In T. Zentall and B. Galef (Eds.), *Social Learning: Psychological and Biological Perspectives* (pp.3-28). Hillsdale, NJ: Erlbaum.

Gergely, G., Bekkering, H., & Király, I. (2002). Rational imitation in preverbal infants. *Nature, 415,* 755.

ファン・カルロス・ゴメス (2005). 霊長類のこころ——適応戦略としての認知発達と進化 ——　長谷川眞理子 (訳) 新曜社　(Gómez, J.-C. [2004]. *Apes, Monkeys, Children, and the Growth of Mind.* Harvard: Harvard University Press)

長谷川寿一・長谷川眞理子 (2000). 進化と人間行動　東京大学出版会

Heyes, C.M., Bird, G., Johnson, H., & Haggard, P. (2005). Experience modulates automatic imitation. *Cognitive Brain Research, 22,* 233-240.

Jones, S. S. (2006). Exploration or imitation? The effect of music on 4-week-old infants' tongue protrusions. *Infant Behavior and Development, 29*(1), 126-130.

Jones, S. S. (2009). The development of imitation in infancy. *Philosophical Transactions of the Royal Society B, 364,* 2325-2335.

Kawai, M. (1965). Newly acquired pre-cultural behavior of a natural troop of Japanese monkeys on Koshima Island. *Primates, 6,* 1-30.

Kawamura, S. (1959). The process of sub-human culture propagation among Japanese macaques. *Primates, 2,* 43-60.

Leavens, D. A., Hopkins, W. D., & Thomas, R. K. (2004). Referential communication by chimpanzees (*Pan troglodytes*). *Journal of Comparative Psychology, 118,* 48-57.

松沢哲郎 (2011). 想像するちから——チンパンジーが教えてくれた人間の心——　岩波書店

Meltzoff, A. N., & Moore, M. K. (1977). Imitation of facial & manual gestures by human neonates. *Science, 198,* 75-78.

Meltzoff, A. N., & Moore, M. K. (1983). The origins of imitation in infancy: Paradigm, phenomena, and theories. *Advances in Infancy Research, 2,* 265-301.

Meltzoff, A. N., & Moore, M. K. (1992). Early imitation within a functional framework: the importance of person identity, movement, and development. *Infant Behavior & Development, 15*, 479-505.

Myowa-Yamakoshi, M., & Matsuzawa, T. (1999). Factors influencing imitation of manipulatory actions in chimpanzees (*Pan troglodytes*). *Journal of Comparative Psychology, 113*, 128-136.

Myowa-Yamakoshi, M., & Matsuzawa, T. (2000). Imitation of intentional manipulatory actions in chimpanzees (*Pan troglodytes*). *Journal of Comparative Psychology, 114*, 381-391.

Myowa-Yamakoshi, M., Tomonaga, M., Tanaka, M., & Matsuzawaz, T. (2004). Imitation in neonatal chimpanzees (*Pan troglodytes*). *Developmental Science, 7*, 437-442.

Myowa-Yamakoshi, M., Scola, C., & Hirata, S. (2012). Humans & chimpanzees attend differently to goal-directed actions. *Nature Communications, 3*, 693. doi:10.1038/ncomms1695.

Myowa-Yamakoshi, M., Yoshida, C., & Hirata, S. (2015). Humans but not chimpanzees vary face-scanning patterns depending on contexts during action observation. *PLOS ONE, 10*, e0139989. doi: 10.1371/journal.pone.0139989.

明和政子 (2004). なぜ「まね」をするのか 河出書房新社

明和政子 (2006). 心が芽ばえるとき――コミュニケーションの誕生と進化―― NTT 出版

明和政子 (2012). まねが育むヒトの心 岩波書店

Nehaniv, C. L., & Dautenhahn, K. (2002). The correspondence problem. In K. Dautenhahn, and C. L. Nehaniv (Eds.), *Imitation in Animals and Artifacts*. Cambridge, MA; The MIT Press, pp.41-61.

Ogawa, K. & Inui, T. (2012). Multiple neural representations of object-directed action in an imitative context. *Experimental Brain Research, 216*, 61-69.

Oostenbroek, J., Suddendorf, T., Nielsen, M., Redshaw, J., Kennedy-Costantini, S., Davis, J., Clark, S., & Slaughter, V. (2016). Comprehensive longitudinal study challenges the existence of neonatal imitation in humans. *Current Biology, 26*, 1334-1338. doi: 10.1016/j.cub.2016.03.047.

Puce, A., & Perrett, D. (2003). Electrophysiology and brain imaging of biological motion. *Philosophical transactions of the Royal Society of London. Series B, Biological Sciences, 358*, 435-445.

Ray, E., & Heyes, C. (2011). Imitation in infancy: The wealth of the stimulus. *Developmental Science, 14*, 92-105.

Russell, C. L., Bard, K. A., & Adamson, L. B. (1997). Social referencing by young chimpanzees (*Pan troglodytes*). *Journal of Comparative Psychology, 111*, 185-193.

Shimada, S., & Hiraki, K. (2006). Infant's brain responses to live and televised action. *NeuroImage 32*, 930-939.

Southgate, V., Johnson, M. H., Osborne, T., & Csibra, G. (2009). Predictive motor activation during action observation in human infants. *Biology Letters, 5,* 769-772.

竹下秀子（1999）．心とことばの初期発達——霊長類の比較行動発達学——　東京大学出版会

Thorpe, W. (1956). Learning and instinct in animals. London: Methuen.

Tomasello, M., Kruger, A. C., & Ratner, H. H. (1993). Cultural learning. *Behavioral and Brain Sciences, 16,* 495-511.

Tomasello, M., Savage-Rumbaugh, S., & Kruger, A. C. (1993). Imitative learning of actions on objects by children, chimpanzees, and enculturated chimpanzees. *Child Development, 64,* 1688-1705.

〈推薦図書〉

明和政子（2012）．まねが育むヒトの心　岩波書店

明和政子（2014）．安西祐一郎・今井むつみ・入來篤史・梅田聡・片山容一・亀田達也・開一夫・山岸俊男（編）　岩波講座　コミュニケーションの認知科学3　母性と社会性の起源　岩波書店

ファン・カルロス・ゴメス　著　長谷川眞理子（訳）（2005）．霊長類のこころ——適応戦略としての認知発達と進化——　新曜社

トーマス・ズデンドルフ（著）寺町朋子（翻訳）（2014）．現実を生きるサル　空想を語るヒト　白揚社

松沢哲郎　（2011）．想像するちから——チンパンジーが教えてくれた人間の心——　岩波書店

第3章 発達期への視点

はじめに

この世に誕生した命が日々成長していく姿は魅力と不思議に溢(あふ)れている。その不思議に魅せられた多くの人々が人間の発達について研究をしてきた。命ある限り発達は続くということ（生涯発達）は、今日の発達心理学界の常識である。他方で乳幼児期から青年期にかけての発達は、時間当たりの変化が大きいことに加えて、年齢との対応関係が比較的はっきりしている部分がある。発達の状況と教育の効果には密接な関係があり、児童・生徒の発達的特徴についての知識は教師として重要なものである。

第1節　ピアジェの発達理論と教師の役割

第1項　ピアジェによる発達理論の構築

子どもの発達を測定する発達検査では、測定結果を「発達年齢（developmental age）」または「精神年齢（mental age; MA）」で表現することが多い。子どもの発達の様子を年齢で表すことを最初に試みたのは、1905年に「知的水準の診断法」を開発したフランスのビネー（Binet, A.）とシモン（Simon, Th.）である。彼らが開発した「知的水準の診断法」では、子どもたちに回答してもらう質問や課題が多く用意され難易度の順で並べられた。そしてそれぞれの年齢・月齢の半数の子どもたちが正答できる難しさの課題をパスできるかどうかで、個々

人の精神年齢を導きだした。

　ビネーは「知的水準の診断法」の開発から程なく没し（1911年）、その後に
ピアジェ（Piaget, J）が、シモンのもとで働くようになった。「認識の起源」を
知りたいという強い思いを持っていたピアジェは、認識の発生・発達過程を明
らかにしようとした。その際に子どもが「どのような課題になら正答できるか」
ではなく「なぜ間違えるのか」に関心を寄せ、後に「ピアジェ課題」とも呼ば
れるようになる様々な課題を子どもたちに提示し、子どもたちと対話しながら
子どもの認識のあり方を探る「臨床法」という研究方法を採用した。

　たとえば、子どもの前に同量のジュースが入った同じ形の2つのコップを示
す。2つのコップに入っているジュースが同量であることを確認したのちに、
細長い形をした別のコップを1つ取り出して、子どもの目の前で片方のコップ
のジュースを細長いコップに移し替える。そしてもう一度「どっちのジュース
が多い？」と尋ねるのである。6〜7歳以前の子どもは、どちらか片方を指し
てそちらが多いと答える。理由を尋ねると「高いから」などと見た目の変化に
言及した理由を述べる。それに対して7〜8歳以降の子どもは「同じ」と答え、
理由を尋ねられると「こっちのコップに移し替えただけだから」「ジュースを
足しても飲んでもいないから」などと答える。7〜8歳頃の子どもたちは、コッ
プに入ったジュースの形に惑わされることなくジュースの量は変化しないこと
を理解する（保存概念が成立する）ようになるのである[1]。

第2項　ピアジェ理論の特徴

　臨床法を用いた研究を続けたピアジェは、発生的認識論と呼ばれる発達理論
を構築していった。そこで説明される認識の発達には、機能的連続（または機
能的不変）と構造的不連続（または構造的可変）という主に2つの特徴がある。

　人間の発達が進む仕組みそれ自体は生涯にわたって共通であるというのが機
能的連続で、ピアジェはそれを同化と調節、および均衡化という概念を使って
説明する。同化とは、子どもが獲得しつつある動作や思考[2]を使って、彼女・
彼の生活世界に存在する様々なものを取り込もうとすることである。たとえば
「手を伸ばしてつかむ」という動作を獲得しつつある赤ん坊が、タオルや毛布、

おもちゃなど視界に入る様々なものに手を伸ばしてつかもうとするのは同化である。だが実際の生活世界には実に様々なものが存在するので、「手を伸ばしてつかむ」という動作も、適応する対象の性質や主体と対象の関係に応じて「調節」される。均衡化とは、発達する主体による自己調整によって同化と調節が均衡状態に達することをさし、両者が均衡している場合にその行為は遊びや模倣ではなく知的行為とみなせる（ピアジェ／中垣，1970／2007）(3)。ただし、人が生活する環境は複雑であり、安定しているように見えた均衡状態はやがて破られて新たな同化・調節を経て次の均衡化へと向かう。

　同化・調節・均衡化というプロセスが機能するということは、子ども自身が常に能動的に外界への働きかけを行っていることを示している。ピアジェは「子どもは小さな科学者だ」と述べたが、科学者が自然界を探究するように、子どもは自分が生きている世界を能動的に探索するのである。

　機能的連続という特徴のもとに進む人間の発達であるが、その結果として個人が達成する認識のあり方（構造）にはいくつかの質的な変化（発達段階）が確認できる。これが構造的不連続である。

　発達段階はいくつあるのか、それぞれの段階がいつ頃始まるのかについての説明は、ピアジェ自身もその都度の説明上の便宜性を考えて変化させているが、本章では表3-1のようにまとめる。なお、ピアジェの発達段階論において重要なのは、各段階がいつ始まるかではない。重要なことは、発達には順序があるということであり、いわゆる高次の段階に速く達するためにその前の段階を飛ばしたり急速に通過したりすることはできないということである。

　ピアジェ自身、「発達段階を早めることはできないのか」と何度か尋ねられたようだが、「そのような加速から何か有益なことが得られるのか？」と問い返した(4)と言われている。同化と調節と均衡化が子どもの発達を進めるプロセスであるなら、それらが展開される環境と時間はどうしても必要であり、たとえば上述の保存課題の「正解」を教え込んだりして発達段階を早めることはそもそも無理であろう。早期の発達段階にいる子どもは愚かな日々を過ごしているのではなく、1歳児は1歳という、2歳児は2歳という、それぞれに価値ある時間を生きていることを示したということも、ピアジェの研究成果の意義

表3-1　ピアジェによる発達段階とその特徴[5]

感覚－運動期	・言語や表象を介在させず、知覚と行為で外界を捉えて働きかける ・0歳〜2歳頃まで
前操作期	・表象や言語を使い始め、目の前にないものの想起やふり遊びができる。まだ実物を扱うようには表象を扱うことができず、たとえば、自宅と幼稚園を行き来できるが道順を地図で示すことはできない。 ・自分の視点と他者の視点の区別が困難な、幼児の自己中心性と呼ばれる特徴を示す。たとえば、今現在見えている景色が別の視点からはどのように見えるかを（写真を選択する方法で）尋ねられると、今現在の見え方を選んでしまう。5〜6歳頃に脱中心化する。 ・2歳〜7歳頃まで
具体的操作期	・具体物であれば論理的に扱うことができる。本文中で述べた保存概念の他、3つ以上の長さの異なる棒を長さの順に並べたり、長さと色など2つの属性が異なるものを二次元に並べたりすることができる（系列化）。 ・7、8歳〜11歳頃まで
形式的操作期	・現実とは異なっていたり仮説に過ぎなかったりする命題に基づいた論理的な推論ができる。たとえば理科の問題で用いられる「摩擦はないものと仮定する」など、慣れ親しんでいる現実とは異なる状況設定のもとで思考できる。 ・11、12歳〜14、15歳

だと考えられる。

第3項　教育のあり方と教師の役割

　子どもが能動的に外界を探索していくことが発達の源泉であると考えるピアジェであるが、教育のあり方や教師の役割の重要性についても論じている。ユネスコの国際教育局局長を務めるなど、教育の無償化や教育を受ける権利の普及にも力を尽くした。ピアジェは一貫して子どもの自発的活動を重んじる教育方法を主張し、習得するべき事柄は単に伝達されるのではなく、児童・生徒が自ら発見したり再構成したりしなければならないとしている。その際に教師の

役割は非常に重要であり、「子ども達が有益な問題に接することができるような場を作ったり、前もって器具の配置を行ったり、反対の例をあげて子どもに考えさせたり、あまり結論を急がぬよう自省させたりする役割[6]（ピアジェ／秋枝、1972／1982, p.17)」が不可欠だと主張している。このような役割を適切に果すために教師は、教える内容についてのみではなく、児童・生徒の発達についての知見に精通している必要がある。

　他方でピアジェのこのような考え方には、「子どもが独力で発達を切り拓く」というイメージが強く出てしまい、教師と生徒や生徒同士の相互作用などが発達にもたらす教育上の効果を過小評価しているといった批判も寄せられることになる。また、子どもが到達した発達段階に応じた教育を行うことが強調され、教育が発達を先導しうる可能性が過小評価されているという批判も、次節で述べるヴィゴツキーなどから寄せられることとなった。

▲第2節　ヴィゴツキーによる発達の最近接領域▲

第1項　発達の最近接領域とは

　ピアジェと同じ1896年に、ロシア帝国のベラルーシで生まれたヴィゴツキー（Vygotsky, L. S.）は、子どもの発達段階に応じた教育を主張したピアジェに反論し、教育がもつ発達を先導する役割について論じた。ロシア革命が起きた1917年頃、ヴィゴツキーは故郷で教師をしていたが、1924年にサンクトペテルブルクで開催された第2回ロシア精神神経学会で講演を行い、心理学研究の世界にデビューした。その後、37歳の若さで死去するまでの10年ほどの間に猛烈な勢いで研究成果を世に出し、現在に至るまで教育と発達に関わる心理学研究に強い影響を与え続けていることから「心理学界のモーツアルト」と称されることもある。

　ある子どもが現在どのような発達の段階にあるかを知るには、発達を測定する課題を子どもに解かせて、その回答状況を判断根拠の1つにする（冒頭で述べたビネーの診断法はその典型である）。ピアジェが実施した臨床法の場合、

検査者と子どもは対話を行うが、その対話が子どもの課題解決を支援してしまわないように注意深く検査が実施される。他方で学校等での学習場面においては、子どもが誰の助けも借りずに計算能力や言語能力を身につけるということはあまりない。子どもたちは答えを直接的に教えてもらいはせずとも、様々な形で支援されることによって課題を解決する。このように「子どもが支援されて課題解決できる水準」と「子どもが独力で課題解決できる水準」には違いがあり、両者の差の部分を発達の最近接領域または最近接発達領域と呼ぶ（zone of proximal development という英訳から ZPD と略されることもある）。

発達の最近接領域は、子どもが今まさに「できるようになろうとしている事柄」であり、近いうちに1人でできるようになることである。そして教育は、「子どもがすでに1人でできること」に働きかけるのではなく、発達の最近接領域に働きかけることが有効であるというのがヴィゴツキーの主張である。また、同じ発達年齢の子どもでも、発達の最近接領域の大きさはそれぞれに異なる。ヴィゴツキーらの研究では、学校での成績の伸びぐあいは児童の知能指数（IQ）よりも発達の最近接領域の大きさと相関することも示されている[7]。

第2項　高次精神機能の発達：精神間から精神内へ

ヴィゴツキーが発達の最近接領域という概念を使って解明することを試みたのは、学校教育における教授・学習活動と高次精神機能（または高次知的機能）の発達との関係であった[8]。ヴィゴツキーによると、あらゆる高次精神機能は子どもの発達において2回現れる。「最初は集団的活動・社会的活動として、すなわち、精神間機能として、2回目には個人的活動として、子どもの思考内部の方法として、精神内機能として」[9]現れる。

たとえば、算数で繰り下がりの引き算を習った子どもは、習ってすぐにスラスラと繰り下がりの計算ができるわけではない。教室で教師が「10の位から1を借りてきて……」と説明をするのを受けて、次は自分で問題を解くのだがその際に「10の位から1を借りてきて……」とつぶやきながら問題を解く子どもは少なくない。また少なからぬ子どもたちにとって、1人でそれを実行することは難しい。教師は机間巡視をしながら「3から8を引けないから、10の位か

ら？」と声をかけ、子どもが「１を借りて……」と自分で発語するのを促したりする。場合によっては隣に座っている子どもが、教師の役をすることもある。そのような「精神間機能」としての計算を経て、多くの子どもたちは独力で計算することができるようになっていくのである。

前節で紹介したピアジェは、抽象的概念を使用したり論理的に考えたりする力が、子ども自身の中でどのように発生してくるかという点に関心を寄せていた。それに対してヴィゴツキーは、学校で子どもたちが習うような概念や論理的思考は社会的に共有されているものであり、それらの習得は、学校における教授・学習過程を通じて行われるということを前提とした上で、子どもがそれらをどのように内化していくかに注目したと言えるだろう(10)。

第３節　「発達」「発達段階」への批判

第２節では、ピアジェとヴィゴツキーという代表的な発達研究者を紹介しながら、人間の発達について、発達と教育の関係についてどのように理解できるかを見てきた。他方、そもそも「発達」という考え方や、「発達段階」「発達の法則性」といった見方に対して批判的・否定的な見解を示す議論もある。１つは「発達」という考え方は否定しないが、「発達段階」という見方に批判的で、発達の多様性や領域固有性を強調する立場である。もう１つは「発達」という考え方そのものを否定する立場である。

第１項　発達の多様性と発達段階

発達の様相は実際のところ、文化によって、時代によって、ジェンダーによって異なり、個人差も大きい。また、言語の領域、音楽の領域、身体運動の領域など、各領域が同時並行で進むとは限らない場合も多い。サヴァン症候群(11)やいわゆる天才児などの特定の領域の発達が著しい個人、あるいは逆にある特定の領域の発達が遅れる個人の存在は、「発達の領域固有性」を明確に示しているように思われる。

他方、実際に教師として仕事をしたり、研究者としてデータを集めたりする

と、たとえば「9歳の壁」と呼ばれるような、多くの子どもたちに共有される何らかの転換期があるように感じられるのも事実である。「9歳の壁」とは、東京教育大学附属聾学校校長（当時）の萩原浅五郎が提案したことばであり、「聾学校の子ども達は、9歳頃までは健聴児と同じように発達するが、高学年になってくると学習が具体的なものから抽象的な内容になるため、学習面や言語面の発達において乗り越えられない壁につきあたることが多い」という体験にもとづくものである。

　ピアジェの研究について言うならば、ピアジェが研究したのは様々な領域を対象とする認識の基盤に浸透する一般的知能であり[12]、言語領域や音楽領域といった具体的なパフォーマンスではない。ピアジェが研究対象にした一般的知能は、あらゆる認識の基盤に浸透しているので、発達段階がやはりあるように見えるという現象につながるのだと思われる。つまり抽象度の高い一般的知能を研究したピアジェの理論と、より具体的な発達の領域固有性は両立しないものではないのである。ただしそうは言っても、教師として教育実践の現場に立ち、子どもの発達を理解しようとする人々に対して、人間発達の非常に抽象的な部分を掘り下げていくピアジェの研究視点を、共有するように迫るのも無理があるかもしれない。

　結局のところ、発達段階という概念も領域固有性という概念も、それらの存在目的（または活用目的）は、1人ひとりの子どもの発達を理解することにある。個々人の発達は多様であるが「多様だ」というだけでは、混沌が深まるばかりで理解を深めていくことは困難である。発達段階や領域固有という概念を用いることで、混沌の中から大事な真実が見えることがある。逆に、たとえば発達段階という概念を振りかざして、目の前にいる子どもたちの真実の姿を見ようとしないのは本末転倒である。発達段階や発達の法則は、子どもを理解するのに役立つメガネとしての役割を果たすものとして捉えることで、有効な知見となるのではないだろうか。

第2項　発達への誤解

　「発達」という概念そのものへの否定的な見解としては、次の2つを挙げる

ことができる。１つは、「発達を支える教育」とか「発達を大事にする実践」においては、将来に生かす能力や技能の獲得が優先され、子どもたちが今ここで充実した幸福な時間を過ごすことが犠牲にされるという主張である。

もう１つは、「個々人の発達に応じた教育」を実施することで、社会が分断されるという主張である。たとえば知的障害のある人の中には、通常の学校教育よりも特別支援学校で教育を受けるほうが発達上適切である場合が少なくない。だがそうすると、通常の学校に通う子どもたちと特別支援学校に通う子どもたちが分断されてしまい、相互に理解しあう機会を逃してしまう。そのため、発達は差別概念（または差別を助長する概念）であるという主張が展開される。

これらの主張の背後には、「発達とは無能が有能になることである」という発達についての誤解があると思われる。そしてこの誤解は往々にして、「発達は思春期くらいで止まる」「〇歳[13]を超えると衰退のみである」という誤解とセットになっている。だがこれらは誤解に基づく主張であり、適切な主張とは言い難いだろう。

発達は、発達する主体が外界に働きかけ、外界の変化などの手ごたえを受け取り、それを通じて自分自身が変化していく過程として理解できる。上述のピアジェは、それを同化と調節という概念で説明したのだが、発達は「胎児期、乳児期、幼児期、児童期、青年期、成人期、老年期のすべての時期に個体に起こる多様な変化」であり「多面的、総合的な変化」[14]である。言い換えると、「発達主体が一瞬一瞬の今現在を環境との関わりの中で生きること」によって発達が生じるのであり、そこに起こる変化は一方向的なものではない。まして、一定の年齢を超えると終わってしまうようなものでもない。

またこのように考えれば、発達は差別概念では決してないことも明らかだろう。ただし、「発達」が実際の教育場面等でどのように使われるかは、その時代時代の社会のあり方に左右される側面もある。すべての人の豊かな発達をめざす取組みが、反対のものに転化してしまうことがある。

京大教授をつとめた田中昌人（1932-2005）という発達研究者が、1965（昭和40）年に直面した出来事を例に挙げよう。その頃の日本では知的障害のある児童生徒は学校教育を受けることができなかった。当時、近江学園という福祉

施設に勤務していた田中は、聾学校に通う生徒に発達診断を実施し、ある生徒に知的障害があることを発見した。発達診断は発達年齢や発達指数を算出することが本来の目的ではなく、診断結果をもとに当該児童生徒の発達に即した教育や支援プログラムを検討するために実施されるものである。だがこのときの生徒は、「知的障害のある子どもは聾学校教育の対象ではない」とされて教育委員会から行財政措置を打ち切られ、学校の職員会議でも「教育の対象ではない」との意見が多数を占めてしまった(15)。

このような現象を表面的に捉えると、「発達」や「発達診断」が差別と排除を助長したように見えるのかもしれない。だが問題は「発達」や「発達診断」にあるのではなく、日本国憲法や世界人権宣言に定められた基本的人権を、特定の人々から奪い取る社会の側にある。

また「発達する権利（right to development)」は、世界人権宣言や子どもの権利条約、障害者権利条約などに代表されるような、教育・学習権をはじめとする基本的人権を万人のものにしていくための世界的な運動におけるキー概念の１つでもある。「発達」を否定するよりもむしろ、「発達」を正しく理解し適切に活用してこそ、人が能力や障害によって不当に差別されることのない社会や教育を創出できるのではないかと考えられる。

第４節　生涯発達

発達心理学の研究は、歴史的には乳幼児期や児童期を中心に検討したものが多かったが、本章の冒頭でも述べたように、人間の発達は生涯にわたって展開するものだということは今日では常識になっている。子どもの発達を知ることは、言うまでもなく教師にとって重要な仕事であるが、生涯発達について知ることもまた同様に大切である。それは教師が自分自身をより深く知っていくということであり、教師であり生活者・市民でもある１人の人間として、教室や学校、地域や社会においてどのように生きていくかを考える指針ともなるからである。

第1項　思春期以降の発達に関する研究

　生涯発達研究の歴史は、子どもの発達研究の歴史に比べるとまだ短い。それに加えて、グローバル化や情報化、産業構造の大変化が生じつつある現在の社会では、青年期や成人期のありようは刻々と変化しており、次々と新しい研究課題が見出だされていく状況にある。

　そのような中で青年期以後の発達研究においては、認知面の発達よりもアイデンティティ形成などの社会・人格面の発達を扱う傾向があるように思われる。たとえば青年期の発達を論じる際に頻繁に参照されるエリクソンの漸成的発達理論は、人間の生涯を構成する8つの発達段階に固有の心理社会的危機の克服を通じて、自我・自己の形成から確立、さらには次世代との連帯、そして自身の肉体の衰えや死に左右されない大いなるものへの統合へと至る自己のあり方の発達変化を説明している[16]。また、コールバーグに代表される道徳性の発達に関する研究[17] では、他律的な道徳から自律的な道徳へと発達が進み、さらにその自律の基盤が、より普遍性をもちつつ多様性を受容するものへと変化していきうることなどが示されている。

　他方で、思春期以降の発達を社会・人格面の発達のみではなく知的発達も合わせて統合的に説明する発達理論を学ぶことは、中等教育やそれ以降の教育について人間発達の側面から探求する上で重要と考えられる。そのような発達理論として、次の2つをここでは紹介しておく。

　1つは、基本的には大学・大学院生を研究対象にした発達理論であるが、アメリカでの学生支援に関わる文脈でしばしば使われるセルフ・オーサーシップ（self-authorship）という考え方で、「包括的な意味生成能力（holistic meaning-making capacity）」[18] と定義される。セルフ・オーサーシップ理論によると、認識論的次元における発達変化は人格的・対人的次元での発達変化を促す。つまり、知識を外から与えられる定まったものとして理解する認識から、知識は文脈依存的なもので常に再構成されるものであるという認識への変化が生じると、それがきっかけになって自分自身の生き方や他者との関係のありようを相対化することができるのである。セルフ・オーサーシップの本格的な確立は20

歳代後半や30歳代にまで続くものであり、それを確立している個人は自分自身の思考や感情、行動を適切に理解して調整し、自分自身への責任と他者や社会への責任の両方を果たすことができるとされる。

もう1つは、「可逆操作の高次化における階層－段階理論」と呼ばれる発達理論で、田中昌人が中心的役割を果たして構築されたものである[19]。出生前から死までを射程に収めつつ、認識・行動次元の高次化と「人格の発達的基礎」の充実が相互に影響しあいながら統合的に進むプロセスを理論化している。

認識の次元では通常の場合、10歳代は「変換」、18歳〜20歳代は「抽出」、20歳代後半以降は「創出」と呼ばれる発達の階層にそれぞれ相当する。「変換」は具体的な事柄を社会で共有されている概念を使って変換できること（たとえばある紐の長さを「10センチ」「0.1メートル」などの複数の表現で理解しコミュニケーションするなど）、「抽出」は学習した知識や法則などがどのように構築されてきたかや再構築されうるかを理解して、既有の知識や世界観を相対化できること、「創出」は多様な視点と世界観を有する他者との連帯により、新しい価値や知見を創造していくことを、それぞれ意味している。認識の次元での発達変化は、自分自身の生き方やあり方を考える際の視野を広げ、かつ深めることになり、それが人格面での発達を促すことになる。さらに人格面での発達は、認識面での発達に不可欠な学習や他者との交流における姿勢を変化させ、認識面での発達がさらに促されることになる[20]。

第2項　発達の3つの系

田中昌人は「個人の発達の系」、「集団の発展の系」、「社会の進歩の系」という発達の3つの系という考え方も提示している[21]。どこの学級にも、標準よりも多くのケアや配慮を必要とする子どもはいる。その際にその子どもの発達を大事にするために教師が過重労働になったり、特定の子どもに手を取られて他の子どもたちが放置されたりして、子どもと教師、1人の子どもと他の子ども達の発達が、対立関係に陥ることは避けなければならない。子ども同士が協力しあえるクラス運営をしたり、教師自身が教育技術を高めるとともに他の教師と協働できる体制を作ったりして、教師も子どもも発達できるような集団へ

と学校が発展していく必要がある。

　また実際にそれが実現するためには、社会の制度や財政、支配的な価値観や文化が、すべての子どもの発達を守ろうとする方向へと変化していく必要もある。つまり、発達は個人のものとしてのみ捉えられるべきではなく、集団の発展と社会の進歩という観点と合わせて考えられなければならない。

　そしてこのような観点は、民主主義社会における青年期以降の人間発達にとっては特に重要である。青年期になると各個人は自分自身の発達を守っていく力を持つ。そして自らの発達を守ることは、所属する集団が構成員すべての発達が保障されるものへと民主的に発展するように各自が役割を果たすことと、社会が民主的に進歩するように考えて行動することが統合的に達成されてこそ実現するものでもある(22)。

　教師は、数十年におよぶ教師生活を通じて教科と児童生徒についての研究を深めていくことが期待される存在であるとともに、現代社会における広範で多様な問題について考え判断する責任を果たしながら、市民として成長する存在でもある。他方で1人の人間が収集できる情報の量には限界があり、世界中のすべての問題について精通した知識を持つことは現実的ではないだろう。そのようなとき、発達の3つの系という観点は、国内外の政治や制度が望ましい方向に進もうとしているのかを判断する観点として有効であり、教師自身が自らの生涯発達を守りながら子どもたちの発達を支えていくためにどのような行動をとればよいかの指針となるだろう。

〈注〉

（1）YouTube などの動画サイトで「ピアジェ課題」などのキーワードを入力すると、ピアジェ課題に取り組む子どもの様子を動画で見ることができる場合が多い。たとえば"A typical child on Piaget's conservation tasks", https://www.youtube.com/watch?v=gnArvcWaH6l&list=PLQLBukiam78gadK1PWeqPIYQuJwMkEUnZ, 2016.12.12閲覧。

（2）ピアジェはこれらをシェムおよびシェムが内化したものとして操作などと呼ぶが、本章では省略する。

（3）ピアジェ，J. 中垣啓（訳・著）（2007）．ピアジェに学ぶ認知発達の科学 北大路書房（pp.36-41.）

　　本書は、Mussen, P. H.（Ed.）．（1970）．*Carmichael's manual of child psychology*（3rd ed.）: Vol.1. New York: John Wiley & Sons の第9章に収録されたピアジェ自身の寄稿による "Piaget's Theory" を、日本におけるピアジェ研究の第一人者の1人である中垣啓が翻訳した上で、本文よりも分量の多い詳細な解説を加えた本である。日本人が往々にして誤解してしまいやすいポイントについても詳細な言及がある。

　　なお同書において中垣は、同化と調節と均衡について次のような例示をしている。食事の際に私たちが日ごろ箸を使うのは「均衡」である。箸を使えるようになった子どもが、食物ではない何か（紙やクリップなど）を箸でつまんで見せるのは「同化が調節を上回っている状態」であり、「遊び」である。まだ箸を十分に使えない子どもや外国人が箸の使い方を練習するのは、「調節が同化を上回っている状態」であり「模倣」や「練習」である。

（4）ピアジェ・中垣、同上書、p.69.

（5）各段階の特徴などについてのより詳しく、初学者でもわかりやすい説明が読める書籍には、「子安増生（編著）（2016）．よくわかる認知発達とその支援〔第2版〕 ミネルヴァ書房」などがある。

（6）ピアジェ（著）秋枝茂夫（訳）（1982）．教育の未来 法政大学出版局、本書はピアジェが、ユネスコの教育振興国際委員会の依頼を受けて1971年に執筆した論文「教育の未来」と、1948年にユネスコにより刊行された「人間の権利」叢書に収録するために執筆した「現代世界における教育を受ける権利」という2つの論文の翻訳である。ピアジェが初等教育から大学教育にいたるそれぞれの段階の教育の目的とあり方についてどのように考えていたのかがよくわかる。

（7）ヴィゴツキー（著）土井捷三・神谷栄司（訳）（2003）.「発達の最近接領域」の理論──教授・学習過程における子どもの発達── 三学出版

（8）中村和夫（2004）．ヴィゴツキー心理学──「最近接発達の領域」と「内言」の概念を読み解く── 新読書社

（9）ヴィゴツキー（著）土井・神谷（訳） 前掲書 pp.21-22.

（10）ヴィゴツキーとピアジェのそれぞれの研究的関心の違いと相互理解、および見解の共有と相違については、「柴田義松（2006）．ヴィゴツキー入門 寺子屋新書」にわかりやすい解説がある。本書はヴィゴツキーの書籍を数多く翻訳している柴田義松教授によるヴィゴツキーの入門書で、概念や言語の発達から障がい児教育・芸術心理学に至るまで、ヴィゴツキーの研究成果を広く網羅している。

（11）サヴァン症候群とは、知的障害や発達障害がある人の中で特定の分野のスキル等に極端に秀でている状態を言う。音楽を一度聴いただけで再生できる人や、数十年前から数十年先までのカレンダーが頭の中に入っている人などがよく例に出される。

（12）ピアジェ・中垣、前掲書、p.53.

（13）ここに何歳を当てはめるかは、10歳〜35歳くらいの幅があるようだ。

（14）高橋恵子（2012）．「発達とは」高橋恵子・湯川良三・安藤寿康・秋山弘子（編）発達科学入門（1）――理論と方法――（pp.3-19）東京大学出版会

（15）田中昌人（1997）．全障研の結成と私の発達保障論　全国障害者問題研究会（編）全障研三〇年史――障害者の権利を守り、発達を保障するために――（pp.439-575）全障研出版

（16）E. H. エリクソン（著）・西平直・中島由恵（訳）（2011）．アイデンティティとライフサイクル　誠信書房

（17）J. ライマー・R. H. ハーシュ・D. P. パトリオット（著）・荒木紀幸（訳）（2004）．道徳性を発達させる授業のコツ――ピアジェとコールバーグの到達点――　北大路書房

（18）Baxter Magolda, M. B.（2010）. The interweaving of epistemological, intrapersonal, and interpersonal development in the evolution of self-authorship. In M. B. Baxter Magolda, E. G. Creamer, & P. S. Meszaros（Eds.）*Development and Assessment of Self-Authorship*: *Exploring the Concept across Cultures*（pp.25-43）. Sterling, VA: Stylus Publishing.

（19）田中昌人（1987）．人間発達の理論　青木書店

（20）西垣順子（2014）．「可逆操作の高次化における階層――段階理論」に基づく大学生の発達――　人間発達研究所紀要，*27*, pp.15-29.

（21）田中昌人（前掲書）．

　　　発達の3つの系は、1960年代に当時は義務教育から除外されていた知的障がい児の、教育を受ける権利の実現を目ざして始まった発達保障という取り組みの中から生まれてきた考え方である。発達保障については、「丸山啓史・河合隆平・品川文雄（2012）．発達保障って何？　全障研出版部」などを参照。

（22）民主的であることは集団や社会の進展において重要である。個人も集団も社会も、間違いや失敗をおかしてしまうことがあるが、その際に独裁的なリーダーに率いられる集団や社会の場合、その集団や社会は誤りを独裁者に帰する。そして個々人が自分のこととして反省したり考えなおしたりする機会を逸してしまう。その結果、集団も社会も誤りから学ぶことができず、発展や進歩が阻害されるだろう。

〈推薦図書〉

子安増生（編著）（2016）．よくわかる認知発達とその支援〔第2版〕　ミネルヴァ書房

柴田義松（2006）．ヴィゴツキー入門　寺子屋新書　子どもの未来社

高橋恵子・湯川良三・安藤寿康・秋山弘子（編）（2012）．発達科学入門（1）──理論と方法──　東京大学出版会

藤野友紀（2014）．発達を学ぶ発達に学ぶ──誕生から6歳までの道筋をたどる──　全障研出版部

中村隆一（2013）．発達の旅──人生最初の10年　旅支度編──　クリエイツかもがわ

長谷川真里（2014）．発達心理学──心の謎を探る旅──　北樹出版

第**4**章

幼児期の発達

はじめに

　発達心理学では、生後４週間を新生児（neonate）、１歳半までを乳児（infant）、そこから小学校への就学までの時期の子どもを幼児（young child）と呼ぶ。法律的には、「学校教育法」第26条では「幼稚園に入園することのできる者は、満３歳から、小学校就学の始期に達するまでの幼児とする」とあり、３歳からが幼児と規定されているが、「児童福祉法」第4条では、満18歳に満たない者を「児童」と言い、そのうち満1歳に満たない者を「乳児」、満１歳から小学校就学の始期に達するまでの者を「幼児」、小学校就学の始期から満18歳に達するまでの者を「少年」と呼んでいて、定義にずれがあることに留意したい（第1章第１節第２項参照）。この章では、田中昌人らの「可逆操作の高次化における階層－段階理論」（田中, 1987；田中・田中, 1982, 1984, 1986）を軸にして、１歳から順を追って見てゆく。

第１節　１歳児

　子どもは、１歳を過ぎる頃から直立二足歩行をはじめる。自由になった両手を使い、指さしをしたり、ものを運んだり、活発な活動を展開する。

　このころ「…デハナイ…ダ」という行動や操作の面での方向転換ができるようになっていく（田中・田中, 1982）。丸、三角、四角の孔の空いたはめ板に円盤を入れる課題に取り組む際（図4-1参照）、１歳児は円板を円孔に入れるこ

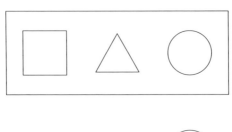

図4-1　はめ板（円板）

（「新版Ｋ式発達検査の手引き書」京都国際社会福祉センター，2002年，p.59）

とができる。子どもの目の前で、そのはめ板を180度回転させ円板の前に四角
孔がくるようにして、再度円板を入れるよう促すと、その四角孔になんとか入
れようと円板を押し込み続ける。それが、１歳半を越える頃から、いったん四
角孔に円板を入れることはあっても、入らないことを確かめると三角孔、円孔
と円板を移動させるなどしてはめることができる。この行動を切り替える力は、
積み木を積んでいたときに、積み木がくずれてしまっても再度積み直す、ペン
を逆方向で握り込んでしまったときに、持ち替えてペン先が紙のほうに向かう
ようにするなど、さまざまな活動で切り替えを行っていくたいせつな力となっ
ている。

　認知領域の発達としては、何かを何か別のものであらわす象徴機能が獲得さ
れる。たとえば、積木を携帯電話に見立てて、しゃべってあそんだり、空のコッ
プからジュースを飲むふりをしてあそんだりするように、実際には存在してい
ないものを思い浮かべる表象作用によって、こうした見立てあそびはできるよ
うになる。

　言語領域の発達としては、指さしや「マンマ」のような単語を用いてのコミュ
ニケーションが可能になる。アメリカの心理学者エリザベス・ベイツ（Bates, E.）
は、言語獲得前の子どもの発達において、大人を使って欲しいものを手に入れ
る「原命令（protoimperative）」の機能と、大人の注意を出来事やものに向ける

ための「原叙述（protodeclarative）」の機能の発達を研究し、この時期に「原命令」や「原叙述」の指さしが見られるようになることを示している（Bates, Camaioni, & Volterra, 1975）。その後、「原命令」は「要求の指さし」、「原叙述」は「叙述の指さし」という明確な形に発達していく。

　大神（2008）の調査によれば、9 ヶ月から大人の指さし方向を見るようになり、12 ヶ月から「要求の指さし」、13 ヶ月から自ら興味を持ったり驚いたことを大人に伝えたりする「叙述の指さし」、15 ヶ月から「○○どこ？」に指さして答える「応答の指さし」が獲得されることが示されている。この、相手の視線や指さしを参照して、自分がその対象を見ること、自分が相手に視線や指さしで、自分の注目しているものを相手にも見るよう促すことなどを「共同注意」と呼んでいる。これは、相手の意図を読み取ったり、相手に自分の意図を伝えたりするものであり、こうして子ども自身が相手となんらかの対象を共有することを、「三項関係」と呼ぶ。このように子どもは直接的な相手との関わりのみでなく、相手となんらかのものを共有することができるようになる。

　獲得の時期が一番遅い「応答の指さし」は、大人からの「おめめ、どれ？」という問いかけなどを受け止めて、指さして答えるものである。この指さしは、相手のことばで表現された意図を受け止めて指さしで返事をするものである。「要求の指さし」や「叙述の指さし」は、子どもが取ってほしいものを大人に要求したり、子どもが見つけたものを大人に知らせたり、いずれも子どもから大人に発信しているのに対し、この「応答の指さし」は、大人がことばで発信した意図を子どもが受け止めていることを示すものであり、ことばを受け止めて返すというやりとりのパターンがみられることから、ことばでのコミュニケーションにより近いやりとりとなっている。

　この時期の子どもの要求伝達の特徴について調べた木下（2008）は、次のような実験場面を設定した。実験者と子どもが子ども用机で斜め隣に座り、実験者が子どもの手の届かないところにおもちゃを提示して、30 秒間あそぶふりをする。その間、実験者はおもちゃの方だけ見て子どもの反応は無視する。子どもがおもちゃに関心をもって、あそびたいと思い手を伸ばしても届かない状況をである。対象児の年齢は 10 ヶ月から 2 歳半であった。その結果、1 歳半まで

の子どもは、7割が手を伸ばして触ろうという行動をし続けるのに対して、1歳半以降の子どもは、8割近くが指さしをしたり「チョウダイ」の身ぶりをしたりする行動の調整や「アッアッ」といった発声、「ブーブー」や「ブーブー、チョウダイ」という発話内容の調整をしていた。これは「おもちゃであそびたい」という思いをもった1歳半以降の子どもが、自力では触れないことがわかった後に、指さしや身ぶり、ことばなど使える手段を総動員して、はめ板の課題でみられたと同様に行動を切り替える力を発揮していることを示すものである。

　ここで注目されるのは、おもちゃを持っている人に、自分の意図を伝えるためにはどういう工夫が必要かと、相手の存在に注目して、行動の切り替えができていることである。自分の思いをひたすら主張する自我から、相手に自分の思いを効率よく伝えるために、どのような工夫が必要かを考慮した自我の発揮の仕方への変化と考えられる。この変化は、日常場面でのコミュニケーションをスムーズにする。1歳前半ころは、自分の不快さを、「泣く」「怒る」という方法で主張する子どもの意図がわからず、あいまいな理解のまま子どもの悲しみや怒りの感情を受け止めるしか対処の方法が見つからないことがよくおこる。それが、1歳後半になると、たとえば、自分があそんでいたおもちゃを取り上げた友だちを指さしながら、保育園の先生と友だちを交互に見て「泣く」というように、大人に理解しやすい訴え方で自分の感情を出せるようになることで、大人は子どもの気持ちをよりリアルにつかむことができるようになるのである。気持ちが対立し折り合いがつかない場面はあっても、自分の思いが伝わることで、大人とのコミュニケーションが深まる時期である。

▶ 第2節　2歳児 ◀

　2歳になると、段差のあるところから飛び降りたり、斜めの姿勢をとってバランスをとることができるようになる。ことばも、語彙数が爆発的に増加し、自分のことを「○○ちゃん」など呼ばれている呼称で名乗り、ことばで自己主張をしながら他者とかかわることができるようになる。

　認識の面では、対の比較ができるようになる。「大きい－小さい」、「多い－

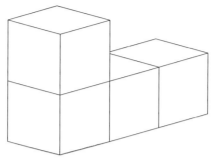

図4-2　積み木のトラック

(同前，p.49)

少ない」、「高い-低い」といった2次元の比較が可能になるが、それには「いっ
しょ」という同一性の認識が必要になる。友だちの服にプリントされた花を見
て、自分のタオルを取りに行き、プリントされた花をみせながら「いっしょ」
と言ったり、ふたつのコップを並べて「これとこれ、いっしょだけど、ちょっ
とちがうなぁ」とどちらもコップというカテゴリーに属するものであることを
確認しつつ、形や大きさなどの異なりを見つけたりする。このようなさまざま
な経験の中で、同一性の認識や二次元の対比的認識、「大-小」、「長-短」、「高-
低」といった対の認識が広がりをましていく。

　発達検査の課題に「トラックの模倣」という、3個の積み木を横に並べ、片
側にひとつ積み木を乗せることで、非対称なトラックの形を子どもの前でつく
り、それをモデルとして同じものを作るよう促す課題がある（図4-2参照）。自
-他が未分化な段階では、自分の前に置かれた積み木をモデルに積むなど、モ
デルに触れる反応が見られるが、自-他が分化してくると、検査者が同じもの
をつくることを求めていることを認識して、課題に挑戦したり、難しいことを
見通して挑戦をためらったりする。うまくいかないと、その場を立ち去ったり、
わざと自分のつくった立体をモデルにぶつけて壊したりすることで、困ってい
ることを伝える。モデルと同じものが作れると、満足した顔を検査者に向けて、
検査者の「できたね」などの賞賛のことばを待つようになる。こうしたモデル
を参照する積み木の構成を、田中・田中（1984，p14）は、「モデルの世界と自分

の構成する世界とのあいだに連関性を持ちつつも相対的に独立したものとしてこれをとらえるようになり、モデルと自分の関係を二次元のものとして成立させ始め」ていることを示していると説明している。

　ことばの発達は、個人差が大きいが、「ブーブー」「マンマ」といった単語での発話（一語文）から、「ママ、オシゴト」といった二語文になり、その後、語彙数を増やし、完了形、過去形、仮定など、さまざまな語形を駆使して思いを表現するようになる。たとえば、「Kも（車のおもちゃ）ほしかった」と、みんなの手に渡ってなくなってしまった車のおもちゃを自分も使いたいという気持ちを表現したり、「ままとにいに（兄）といった」と日曜の出来事を語ったり、「K知ってる、この人、先生やで」と、自分の記憶を語ったりできるようになったり（いずれも、KE児、2歳4ヶ月）、馬舎に残されているにんじんを見て「もしかして、ごちそうさんかな（おなかがいっぱいになって残しているの意）」（SH児、2歳10ヶ月）と推測したりする。単語の類似に気づき、「うんち」という「汚いことば」と「うんちん」が似ていることがおもしろく、バスの運賃箱と賽銭箱の類似性をとらえて、「もしかして、うんち入れるのかな？」（SH児、2歳10ヶ月）と、わざと間違えて笑いを誘ってみたりする。気持ちの通い合い、ぶつかりあいが頻繁に見られる保育園という環境の中で、自分の思いを表現している例である。

　大人とのごっこあそびもさかんになり、「お店屋さん」や「お医者さん」になりきって「セリフ」を語る折に、共通語イントネーションを使用することもできるようになる。「ジュースどうですか？」「注射しましょうか？」など、日常使用しないイントネーションとことばで語ることによって、役になる楽しさを味わっている。このように、単語数、構文、形式などさまざまな知識を爆発的に獲得する時期である。

　この時期は、自我が充実していく時期である。保育園の2歳児、3歳児、4歳児60名を対象に、直前5分間に他人から評価されるような事件が起きず、また直前1分間に評価に相当する行動も生起していないという条件をみたしている子どもに、数日間保育補助として過ごしていた女性が「○○ちゃん、すごい！」と突然評価を下すという場面を設定した加用（2002）では、そのことばに対し

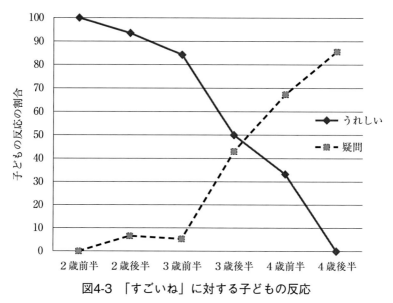

図4-3　「すごいね」に対する子どもの反応

（加用（2002）より筆者作成）

て、うれしい表情を見せたり、「うん」と答えたり、「うれしい」感情を表した
子どもの割合と、「なんで？」と言ったり、怪訝な表情を見せたり「疑問」を
表した子どもの割合は、図4-3のようになった。３歳前半までの子どもは、何
をほめられているかわからない状況で「うれしい」感情を表していることがわ
かる。相手に何をほめられたかがわからなくても、自分がほめられたことをう
れしいと思えるのが、この時期の特徴と考えられる。

　こうした特徴は、保育室でもみられる。壁面に展示された子どもの作品をみ
ているとき、子どもが「見て」と自分の絵を見るように促すという状況によく
出会う。自分が描いた絵がどれなのかしっかり認識していることがわかる。そ
の時子どもは、あらかじめほめられることを確信しているように思われる。他
者との比較の中で、自分の評価を求めているのではなく、自分が自分であるこ
と、自分が描いたり、つくったりしたことに価値を見いだし評価してほしいと
とらえているようである。この時期の特徴を田中・田中（1984, p.201）は、「自

表4-1　パーテン（1932）の遊びの類型

遊びの類型	各類型の解説
なにもしていない	あそんでる様子なく、何かが起こるとそちらを見る。何もなければ、自分のからだを触ったり、椅子に座ったり、立ったり、先生についていったり、部屋を見回している。
傍観者	他の子のあそびを見ている。その子に質問したり、指示したりするが、自分はあそびに入らない。あそびのなかで起こっていることを見たり聞いたりできる距離にいる。
ひとり遊び	そばにいる子が使っていないおもちゃでひとりであそぶ。他の子に近づこうとせず、他の子に影響されずにあそぶ。
平行遊び	まわりの子が使っているおもちゃと似たものでひとりであそぶ。他の子に干渉することなく、そばであそぶ。
連合遊び	他の子といっしょにあそぶ。おもちゃの貸し借りをしたり、会話する。誰とあそんで、誰とあそばないかを決めたりする。目的をもった役割分担はなく、自分のしたいようにする。
協同遊び	何かを作ったり、競争したり、演じたり何らかの目的をもっていっしょにあそぶ。数人が他の子に指示をする。役割分担をして、互いにおぎないあって活動をまとめあげることで、目標が達成される。

（Parten（1932）より筆者作成）

分のものとそうでないものという自我の関与した2次元の対比がしっかり確立した姿」ととらえている。自分と他者の違いがわかり、しかも、自分と他者を比べようとはしないことから、自信をもって自己主張することができる時期である。

　子ども同士のあそびの類型は、表4-1のように分類される（Parten, 1932）。

　2歳から4歳の各年齢群6名の子どもの遊び場面60回の観察結果は、図4-4のようになっている。2歳は平行遊びやひとり遊びが多く、友だちと係わってあそぶことはまだ少ない時期であることがわかる。その初期の友だちとの遊びの特徴は「相互模倣」と呼ばれる。たとえば2歳児クラスで、子どもが絵本を頭に乗せて「トラック！」といって机の周りを走り出すと、それを見て周囲の子どもが同様に「トラック！」といって頭の上に絵本を乗せて笑いながら走り出すという、いっしょにあそぶための誘いかけを必要とせず、他児が巻き込まれるようにあそびに参加していくあそび方である（瀬野、2010）。それが子ど

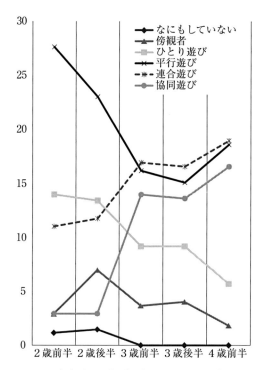

図4-4　各年齢の遊びの類型の平均観察回数

（Parten（1932）より筆者作成）

もたちが 3 歳になると「ことばでのあそびの提案」など、他児を意識したなんらかの発話から、ごっこあそびや皆で一つの目標を共有する共同構成が見られるように変化していく。たとえば、木箱を出して「引っ越しセットです」という大きな声の呼びかけから、あそびが展開し、木箱にままごと道具を入れて、その箱をみんな運ぶという引っ越しあそびが展開している（瀬野、2010）。相手といっしょにあそびたい気持ちを、自分のことばによって表現し、それに友だちが参加している事例である。ごっこあそびなどのつもりを子どものみで共有することは難しくても、相手の動きを模倣し合うことからいっしょにあそぶ楽しさを知り、それが発展しているのである。

　自我を充実させ、自分の思いをことばや行動で表現する自己主張を繰り返し、

自分の思いが認められたり、自分の行動をほめてもらえることによろこびを感じ、自信をはぐくんでいく時期である。

◤ 第3節　3歳児 ◢

　この時期の活動スタイルを田中・田中（1986）は、「…シナガラ…スル」と表現している。ケンケンをしたり、舵をとりながらペダルを踏んで三輪車をこいだり、服を着ながら友だちに注意を向けたり、友だちとしゃべりながら食事をしたりすることが可能になってくる。

　荒木（1989）は、自己と他者の関係の成立は、3歳頃には自己主張としてあらわれ、時に「反抗」や「わがまま」と見られつつ、周囲の人たちから自分を区別するようになる。その相手に対する「反抗」が、4歳頃になると相手を意識した「自己顕示」となり、人に気に入られたいという気持ちをもち、相手の表情や動作に敏感になり、たえず相手を意識した行動をとるようになると述べている。

　この相手を意識する様相が、先に挙げた加用（2002）の、3歳後半以降のデータに表れている（図4-3参照）。3歳前半まで、ほとんどの子どもが「すごいね」とほめられてすぐに「うれしい」という反応をしていたのが、3歳後半以降急激に「疑問」を呈する子どもが増えてくる。この「疑問」は、相手が自分の何に対して評価をしているのか、相手の意図を把握することによってこそ、「うれしい」気持ちになり、ほめられていることの価値が高まることを示すものである。

　大人の影響のみならず、子ども同士でもやりとりが成立しはじめ、友だちの存在が大きくなっていく。筆者自身が観察した3歳児クラスの散歩の事例を紹介したい。散歩で誰が先頭を歩くかの順番争いがおこった時、TI児（3歳11ヶ月）が保育者の説明や提案を聞いても気持ちが切り替わらず、すねていた場面で、友だちのYK児（4歳3ヶ月）が、「T、帰り道で一番にしたらいいやん」と耳打ちすると、TI児が「なんて？」とYK児の方に向き直り気分を立ち直らせるという場面があった。友だちのひとことで気持ちが前向きになっ

た TI 児の姿から、友だちならではの影響力があることが示された。

　子ども同士の遊びでは、図4-4に示されているように、この時期、連合遊びや協同遊びが増えてくる。園庭でひとりひとり、同じような皿やコップ、スコップなどをもち、「料理」をしていたりする。そうした場面で泥は、ハンバーグやコーヒーに見たてられる。

　加用（1992）は、こうしてあそんでいる子ども対して「なに作ってるの？」とたずね、子どもから「ハンバーグ」などごっこ上の命名を得、次に「でもこれ砂だよ」と現実的命名をした折の子どもの反応を表4-2にまとめている。「非反論」は、沈黙したり話題を変えたりするもの、「準反論」は「泥のハンバーグ」など、ふたつの命名を連続させたり、「いいんだよ、作れるんだよ」と視点混乱の持ち込みを抗議したりするもの、「反論」は、「ウソッコだからいいの」というように「ウソッコ」もしくは「ホント」ということばで現実名の砂とごっこ名のハンバーグの視点を対比させて反論するものである。表4-2より、３歳後半以降、大人の介入に対してなんらかの反論をするケースが出てくるが、半数は反論できない状態にあることがわかる。子どもたちは泥を現実のハンバーグだと思っているわけではなくウソッコであることは理解していながら、時には熱中して料理に励むというように、ウソッコ意識をもってごっこ遊びに望んでいる状態と没頭的状態を行き来しつつごっこ遊びをしていると考えられ、その「融合状態」（加用，2011）にあるからこそ、常にしっかり反論できるわけではないと考えられる。

　３歳児がごっこに没頭している状態は、たとえば次のような場面である。

　幼稚園３歳児クラス入園式の４日後のごっこ遊び。３歳児Ａ男がブロックを剣

表4-2　ごっこ遊びへの介入に対する反応（事物操作）

	1：11 - 3：6	3：7 - 4：6	4：7 - 5：6
非反論	23	16	4
準反論	2	7	7
反論	0	8	5

（加用（1992））

に見立てて振り回している。B男も同じブロックを剣に見立てて振り回しており、ふたりで戦いごっこをはじめる。その後、剣を振り回すふたりにC子が「やめて」と忠告して立ち去ると、二人でC子を追いかけて走りだし、「バーン！　行くぞ！」と威勢のいい声をあげつつ、近くにいたD子を後ろからブロックでたたく。大声で泣き出すD子の様子をみて、戦いごっこの威勢のいい顔がすっと素に戻り、ばつの悪そうな表情になる（平塚幼稚園記録ビデオ）。

　D子は戦いごっこには参加していないし、直前に叩かれるような関わりがあったわけでもない。戦いごっこをしている男児が、没頭的状態になったために、戦いごっこの気分のままD子を叩いてしまったように見受けられる。このような失敗が起こるほど、子どもたちは子ども同士のごっこ遊びを楽しむ。

　遊びのさなかに起こるいざこざは、相手の意図を理解する場として展開することもある。下條・阿部（2015）の3歳児クラス春の病院ごっこがはやっていた時期の事例をあげる。

　　その日の診察はひなちゃん先生。ぞう組のありったけのお玉を持っています（筆者注、お玉は診療用具に見たてられている）。そこにりょうくん先生も登場したのですが、必需品のお玉がなくて、りょうくん「かして！」、ひなちゃん「ひながつかってる！あかん！」ともみあいになりました。保育者が入って話を聞きましたがどちらも譲れません。保育者「そうか。りょうくん先生にも診てもらいたかったけど、これ（お玉）なかったらみてもらえないよね」とちょっと困った顔をしていると、ちょっと考えたひなちゃんがお玉を二つ貸してあげました。（中略）
　　次の日、今度はりょうくん先生がありったけのお玉を持って診察していました。そこに今度はしんくんがお玉を貸してほしいと登場。これは昨日と同じパターンか？と思ったときにはもみ合いになっていました。まずは話をきいてから保育者「りょうくん、昨日ひなちゃんがお玉貸してくれたとき、うれしそうやったな」というと、しばらく考えたりょうくん。「どうぞ」としんくんにお玉を渡してくれました。

　友だちといっしょにあそびたい気持ちと、自分が道具を持っていたい気持ちが葛藤している場面で、保育者が「りょうくん先生にも診てもらいたかったけ

ど、これなかったら診てもらえないよね」と困った顔で言うという、「間」の
ある対応によって、子どもが自発的に貸す主体になっている。また「昨日うれ
しそうやったな」と、前日の体験と今の場面をつなぐことばとともに「間」を
とることによって、目の前にいる友だちの気持ちと前日の自分の気持ちを重ね
合わせることができ、自発的に貸す行動をとっている。相手の意図を把握して、
自分の行動を決めるということは、このように葛藤を招くことが多く、その中
でよりよい自分を選んでいくために、大人が状況を解説し、子どもが自らどう
していくかを選べる状況を作っていくことがとても大切である。こうした大人
の「スキャフォールディング（scaffolding）」があることで、子どものよりよい
選択が可能になっていく。

◢ 第4節　4歳児 ◣

この時期の活動のスタイルを、田中・田中（1986）は「…ダケレドモ…スル」
と表現している。それは自我の充実が、自制心を形成するためであるとされて
いる。荒木（1975）によれば、その自制心は、「さびしいけれどもおるすばん
する」などという自己吟味、現実吟味によるものであり、それは「～シナガラ
～スル」という行動が仲間や大人の励ましの中で、見通しを自分のものとし、
「食べたいけれども待つ」という「けれども」行動へと内容を変化させていく
とされている。

こうした幼児の自制心の発達をみる課題に、行動調整の課題があげられる。
旧ソビエト連邦時代に活躍した心理学者アレクサンドル・ルリヤ（Luria, A. R.）
は、子どもにゴムバルブを持たせて、ランプがついたらバルブを押す実験を行
い、言語による行動調整機能の発達を見ている。そのなかで、赤いランプがつ
いたら押す、緑ランプがついたら押さないというルールを提示したとき、3歳
から4歳の子どもの場合、赤ランプがついたときにのみ「押せ」と自分で言う
ように指示すると行動が調整できること、さらに4歳半から5歳半になると、
そのルールを教示のみで理解し、行動を調整できることを示している（ルリヤ、
1969）。刺激に対する反応を外言によって調整していた段階から、内言によっ

て調整できるように変化していくことが示されている。

　アメリカの心理学者ウォルター・ミシェル（Mischel, W.）らは、欲求充足を先延ばしにする能力をマシュマロテストによって明らかにしている（ミシェル, 2016）。平均年齢4歳6ヶ月の幼児を対象に、実験者が戻るまで待っていたら、自分が選んだ好みのお菓子が食べられるが、待つことができず、途中で実験者を呼び戻すと、選ばなかった方のお菓子を食べることになるという条件の下、実験者が戻るまでの15分を過ごせるかどうかを見た（Mischel & Ebbeson, 1970）。その結果、目の前にお菓子が並んでいる条件では待つことは難しく、お菓子が見えない条件では待つ時間が長くなることが示された。子どもたちは待ち時間の間、手で目を覆ったり、腕の上に突っ伏したり、独り言を言ったり、歌ったり、いろんな工夫をしていた。

　鈴木（2005）は、こうした自己抑制の発達を年齢別にみている。机の上におもちゃが置かれた状況で、実験者が忘れ物を取りに行っている間、おもちゃは触らず待つように指示して、実験室に残された幼児がおもちゃを触らずに待つことができるかどうかをみたところ、3歳児クラスの子どもには実験者を呼びに行く反応が、4歳児と5歳児クラスの子どもには待つ反応が多く見られた。4歳児クラスの子どもには、鼻歌を歌ったり気をそらす反応も多くみられた。4歳児クラスの頃に、子どもなりの工夫をして行動抑制することができるようになっていくことが示されている。

　この時期には、たとえば、迷路に取り組む子どもが行動調整の意欲がとぎれかけ、枠線にぶつかりそうになったときに、大人が「ゆっくりゆっくり」と声をかけると、描線の進め方がていねいになったり、積木で立体を作る課題で見本があると、何度も見比べながら課題に取り組むなど、大人の支えの入れ方やモデルの提示によって、子どものパフォーマンスの変化が見られる。

　こうして自分の行動調整が行えるようになる時期に、他者理解にも変化が見られる。自分が思っていることと、他者が思っていることの違いに気づくことができるようになる。その心の状態を理解する能力を「心の理論」と呼び（Premack & Woodruff, 1978）、その発達をみる課題として誤った信念課題がよく用いられる。たとえば、サリーとアンの課題は次のような課題である

（Baron-Cohen, Leslie, & Frith, 1985）。サリーがビー玉をかごに入れて立ち去った後、アンがビー玉をかごから箱に移し替える。その後サリーが帰ってきたときに、サリーはかごか箱かどちらにビー玉があると思って探すのかを子どもに問う。その結果、4歳ごろから、自分とサリーの信念の違いを認識して答えることができるようになってくることが示されている（Wimmer & Perner, 1983）。これは自分が知っている事実と、他者が信じていることが異なることを子どもが理解するようになることを示している。

　こうした自己調整の力、他者理解の力の獲得は、子どもの友だち関係にも影響をおよぼす。友だちとぶつかってとても痛かったとしても、それが故意でなく、相手が悪いと思っていることがわかれば許すことができたり、相手の気持ちを考えてよりよい行動をとるプラスの力として発揮される一方、他者との比較によって、自信を持ちづらくなることもみられる。

　朱い実保育園職員会（2002）では、4歳児クラスの子どもたちの特徴を「自分と他人を比べてすごく意識するようになり、自分はほかからどう思われているのだろう？できなかったら恥ずかしい、自分の苦手なことはしないでおこう、自信のないことはやめておこう、かっこいいところだけ見て！と後ろ向きに」なり、「鬼ごっこをしていても、自分に都合悪い状況になると、『オレよってへんもん（筆者注；鬼ごっこに参加していないの意）』『もうやめた！』と抜けていったりということがよくあります」と解説し、「でも、そんなときでも心の中は、『もっとあそびたい、友だちとかかわりたい』と思っています。だからその場からいなくなることはありません」と、子どもたちの心情をとらえている。このように他者との比較の中で自信がもちづらくなっている子どもにとって、自分の持っている力を友だちに認められることは自信を回復するきっかけになる。保育者がひとりひとりの力を見いだし、集団の中でそれを認め合って、子どもたちの力をプラスの方向に転換していく働きかけが必要である。

　4歳児クラスの運動会の取り組みを紹介した中井（2006）の実践では、2人対抗のかけっこで、4歳児の負けたくない気持ちがふくらみ、競技を変更したことが報告されている。2人対抗のかけっこの練習をしたところ、ひとりがゴールに入ったとたんにパタッと止まって泣き出したり、抜かされて泣いたり、先

生が指名した子とは「やりたくない！」と拒否したり、「勝ち負けで頭がいっぱい」になり、保育の目標である「走ることって楽しいね」という経験を深めることになっていなかった。そこで運動会の目標に即して、1人ずつバトンをもって走る「ひとりリレー」に種目を変更したところ、それぞれの走り方をみんなで認めあえるようになったことが紹介されている。4歳児の「できる－できない」へのこだわりに対して、こうした取り組みそのものの変更も含めて、子どものことばにならない気持ちも含めて受け止め、支えてゆくことが非常に重要であることがわかる。

▶ 第5節　5歳児 ◀

　この時期の発達の特徴を、田中（1987, pp.78-79）は、「他の人の気持ちがわかり始め、人に教えることができはじめる。大・中・小、左・中・右、前・中・後、ここ・そこ・あそこ、その他の空間的な各種の3次元、あるいは、きのう・きょう・あした、さっき・いま・こんどなどの時間的な3次元が形成され始め」、新しい交流の手段として書きことばを獲得しつつ「理知り初めしこころの働き」の性質をそなえてくると述べている。

　文字への関心は、個人差はあるものの小学校入学前にほとんどの子どもがひらがなを読めるようになり、半数以上の子どもが21文字以上書けるようになっている（国立国語研究所、1972）。就学前の文字教育は、幼児の興味に応じて文字の獲得が進められることが基本となっているため、子どもは生活の中で絵本など子どものための文化財をはじめ、さまざまな文字に接し、その機能に気づき、「書きことば」という新しいコミュニケーションの道具を自分のものにしていく。

　この就学前の文字の習得の特性を、5歳児クラス2月と小学校1年生9月の文字作文の比較によって示した内田（1989）は、幼児期にほとんど文字が書けなくても、内面が育っていれば文字が必要だと感じたときにあっという間に習得が可能となり、かなり早くから文字習得を始めた子どもに追いつくケースを紹介している。このことから就学前に必要なのは、書きことばへの興味の基盤

となる、外界のものやことに対する幅広い興味をもつことによって内面をゆたかにすることであることがわかる。

　この書きことばを獲得する時期の子どもたちのことばの変化は、「一次的ことば」から「二次的ことば」への移行として説明されている（岡本、1985）。「一次的ことば」とは、親しい人との直接的な会話によって展開する、その場の状況文脈に依存した話しことばを指す。それに対して、「二次的ことば」は、不特定多数の聞き手に対して、一方向的に伝達する話しことばや、書きことばを指す。そこでは、相手からのフィードバックがないため、自分で話のプロットを設計し、自分で調整しながら、発話の文脈をつくり出していかなければいけない。その「二次的ことば」を獲得し始める時期に、たとえば、子どもが保育園で昨日の経験を話すというような状況文脈を共有していない伝達場面の設定するなど、さまざまなことばを使う場面の設定がなされている。「二次的ことば」が、「一次的ことば」の上に重層的に築かれるためには、「一次的ことば」の世界が充実した内容をもって確立され、その土台にしっかり根づいた形で「二次的ことば」の世界が形成されることが必要なのである（岡本、2005）。

　このように話しことばにおいて、相手にわかるように語る力を獲得しつつある子どもたちは、生活の中で自分で筋道立てて考え、その考えを友だちと話し合い、計画を立てて、実行することができるようになっていく。

　ここで筆者が保護者から聞いた、筋道立てて考えている5歳8ヶ月YU児のエピソードを紹介する。YU児は3歳0ヶ月の弟RE児とふたりきょうだいである。お正月に父親の携帯の写真を見ていた折、YU児は、弟がサンタクロースからもらったぬいぐるみが、クリスマス以前に写されていることに気づく。その場ではなく、母親とふたりきりになったときに、YU児はぬいぐるみの写真のことを説明し、「やっぱりREちゃんはいい子じゃなかったから、お父さんがプレゼントあげたんじゃない？」と言ったということだった。YU児は、クリスマス前に父親がぬいぐるみの写真を撮っていたことから、ぬいぐるみがサンタクロースからのプレゼントではなく父親からのプレゼントであることを推測している。しかし、RE児がそれを知ると悲しむと考え、母親と二人きりの折に、その推測を話しているのである。写真の位置から父親とプレゼントの

関係を推察し、また弟の気持ちも推察している。このように事実に基づいて、「～だったら～ではないか」と考えたり、「この前～したら～になったから、今日は～しよう」と考えたり、自分の知識や経験に基づいて考えていく力が発揮できるようになっている。

　この時期の教える力について、木下（2015）は、年中児、年長児を対象に折り紙のかぶとの折り方を大人に教える課題を実施し、教え方の違いをみた。その結果、年長児は、開始時に注意喚起したり、行程をことばで説明したり、学習者の誤った操作を見つけた時に「1人で上手にできるようになりたい」という動機を聞くと、折るふりをするにとどめ「間接的演示」をするなど、学習者が上達する工夫をすることができていた。相手にとって必要なことばかけや援助は何かを考えて選び取っていることがわかる。これは、年中児に比べて年長児が、相手の必要としている情報を推測して、単に折り紙を完成させるのではなく、教えるために行動していることを示している。

　こうした力をもった子どもたちは、この時期、子ども同士で「話し合い」をすることができるようになる。

　小野（2005）は、5歳児クラスで『スーホの白い馬』（モンゴルの民話）の劇づくりをはじめるにあたって子どもと絵本の読み取りを展開している。物語冒頭、羊飼いの少年スーホが赤ちゃんの白馬を拾ってきた場面で保育者が次のような問いかけをする。

保育者「生まれたばかりの小さな白馬はどこにいたんだろうね？」
たかお「モリノナカニ　オイテアッタンジャナイ？」
たくま「オカアサンハ　アカチャンウマヲオイテ　ドコカヘ　イッテシマッタノ
　　　　カナ？」
かずや「エサヲタベニイッタノカナァ？」
ゆうた「デモ　アカチャンウマヲオイテ　ドコカヘイカナイヨ」
みんな「ソウダネー」
保育者「お母さん馬はどこに行ったのかな？」
かなこ「ウマレテスグニ　カイヌシガコロシテシマッタノカナァ？」
だいき「オオカミニタベラレタ？」

よしこ「デモソウシタラ　アカチャンモタベルヨ」
けいこ「オカアサンガコロサレテカラ　ウマレタ？」
みんな「ウーン？？？」
たくま「コドモヲマモルタメニ　オカアサンハ　ハシッテ　ニゲテ　タベラレタ？」

　白馬の赤ちゃんがなぜひとりぼっちになったのかと保育者に問いかけられ
て、みんなで理由を考えている。話し合いの醍醐味があらわれているのが、最
後の発言者たくまくんの考えの変化である。最初たくまくんは、「オカアサン
ハ　アカチャンウマヲオイテ　ドコカヘ　イッテシマッタノカナ？」と、単純
な発言をしていたが、友だちの意見を聞き、自分の考えの矛盾に気づいて、お
母さんがおとりになったという考えを導き出している。これが、いぬい（1964）
が「AからBをくぐってAに戻る。AからBをくぐってAに戻るときには、
A－A'というところまで前進してゆくようなそういう相談というモノが人間
にとって一番大事なもの」だという、「相談」の典型的な形だと考えられる。
集団の話し合いの中で、ひとりでは思いつくことのできない真実に近づいてい
くという達成感のある体験が、保育者の見守る空間の中で形成される例である。
　こうして自分の考えを他者に伝え、他者の考えを聞き取る力を獲得し、多く
の人とつながる力を培って子どもたちは小学生として巣立ってゆく。

〈文献〉

朱い実保育園職員会（2002）．子どもが育つ　大人も育つ　四苦八苦、朱い実の日々　か
　もがわ出版

荒木穂積（1975）．3才から5才児（幼児期後期）　心理科学研究会編　児童心理学試論
　三和書房　pp. 183-186.

荒木穂積（1989）．4歳ごろ　荒木穂積・白石正久編　発達診断と障害児教育　青木書店
　pp.141-174.

Baron-Cohen, S., Leslie, A. M., & Frith, U.（1985）. Does the autistic child have a 'theory of
　mind'? *Cognition, 21*(1), 37-46.

Bates, E., Camaioni, L., & Volterra,V.（1975）. The acquisition of performatives prior to speech.

Merrill-Palmer Quarterly, 21(3), 205-226.

平塚幼稚園　HKG を映像記録する会（2010）．幼稚園生活の始まり　タンポポ組（年少3歳児）の4月．DVD.

いぬいたかし（1964）．あたらしい人間の想像——保問研の歩み・集団保育の意味・保育者の役割——　季刊保育問題研究9号（いぬいたかし（1974）．伝え合い保育論集．新読書社．pp.23-46. 所収）

加用文男（1992）．ごっこ遊びの矛盾に関する研究　心理科学, *14*(1), 1-19.

加用文男（2002）．幼児のプライドに関する研究　心理科学, *23*(2), 17-29.

加用文男（2011）．幼児期の表象世界の多様性　木下孝司・加用文男・加藤義信編著．子どもの心的世界のゆらぎと発達　ミネルヴァ書房　pp.89-119.

木下孝司（2008）．乳幼児期における自己と「心の理解」の発達　ナカニシヤ出版

木下孝司（2015）．幼児期における教示行為の発達：学習者の熟達を意図した教え方に注目して．発達心理学研究, *26*(3), 248-257.

国立国語研究所（1972）．幼児の読み書き能力　東京書籍

Luria, A. R. (1961). *The role of speech in the regulation of normal and abnormal behavior.* New York: Liveright Publishing Corporation. （ルリヤ, A. R., 松野豊・関口昇訳（1969）．言語と精神発達　明治図書）

ウォルター・ミシェル／柴田裕之訳（2015）．マシュマロ・テスト：成功する子・しない子　早川書房

Mischel, W., & Ebbesen, E. B. (1970). Attention in delay of gratification. *Journal of Personality and Social Psychology, 16*(2), 329-337.

中井宏行（2006）．1学年下のクラスで共に育ったゆうきくんと仲間たち．清水民子・高橋登・西川由紀子・木下孝司編．保育実践と発達研究が出会うとき　まるごととらえる子どもと生活　かもがわ出版　pp.51-68.

岡本夏木（1985）．ことばと発達　岩波書店

岡本夏木（2005）．幼児期　岩波書店

小野陽介（2005）．深くかかわり合える集団をめざして　現代と保育, *63*, 54-67.

大神英裕（2008）．発達障害の早期支援　ミネルヴァ書房

Parten, M. B. (1932). Social participation among pre-school children. *Journal of Abnormal and Social Psychology. 27*(3), 243-269.

Premack, D., & Woodruff, G. (1978). Does the chimpanzee have a theory of mind? *The Behavioral and Brain Sciences, 1*, 515-526.

瀬野由衣（2010）．2〜3歳児は仲間同士の遊びでいかに共有テーマを生み出すか——相

互模倣とその変化に着目した縦断的観察——　保育学研究, *48*(2), 51-62.

鈴木亜由美 (2005).　幼児の対人場面における自己調整機能の発達：実験課題と仮想課題を用いた自己抑制行動と自己主張行動の検討　発達心理学研究, *16*(2), 193-202.

下條拓也・阿部素子 (2015).　仲間づくりのまっさい中　保育びと, *22*, 28-38.

田中昌人 (1987).　人間発達の理論. 青木書店.

田中昌人・田中杉恵 (1982).　子どもの発達と診断　2　乳児期後半　大月書店

田中昌人・田中杉恵 (1984).　子どもの発達と診断　3　幼児期Ⅰ　大月書店

田中昌人・田中杉恵 (1986).　子どもの発達と診断　4　幼児期Ⅱ　大月書店

内田伸子 (1989).　物語ることから文字作文へ——読み書き能力の発達と文字作文の成立過程——　読書科学, *33*(1), 10-24.

Wimmer, H. & Perner, J. (1983).　Beliefs about beliefs Representation and constraining function of wrong beliefs in young children's understanding of deception. *Cognition*, *13*. 103-128.

〈推薦図書〉

木下孝司・加用文男・加藤義信編著 (2011).　子どもの心的世界のゆらぎと発達　ミネルヴァ書房

子安増生 (2000).　心の理論：心を読む心の科学　岩波書店

白石正久・白石恵理子編 (2009).　教育と保育のための発達診断　全障研出版部

内田伸子 (1986).　ごっこからファンタジーへ　新曜社

第**5**章

児童期の発達

◥ 第1節　児童期とは ◤

第1項　定義と特徴

　児童（child）という用語は、広くは「大人」に対する「子ども」をさし、乳児や幼児も含めることがあるが、現代社会では、学校教育（初等教育）と密接に結びつけ、定義、使用されることが多い。日本の「学校教育法」の第17条は「保護者は、子の満6歳に達した日の翌日以後における最初の学年の初めから、満12歳に達した日の属する学年の終わりまで、これを小学校、義務教育学校の前期課程又は特別支援学校の小学部に就学させる義務を負う」と規定している。そうして小学校に通うことになる6年間が、一般的に「児童期」と呼ばれていると見てよい（子安, 2011）。この期間は「学童期」と呼ばれることもある。

　児童期の子どもは、その前の幼児期やその後の青年期とは異なる、まとまりのある特徴群を有している。当然のことながら子どもの発達の過程には個人差があるが、一般的に児童期の子どもは、活動的、外向的、現実的であると見られることが多い。また、好奇心が強まる時期でもあり、質問や疑問を周囲の大人に投げかけることが多くなる。ものを収集することや、それを分類すること、新しい作品を完成させることに力を注ごうとする時期でもある（滝沢, 1985）。

　大人の社会と異なる、いわば「子どもの社会」を形成しており「仲間をつくりやすい、精神的に安定している、正義感が強い、きまりを守ろうとする」などの点を挙げて「幸福にみえる時期」と形容されることもある（岡本,

1977)。そうして児童期は「安定した時期」と捉えられる場合もあるが、実際のところは身体的にも認知的にも、また社会性の面でも大きく変化してゆく時期であり、本章ではそのことを見ていきたい。

発達心理学者のエリクソン（Erikson, E. H.）は、児童期の子どもの発達に関わるキーワードとして「勤勉性」と「劣等感」をあげている（Erikson, 1963）。またハヴィガースト（Havighurst, R. J.）は、児童期の子どもは、次の3つの点において著しく発達すると指摘している（Havighurst, 1953）。第1は、生活の中心が「家庭」から「友人関係」へと進む、という発達である。第2は、遊戯や仕事をするための、身体的な発達である。第3は、大人がもつような概念、論理、記号の世界へと進む、精神の発達である。ハヴィガーストは、子どもの発達課題は「文化により異なる」と指摘しているが、それでも上記の3点は「文化に共通する」と論じている。その上で、子どもの発達を助けるため、社会の側が用意しているのが学校教育であると述べている。

児童期は「発達をふまえ教育がおこなわれ、教育をとおし発達する」と言える時期でもある。学校教育の目標は、学校教育法の21条に規定されているとおり、知力と社会性を養うこと、生活に必要な習慣を養うこと、心身の調和的発達をはかること、芸術や職業についての基礎的な理解と技能を養うこと、などである。古くから「知育、徳育、体育」や「読み、書き、算盤」などの言葉もあり、これらは学校教育の目標を表わすものとして、現在も広く知られている。

近年は、母語の読み書きの能力である「リテラシー（literacy）」や、数の基礎的な処理能力である「ニュメラシー（numeracy）」という言葉も使われることがある。国際的な学力調査であるTIMSS[1]やPISA[2]は、学校教育（義務教育）をとおし、子どもが「実生活で必要となる知識と技能」をどの程度習得しているか、また、それをどの程度活用することができるかを測定しようとするものである。

第2項　低・中・高学年

児童期の子どもの発達的な特徴は、低学年（1～3年：6～9歳）と高学年（4～6年：9歳～12歳）の2区分、または低学年（1～2年：6～8歳）と

中学年（3～4年：8～10歳）、高学年（5～6年：10歳～12歳）の3区分で説明されることが多い（藤村, 2011）。これらの時期はそれぞれ、児童期の「前期、後期」あるいは「前期、中期、後期」と呼ばれることもある。

　こうした区分に基づく、子どもの発達的変化の説明に共通するのは、小学校3～4年の頃を、児童期の中の「移行期」と位置付け、幼児期の延長上にある低学年から、青年期の一歩前にあたる高学年に向け、大きく変化する時期と捉える点である。またちょうどこの時期は、小学校の各教科の学習内容が高度化してゆく時期でもある。教育実践の現場でときに使われる「9歳の壁」という言葉は、子どもの学力の個人差がこの時期に拡大しやすいことを表している。

　小学校の1年の開始年齢は6歳であるが、子どもの誕生日の違いにより、その「月齢」は異なるという点に注意がいる。すなわち、早い場合は「6歳0ヶ月」であり、遅い場合は「6歳11ヶ月」である。同じ学年であっても、そこには「12ヶ月の違い」があり、とくに低学年の場合は学習面、運動面、生活面の個人差としてそれが表れやすい。

　近年は、幼児教育から初等教育への移行にともなう「小1プロブレム」と呼ばれる、授業の不成立を中心とする、学びと生活の機能不全に注目が集まっている（大伴他, 2010）。その背後には、子どもと保護者を取り巻く「社会環境の変化」や、幼稚園と小学校の「教育システム」や「教育観の違い」があると指摘されている。幼小連携のあり方を探ろうとする近年の動きは、そうした点に応えようとするものでもある。

　小学校の6年の終了年齢は12歳であるが、先と同じように考えてみると、早い場合は「12歳0ヶ月」であり、遅い場合は「12歳11ヶ月」となる。高学年においてもなお、そうした「月齢」の違いは、やはり学習面、運動面の個人差として表れてくる可能性がある。とはいえ、この時期の子どもに共通するのは、身体的な成熟が進んでゆく、第二次性徴の時期にあたる点である。自己の変化や、自己という存在自体に意識を向けるようになり、それと同時に、他者に対する意識も強くなってゆく。

　また「反抗期」と呼ばれる時期でもあり、親子関係のあり方にも変化が起こってくる。子どもと保護者という、それまでのタテの関係が、人と人というヨコ

の関係に結びかえられる。この時期は見方を変えると、子どもの側の態度の変容にあわせ、保護者の側が、子どもとの関係を調整してゆくことになる時期でもある。

第3項　統計的調査

日本国内の子どもの発達的変化の全体傾向は、国の行政機関が実施している、各種の統計的調査の結果から知ることができる。文部科学省は、身体の発達に関して「学校保健統計調査」を毎年行っており、児童等（ここでは5歳から17歳の幼児、児童、生徒）の発育状態（身長、体重など）と、健康状態（栄養状態、疾病の有無など）を調べている。

学校保健統計調査によると2016（平成28）年度の6歳の平均身長は、男子が116.5cm、女子は115.6cmである。そこから児童期をとおし、1年あたり約6cm伸びていき、男子は12歳の時点で145.2cm、女子は146.8cmとなる。この調査が開始されたのは1948年度であり、それ以降、子どもの平均身長は伸びてきたと報告されているが、近年は、1994～2001年度をピークとして横ばい傾向にある。また、文部科学省は「全国体力・運動能力、運動習慣等調査」を小学5年生、中学2年生を対象として、毎年実施している。そこでは、握力、短距離走、持久走、ハンドボール投げなどの記録とあわせ、運動に対する意識や生活習慣も調べられている。

児童期の子どもの社会性や意識の発達に関しては、内閣府が様々な調査を実施しており、2014年には「小学生・中学生の意識に関する調査」の結果を報告している。これは9歳から14歳の児童、生徒を対象とする調査である。家庭生活、学校生活、友人関係、逸脱行動、性格、価値観などについて、様々な観点から尋ねるものとなっている。また、文部科学省と国立教育政策研究所が実施している「全国学力・学習状況調査」の中でも、小学校6年と中学校3年を対象として、子どもの生活習慣や規範意識が調べられている。

毎年、内閣府が発行する「子供・若者白書」（旧「青少年白書」）には、そうした各種の統計的調査の最新の結果がまとめられており、子どもの発達をめぐる現状とそれを取り巻く社会的状況が整理されている。

第 2 節　認知の発達

第 1 項　ピアジェの理論

　発達研究者のピアジェ（Piaget, J.）は、子どもの認知の発達を 4 つの段階（感覚－運動期、前操作期、具体的操作期、形式的操作期）に分け、説明している（Piaget, 1970）。児童期の定義を「小学校に通う 6 年間」とすると、開始年齢の 6 歳は、前操作期（2 ～ 7 歳頃）にあたる。あとの児童期の大半は、具体的操作期（7 ～11歳頃）にあてはまる。終了年齢の12歳は、形式的操作期（11歳～15歳頃）である。ピアジェの研究は、実験の状況やインタビューの方法をめぐり批判や反論を受けてきた歴史もあるが、児童期の子どもの思考（数量概念、空間概念など）の特徴と、その発達的変化をよく捉えているとして、教育実践の現場でも広く知られている。

　前操作期と具体的操作期のちがいは、子どもの「数の保存課題」に対する反応のあり方で区別することができるとピアジェは論じている。その実験手順は、次のとおりである。はじめに「6 個の白のおはじき」と「6 個の黒のおはじき」を、それぞれの個数が等しいことを確認できるよう一対一に対応づけ、一列に並べておく。子どもの目の前で「6 個の黒のおはじき」の間隔を広げ、その状態のままで、どちらの色のおはじきが多いか（または、同じか）と問いかける。

　前操作期の子どもは、知覚の影響を受けやすく、見かけの「広がり」や「混みぐあい」にとらわれ「黒が多い」または「白が多い」と答えてしまう。それが、具体的操作期の子どもになると「個数は同じ」と答えるようになる。その理由を尋ねると、具体的操作期の子どもは、前操作期の子どもと異なり、可逆性（元に戻すと同じ）や、相補性（広い方は混んでいない）、同一性（変化を加えていない）の観点から「なぜ、個数は同じか」を説明することができる。

　ピアジェは、上に説明した数の保存課題に加え、さらに難易度の高い、重さの保存課題や体積の保存課題を用いた実験も行っている。ひとことで「保存課題」といっても、こうした課題の内容のちがいにより、子どもの課題解決が可

能な年齢は大きく異なるとしている。それは数、重さ、体積の順に高くなることが知られている。

ピアジェは「クラス包含（class inclusion）課題」の研究も行っており、それも前操作期と具体的操作期のちがいを表すものとして知られる（Piaget, 1964）。クラス包含課題とは「木製の褐色のビーズを20個」と「木製の白色のビーズを2～3個」を用意し、子どもに「褐色のビーズ」と「木製のビーズ」では、どちらが多いかと問いかける課題である。

こうした質問は実生活ではほとんど意味をなさないように思えるが、クラス包含課題の意図は「部分：褐色、白色」を「全体：木製」に包含させるという認知操作を正しく行えるかを測定するという点にある。前操作期の子どもは「褐色のビーズ」と「白色のビーズ」という「色の区別」は間違うことなく行えるが「褐色のビーズ、白色のビーズ、木製のビーズ」という3者の階層関係を正確に把握するのは困難で「褐色のビーズが多い」と答えてしまうことが多い。具体的操作期の子どもは、そうした階層関係の把握が可能であり「部分」と「全体」の包含関係を理解して「木製のビーズ」と答えることができるとピアジェは論じている。

形式的操作期の子どもの特徴は、具体的操作期の子どものように「ある具体的な対象に基づき思考する」ことに加え「抽象的な仮説に基づき思考する」こともできる点にある。数量概念の発達に関して言えば、実在する量（長さ、大きさ、広さ、重さなど）に加え、それらを関連づけることにより生まれる、抽象的な量（濃度、密度、速さ、確率など）も扱えるようになる。つまり「具体的なもの」を超える「抽象的な体系、理論」を作り上げることができるようになる点に、形式的操作期の子どもの特徴がある。

また、自己の認知的操作を「反省」することが可能となり、ある「表象」をさらにもう一段、高次のレベルで把握することができるようになる。日常生活と無関連に思えるような非現実的な問いや、空想的な場面、未来の世界にも興味をもつようになるのも、この時期の子どもの特徴であるとピアジェは論じている。

第２項　思考の計画性

　認知心理学者のブルーナー（Bruner, J. S.）らは、子どもの「思考の計画性」はどう発達するかを実験的に調べている（Bruner et al., 1967）。６、８、11歳児を対象とし、馴染みのあるものを描いた42枚の絵カードを用意し、そのうち「実験者が心に思っている１枚は、どれか」と問いかける実験である。参加者の子どもはどのような質問をしてもよいが、実験者は「はい」か「いいえ」でしかそれに答えないというのが、実験のルールである。なお、42枚の絵カードは、多種多様な事物を含んでおり、様々な考え方のもとで好きなように分類（道具、動物、赤いもの、屋内のものなど）することができるようになっている。

　ブルーナーらの実験の結果は、子どもの思考の計画性は「情報の探索のしかた」という点で発達的に変化することを示している。年齢別に見ると、６歳の子どもは「憶測的な探索」を行うことが多い。憶測的な探索とは「それは、犬ですか。……カナヅチですか」のような尋ね方であり、１つひとつの質問が直前の質問と必然的な関係をもたない探索法である。それに対し、11歳の子どもは「収斂的な探索」を行うことが多い。収斂的な探索とは、概括的な質問（それは、道具ですか）から出発し、それに「はい」という回答を得たら、そのあとは特殊化した質問（それは、ノコギリですか。……カナヅチですか）に移ってゆくという方法である。この方法は「あらかじめ概念構造を組み立てた上で質問する」という認知的作業を要するものである。

　一方、６歳と11歳の中間にあたる８歳の子どもは、憶測的な探索と収斂的な探索を同程度に行うことが示されている。ただし８歳の子どもは、収斂的な探索から開始しても、ひとたび「はい」という回答を得ると、そのあとは憶測的な探索に飛びついてしまう傾向がある。

　さらに、ブルーナーらは「情報の選択肢を明確にしない状況」でも実験を行っている。それは「ある少年が午前中に学校を早退した、それはなぜか」などの問いを投げかけ、子どもに「実験者が心に思っている答えは何か」を探らせる実験である。この実験の特長は、先の42枚の絵カードの実験と異なり、ヒントとなる選択肢がどこにもない状況のもとで探索を開始しなくてはならない点に

ある。この実験においても上記と同じ傾向を示す結果が得られており、児童期の子どもの思考は、やはり憶測的な探索から収斂的な探索へと発達的に変化するとブルーナーらは論じている。

　新版Ｋ式発達検査の「財布さがし課題」に対する反応からも、子どもの思考の計画性の発達的変化を知ることができる（新版Ｋ式発達検査研究会，2008）。財布さがし課題とは「紛失したものを探すという行為を、検査用紙上に表現させる」という課題である。検査の手順は、子どもに「ひし形の図形」を提示し、それを「草が一面に生えた、とても広い運動場」であると見立てさせることから始まる。そして「その中のどこかに財布を落としてしまいました。あなたはどのように歩いて探しますか」と問いかけ、それを図に描かせる。

　9歳以下の子どもの場合、財布を探すという「探索行為の計画性」に欠ける反応を示すことが多い。すなわち、同じ場所を何度も通ったり、あるいは同じ場所を交差するように歩いたり、現実には歩くことができない（ひと筆書きにならない）ルートを示したりする。10歳以降の子どもになると、その探索行為が計画的になりはじめ、ひし形（運動場）の内部の全体を網羅するように「ジグザグ状」あるいは「渦巻き状」の線を描くようになっていく。

第3項　言語とメタ認知

　児童期の子どもの「ことば」の使い方は、幼児期の頃のように「親しい人と具体的な状況を目の前で共有しつつ、情報を交換する」という面に加え、自己と直接的な関わりのない「一般的な他者に向けて、情報を発信する」という面でも発達してゆく（岡本，1985）。

　また、児童期は「話しことば」に加え「書きことば」を習得してゆく時期でもある。子どもにとり書きことばを学ぶことは、話しことばを豊かにすることにもつながる。ただし話しことばの方は、他者との会話を手がかりとし、いわば「発見的」に習得していくことができる面があるが、書きことばの方は、学校教育をとおし「系統的」に学ばなくては習得しにくい面がある。その書きことばの習得を支えるという重要な役割を担っているのが、学校の国語教育（語彙、読書、作文などの指導）である。書きことばの習得は、小学校の各教科を

学ぶための基礎的な能力となる点でも重要である。

　児童期は、言語が「思考を媒介する機能」を持ち始める時期でもある。この時期の子どもは、それまでに自己が獲得した「行動的な知識のシステム」を「言語のシステム」で照合するようになり、それにより「自己の思考や経験を言語で伝達する」ことができるようになる（岡本，1977）。たとえば、家から学校までの道のりを経験的に知っているだけでなく、それを他者に理解してもらえるよう、言葉で説明することができるようになる。さらにまた、児童期の子どもの言語は「あいまいな思いやものごとを明確化する」という機能や「新しい知識や概念を生成し、それを論理的につなぐ」という機能ももつようになる（内田，1999）。

　新版K式発達検査の「２語類似」や「３語類似」の課題にも、児童期の子どもは正答するようになる（新版K式発達検査研究会，2008）。２語類似、３語類似の課題とは、それぞれ「船・自動車」や「本・先生・新聞」などの２語または３語を提示し、それらが「互いにどのような点で似ているか」を答えさせる課題である。また比喩、慣用句、ことわざ、格言の意味も理解するようになる（岩田，1995）。たとえば「犬も歩けば棒にあたる」や「花よりだんご」といったことわざは、そのまま字義通りに解釈することもできるが、奥の深い意味がそこに込められていることを知るようになる。比喩をとおし「感覚」や「感情」など、ことばでは表現しにくいものを他者に伝えるようにもなる。

　メタ認知（metacognition）の機能も、児童期をとおして発達する。メタ認知とは「認知についての認知」のことであり、自己の認知活動そのものを対象化して捉えることを意味する（三宮，2013）。子どもはメタ認知の発達により、そこに不備や矛盾がないかを確認しつつ、話を聞いたり、文章を読んだりする活動を行えるようになる。また、自己の中に「聞き手」や「読み手」の視点をもちながら、他者に向けて話をしたり、文章を書いたりするようにもなる。

　新しい情報に接したとき、それを「覚えていられそう」か、それとも「忘れてしまいそう」かの判断も行えるようになり、その上で「忘れないようにするには、どうするとよいか」の方略を考えるようになる。加えて、自己の知識の状態の評価も行えるようになり、自分が「わかっていることは何か」また「わ

かっていないことは何か」を自覚するようになる。

◢ 第3節　社会性の発達 ◣

第1項　親子・友人関係

　児童期の子どもは、幼児期の頃と比べると生活習慣上の自立は遂げているが、情緒的な面では、まだ大きく親に依存している。親という存在は、子どもの側から見ると、権威のある人であることが多い。一方、親の側から見ると、子どもは「危険なことや、望ましくないことから守らなくてはならない存在」であり、また「身体、認知、社会性の発達のために、様々なサポートを必要としている存在」である（平石，2011）。

　児童期の子どもの特徴は、そうした「親子関係」の重要性に加え、しだいに「友人関係」の重要性も増してゆく点にある。多様な個性をもつ友人との関わりをとおし、自分はどう振る舞うとよいか、またそもそも人間関係をどう考えていくとよいかを学び、社会的スキル（協調、妥協、仲裁、助け合い、ルールの決定など）を獲得してゆく。一方、友人関係がきっかけとなり、優越感や劣等感をもつこともある。それは自己と他者の能力を比較する機会や、仲間と競争する機会が多くなるためでもある。

　なお、友人（友だち）という概念は、それ自体が発達的に変化する。児童期の子どもは、家の近さなどの「近接性」に加え、興味、行動、性格などの「類似性」も、次第に重視するようになる。ギャング・エイジと呼ばれる年齢は、児童期の中頃（8歳前後）からである。大人から独立した世界を形成している4〜8人程度の集団（ギャング・グループ：徒党集団）で、遊びや行動をともにすることが多い。

　ギャング・グループの特徴は「似たものどうしの集まり」であると各自が認識している点や、団結力が強く、集団内に規則や秘密をもつ点、集団外に対して排他的、敵対的な場合がある点などにある。また、リーダーに対し、フォロアーが忠誠心をもつ場合や、メンバー間で役割が分化している場合もある。近

年、ゲームの流行や、遊び場の変化、塾や稽古事による多忙化などが原因となり、ギャング・グループは減少しているとの指摘もある。ギャング・エイジの時期を過ぎ、青年期にはいると他者との「類似性」に加え、互いの「異質性」もふまえ、友人関係が形成されるようになる。

　セルマン（Selman, R. L.）は、子どもの「友情」の理解は「社会的な視点の取得能力」により変化するとし、次のような段階があると論じている（Selman & Schultz, 1990）。レベル0は、友情を「自己中心的」に理解する段階である。その特徴は「今、ここにいる人」が友人であると考えがちである点にある。レベル1は、友情を「一方向的」に理解する段階である。その特徴は「遊びに誘ってくれた人」が友人であるなど、関係者の「片方」の主観的経験のみを考えるという点にある。レベル2は、友情を「互恵的」に理解する段階である。関係者の「双方」の主観的経験を考慮し、人の思考や感情は、潜在的に多様であることを知っている点に、その特徴がある。

　その先にあるレベル3と4は、児童期の出現は少ないとされ、青年期を待たなくてはならない。それぞれの特徴は、レベル3は「継続性と独占」にあり、レベル4は「自律と独立」にあるとセルマンは論じている。

第2項　道徳的判断

　子どもの道徳的な判断の発達的変化について、ピアジェは「過失」や「盗み」の場面、また「嘘をつく」という場面に対し、どのように判断するかを調べる実験の結果をもとに論じている（Piaget, 1932）。年少の子どもは、ある行為の結果がまねく「損失の程度」を重くみる「結果論的」な判断を行いやすい。年長の子どもになると「行為の意図」を考慮して「動機論的」な判断を行うようになる。

　さらにピアジェは、子どもは「ゲームを支配するルール」をそもそもどんな性質のものと理解しているかを調べている。年少の子どもは「他律的」な考え方をしており、ルールを絶対的なものとみなし、それに服従的である。それに対し、年長の子どもになると「自律的」な考え方をもつようになり、ルールは関係者の合意で成立すると考えるようになる。またピアジェは、子どもの道徳

的な判断は、ある人の別の人に対する「一方的な尊敬」に基づくものから始まり、人と人の「相互的な尊敬」に基づくものに変化するという点も指摘している。

コールバーグ（Kohlberg, L.）は「病気の妻を助けるため、薬を盗むことは是か否か」を問いかけるシナリオ（「ハインツのジレンマ」課題）を用意し、そうした道徳的な葛藤状況に対し、子どもがどう回答するかを調査し、その結果をもとに、道徳的な判断の発達的変化を論じている（Kohlberg, 1969）。10歳の子どもの多くは「前慣習的水準」にあるとし、自己を基準とする判断を行いがちだと指摘している。たとえば薬を盗みたいという、自己の欲求を充足するため「薬を盗むことに賛成」したり、盗むという行為がもたらす、自己に対する罰を回避するため「薬を盗むことに反対」したりする。13歳になると「慣習的水準」の回答が多くなる。他者からの期待や社会的な秩序を考慮するようになり、妻を助けることは夫の責任であると判断して「賛成」したり、盗むという行為は社会の規則に反すると判断して「反対」したりする。

児童期（または13歳まで）の間は、その次の「原理的水準」に到達することはあまりないとコールバーグは論じている。その「原理的水準」とは、社会的な規範や義務に加え、自己の良心や、相互的な尊敬と信頼に基づき、道徳的な判断を行うようになる段階である。

道徳的な判断の上記の3つの水準（前慣習的、慣習的、原理的）は、どのような文化にも共通する、普遍的な発達段階であるとコールバーグは述べている。しかしその後、人々の道徳的な判断は、文化のあり方に大きく依存するとする反論もなされている（東, 1994）。コールバーグの理論では「他者に配慮すること」や「人間関係に柔軟に対応し、判断すること」は、最終段階の一歩前の慣習的水準と位置づけられるが、そうした判断をもっとも重視する文化もあるとする指摘である。

ギリガン（Gilligan, C.）は、女性（大学生）を対象としてインタビューを行い、他者を傷つけたくないという願いや、人々の対立がなくなってほしいと希望する価値観に、彼らが到達していることを見いだしている（Gilligan, 1982）。それは、コールバーグの理論の慣習的水準に相当するとし、必ずしも原理的水

準は人々の到達する最終段階とは言えないと論じている。（本講座第6巻第6章参照）

第3項　自己と他者の心の理解

　自己の心の理解に関して、児童期の子どもは「自分はこのような特徴を有している」と把握する自己概念を形成するようになる。子どもがどのような自己概念をもつかを調べるための方法の1つに、20答法と呼ばれる、文章完成法がある。それは「私は……」という文章を提示し、そのあとに続く、20個の作文をすることを求める調査法である。これによると子どもの作文は、年少の頃は、名前、持ち物など「外見的な特徴」の記述が多いが、年長になるにつれ、対人関係のあり方、感情、態度、生き方など「内面的なもの」の比率が高くなることが知られる。

　さらに児童期の子どもは、そうした自己概念や、自己の様々な取り組みを自分で評価して、自尊感情をもつようになる。その自尊感情は、他者（教師、友人など）からの評価をとおしても形成されてゆく。それは全体として肯定的なものとなる場合もあれば、否定的なものとなる場合もあり、教育者の側はそのことに注意し、子どもの発達を支援することが重要となる。

　他者の心の理解に関して、ピアジェは「自己中心性」や「自己中心化」という概念で、前操作期（7歳頃まで）の子どもの「ものごとの一面に注意を集中しがちであり、いくつかの側面に同時に目を向けることが困難」という特徴を論じている。具体的操作期（7歳頃から）になるとそれが変化し、自己の視点と他者の視点を区別しつつ、協応させることができるようになる。

　また児童期の子どもは、他者の心の「一次的信念」の理解に加え、それより高次の「二次的信念」の理解も発達させてゆく（子安，2000）。なお、一次的信念の理解とは「Aさんは物Xが場所Yにあると信じている」という、A、X、Yの関係を把握できることである。二次的信念の理解とは「Aさんは物Xが場所Yにあると思っていると、Bさんは信じている」という、A、X、Y、Bの関係を把握できることである。世の中の複雑な人間関係を理解するためには、こうした二次的信念の理解が重要となる。二次的信念の理解は「他者からみた

自分」の理解にもつながり、それはさらに、自己の理解の深化につながることになる。

　上記の点に加え、児童期の子どもの特徴は、他者の心を対象化して捉えるようになる点にもある（久保，1997）。他者の性格（パーソナリティの特性）を考えるようになり、たとえば、ある人物を「親切な人」や「いじわるな人」であると理解し、その人物の「特定の場面や状況を超える、安定した行動の傾向や、心理的な傾向」を推論するようになる。そうした推論は、他者の「過去の行動」から「未来の行動」を予測することを可能にする。また、他者の感情を推測し、それに対し、自己の感情をどう表出するかを調節することができるようになる。またその反対に、他者の側もこちら側の感情を推測し、感情表出を調節していることを理解するようになる。

◢ 第4節　学校教育と発達 ◣

第1項　数学的・科学的概念

　児童の「数的概念」と「科学的概念」は、小学校の「算数」や「理科」の学習をとおし、日常の体験を超える、高次の概念へと発達してゆく。

　算数は「数と計算」、「量と測定」、「図形」、「数量関係」の4つの領域からなる。心理学では、それらの学習内容を「手続き的知識」と「概念的知識」の2種類に分けることがある。前者は「計算の方法」など、いわば「できること」に関わる知識である。後者は「計算の意味」など、いわば「わかること」に関わる知識である。

　子どもの算数学習は、手続き的知識が先行する場合もあれば、概念的知識の方が先行する場合もあるという指摘がある（Rittle-Johnson & Siegler, 1998）。前者の例は「数えること」や「分数の乗法」である。後者の例は「割合」や「分数の加法」である。こうした違いの発生メカニズムを説明する仮説の1つに「経験頻度仮説」がある。日常生活や学校生活で「手続きを経験する機会」が多いか、あるいは「概念に接する機会」が多いかが、どちらが先行するかに強く関

わるとする仮説である。一方、それに対立する仮説として、数の知識は「人間にとり獲得しやすい性質のものと、そうでないものに分かれる」とするものもあり、心理学者の間で論争が続いている。

　理科は「物質・エネルギー」と「生命・地球」の2領域からなる。心理学では、子どもの理科の学習過程を「素朴概念から科学的概念への変化」として捉えることがある（Bransford et al., 2000）。素朴概念（naïve concept）とは、体系的な教授なしに日常生活の中で獲得される概念のことである。たとえば「私たちの住んでいる世界は平面であり、どこまでも広がっている」という考え方は、その1つである。素朴概念の特徴は「日々の生活の中ではきわめて適応的な性質をもつ」という点と「現代の科学的概念に照らすと正しいとは言えない」という点にある。それゆえ「誤概念」と呼ばれることもある。

　子どもの理科学習について、心理学では、まず「本人が自己の素朴概念を自覚すること」が必要であり、その素朴概念を修正しつつ「科学的概念を獲得」し、全体として「知識を再構造化」することが重要であると指摘されている。また、子どもどうしの「討論」や「教え合い」は、他者の多種多様な素朴概念にふれられる点や、それを比較し合える点において有効であるとする指摘もある。

第2項　発見学習と系統学習

　学校教育をとおし、児童期の子どもが「どう発達するか」には「何を学ぶか」に加え「どう学ぶか」も大きく関わる。このことに関して、教育実践の場において、過去に何度も議論が繰り返されてきたのが「発見学習」がよいか、それとも「系統学習」がよいかという点である。心理学においても「他者の指導を受けず、自由に探究することの価値」をどう見るかは、長らく議論されてきており（金田，2016）、本章の最後にそれを見ておきたい。

　発見学習（discovery learning）とは、他者から与えられて知識を獲得するのでなく、学習者自身がそれを探し求め、生み出していくという学び方のことである。それに対し、系統学習（systematic learning）とは、教育内容を段階的に配列し、学習者に対して順序立てて教えていくことである。一般的に、幼児教

育は「発見」を重視して行われることが多いが、小学校教育になると「系統」を重視することが多くなってくる。

　ブルーナーは、発見学習の利点として、次の4つをあげている（Bruner, 1961）。第1は、知的潜在能力を高めるという点である。発見を重視することは「新しい情報を自己内に組み込む」という認知過程を、本人に意識させることにつながると指摘している。第2は、外発的動機から内発的動機への移行である。第3は、発見するという技能の習得である。第4は、記憶を助けるという点である。自己の力で発見した情報は、知識として定着しやすく、本人のその後の知的活動の歩みに役立つとしている。

　しかし、その一方でブルーナーは、発見学習の利点は明らかとしつつも「真にそれを実現する方法は明らかでない」とも述べている。そもそも、発見学習の前提となる姿勢である「無駄を省きつつ、根気強く考え抜くこと」や「何かを思い付くことのリスク」また「脆くて壊れやすいアイディアでなく、かといって手に負えないほど複雑でもない検証可能な優れた仮説を立てること」を、子どもにどう教えればよいかが不明であるとし、大きな疑問を投げかけている。

　オーズベル（Ausubel, D. P.）も、発見学習は「適切な時と場所、明確な目的のもとでは疑いなく有益であり、それは自信と知的刺激、持続的な学習動機をもたらす」と述べている（Ausubel, 1961）。しかし「同じことは説明的な教授法によっても、十分達成可能である」とし、世の中には、重大な取り違えがあると指摘している。それは「機械的学習－有意味学習」の関係を「受容学習－発見学習」の関係にそのまま対応させるという取り違えである。

　実際には、両者をクロスした「機械的発見学習」も「有意味受容学習」もありうるが、そのことが適切に把握されていない。発見学習は、子どもに批判的精神と創造性をもたらすというスローガンのもとで「合理化」されてきたが、それが有効に機能するという証拠はきわめて乏しい。教育の役割はむしろ、本人の将来を見据え、重要な知識を選定、組織し、有意味かつ効果的に学ぶことができるよう環境を整えることにあるとオーズベルは論じている。

　発見学習の対極には、直接教授（系統学習）があるが、両極のバランスを取ることはきわめて難しい。いずれかの極に接近すると、その利点と欠点がたち

まち現れる。近年は、発見学習と直接教授の「両方」を組み合わせる、という教授学習法がいくつか提案されている（Lee & Anderson, 2013）。たとえば「直接教授を基礎とする学習から開始し、学習の進展状況に応じ、発見や探究を重視する学習に徐々に移行する」という方法である。また、その逆に「探究的な学習活動を一定の期間行った後に、フィードバックや講義、テキストを通し、直接教授のもとで学ぶ」という方法もある。こうして2つの方法を組み合わせると、片方の場合より効果的となる可能性が高く、子どもの発達を支援する方法として有意義なものとなりやすいとする指摘がある。

〈注〉

（1）Trends in International Mathematics and Science Study（国際数学・理科教育動向調査）

（2）Programme for International Student Assessment（OECD 生徒の学習到達度調査）

〈文献〉

Ausubel, D. P.（1961）. Learning by discovery: Rationale and mystique. *Bulletin of the National Association of Secondary School Principals, 45*, 18-58.

東　洋（1994）. 日本人のしつけと教育　東京大学出版会

Bransford, J. D., Brown, A. L., & Cocking, R. R.（2000）. *How people learn: Brain, mind, experience, and school.* Washington, DC: National Academy Press. 森敏昭・秋田喜代美（監訳）（2002）. 授業を変える：認知心理学のさらなる挑戦　北大路書房

Bruner, J. S.（1961）. The act of discovery. *Harvard Educational Review, 31*, 21-32.

Bruner, J. S., Olver, R. R., & Greenfield, P. M.（1967）. *Studies in cognitive growth.* New York: John Wiley & Sons, Inc. 岡本夏木他（訳）（1968）. 認識能力の成長（上・下）　明治図書

Erikson, E. H.（1963）. *Childhood and society.* 仁科弥生（訳）（1977）. 幼児期と社会　みすず書房

藤村宜之（2011）. 児童期　無藤隆・子安増生（編）発達心理学 I　東京大学出版会　pp.299-338.

Gilligan, C.（1982）. *In a different voice: Psychological theory and women's development.* Cambridge, MA: Harvard University Press. 岩男寿美子（監訳）（1986）. もうひとつの声：男女の道徳観のちがいと女性のアイデンティティ　川島書店

Havighurst, R. J.（1953）. *Human development and education*. New York: Longmans, Green. 荘司
　雅子（共訳）（1958）. 人間の発達課題と教育：幼年期から老年期まで牧書店.

平石賢二（2011）. 児童・青年と親子関係　日本発達心理学会（編集）発達心理学事典
　丸善出版　pp.162-163.

岩田純一（1995）. ことばとメタ化　岩田純一・佐々木正人・石田勢津子・落合幸子　児童
　の心理学　有斐閣　pp.112-133.

金田茂裕（2016）. 教授法と学習効果　子安増生・楠見孝・齊藤智・野村理朗（編著）教
　育認知心理学の展望　ナカニシヤ出版　pp.209-221.

Kohlberg, L.（1969）. Stage and sequence: The cognitive-developmental approach to socialization.
　In Goslin, D. A.（ed.）, *Handbook of socialization theory and research*. pp.347-480. Chicago, IL:
　Rand McNally. 永野重史（監訳）（1987）. 道徳性の形成：認知発達的アプローチ　新曜
　社

子安増生（2000）. 心の理論：心を読む心の科学　岩波書店

子安増生（2011）. 児童期　京都大学心理学連合（編）心理学概論　ナカニシヤ出版
　pp.216-219.

久保ゆかり（1997）. 他者理解の発達　井上健治・久保ゆかり　子どもの社会的発達　東京
　大学出版会　pp.112-130.

Lee, H. S. & Anderson, J. R.（2013）. Student learning: What has instruction got to do with it?
　Annual Review of Psychology, 64, 445-469.

岡本夏木（1977）. 児童期　藤永保・永野重文・依田明（共編）　児童心理学入門　新曜社
　pp.33-50.

岡本夏木（1985）. ことばと発達　岩波書店

大伴潔（他21名）（2010）. 東京学芸大学　小1プロブレム研究推進プロジェクト報告書

Piaget, J.（1932）. *Le jugement moral chez l'enfant*. Paris: Alcan. 大伴茂（訳）（1954）. 児童道徳
　判断の発達　同文書院

Piaget, J.（1964）. *Six études de psychologie*. Paris: Éditions Denoël. 滝沢武久（訳）思考の心理学：
　発達心理学の6研究　みすず書房

Piaget, J.（1970）. *L'épistémologie génétique*. Paris: Presses Universitaires de France　滝沢武久
　（訳）（1972）. 発生的認識論　白水社

Rittle-Johnson, B., & Siegler, R. S.（1998）. The relation between conceptual and procedural
　knowledge in learning mathematics: A review. In C. Donlan（Ed.）, *The development of
　mathematical skills*. pp.75-110. Hove, England: Psychology Press.

三宮真智子（2013）. メタ認知　日本認知心理学会（編）　認知心理学ハンドブック　有斐

閣　pp.360-361.

Selman, R. L., & Schultz, L. H.（1990）. *Making a friend in youth: Developmental theory and pair theory*. Chicago, IL: The University of Chicago Press. 大西文行（監訳）（1996）．ペア・セラピィ：どうしたらよい友だち関係がつくれるか　北大路書房

新版K式発達検査研究会（2008）．新版K式発達検査法2001年版：標準化資料と実施法

滝沢武久（1985）．子どもの思考と認知発達　大日本図書

内田伸子（1999）．発達心理学　岩波書店

〈推薦図書〉

岩田純一・佐々木正人・石田勢津子・落合幸子（1995）．児童の心理学　有斐閣

Bransford, J. D., Brown, A. L., & Cocking, R. R.（2000）. *How people learn: Brain, mind, experience, and school*. Washington, D. C.: National Academy Press. 森敏昭・秋田喜代美（監訳）（2002）．授業を変える：認知心理学のさらなる挑戦　北大路書房

井上健治・久保ゆかり（1997）．子どもの社会的発達　東京大学出版会

Piaget, J.（1970）. *L'epistemologie genetique*. Paris: Presses Universitaires de France　滝沢武久（訳）（1972）．発生的認識論　白水社

第6章

青年期の発達

◤第1節　青年期の特徴◢

　世界的大ヒットとなったJ.K. ローリング著『ハリー・ポッター』シリーズ。第1巻『賢者の石』から始まる一連の作品は、ティーンエージャーの成長を描く物語とも言える。第3巻『アズガバンの囚人』では、実親を知らないハリーが自分の親の人柄や生き方を語ってくれる人物と初めて出会う。それは、自分が何者であるのか、自分がなぜ今ここにいるのかを知ることにつながる出来事であり、ハリーはそれを温かい気持ちで受け止めていく。この時ハリーは13歳。あふれる好奇心や万能感、そして繊細な感受性や自立への志向性など、少年としての成熟のピークともいうべき輝きを放っている。だが続く巻でのハリーは、全体的に、イライラや不安といった心の不安定さを帯びている。自分の存在や仲間との関係について葛藤や不信も経験するようになる。

　このような情緒の不安定さや混乱、葛藤が、「青年期」の特徴的な心性として取り沙汰されるようになったのは20世紀初頭である。その頃、工業化に伴う社会的状況の変化（生産力の向上や移動の増加など）によって、生まれた土地から都市へと移動し親とは異なる職業に就く者、さらに勉強を続け将来に備える者など、以前とは異なる人生の作り方をする者たちが出現するようになった。彼らは大人でもなく子どもでもない時期を生きており、その者たちが増加したことは、その時期を独自の発達段階として理解する必要性を高めた。そして1904年、アメリカの心理学者グランヴィル・スタンレー・ホールによって、『青年期：その心理、および、それと生理機能、人類学、社会学、性、犯罪、宗教

および教育との関連（全2巻）』（Hall, 1904）という網羅的な本が著された。ここにおいて、大人と子どもの間の時期である「青年期」を、独自の身体的・心理的特徴を呈する時期として検討する「青年心理学」が誕生した。

　ホールによってとらえられた青年期の本質とは、不安と動揺に満ちた「疾風怒濤（storm and stress）」の様相であり、以後、広く共有されている。たとえば中学から高校にかけて、肯定的生活感情や生活満足度・人生満足度といった心理的ウェルビーイング（well-being）に関する指標の得点は低下する（中間, 2016b；図6-1）。自尊感情をはじめとする自己評価感情が低下し、現在や未来に対する展望も否定的になることも多く報告されており、児童期と比べ青年期の心理状態は、総じて否定的である。

　なぜそのような様相が生じるのだろうか。ここでは、「青年期に人は、子どもから大人へと変容する」ということから考えたい。それまで生きてきた「私」から違う「私」への変化を、つまりは自己の変化を経験するということである。人は、生後の世界や他者との相互作用の経験から、自分が何者であるかをとらえ、その存在として生きている。暗黙に成立しているこの事態が、世界や他者に対して「自分なりに」向き合い、行動することを可能にしている。そのため

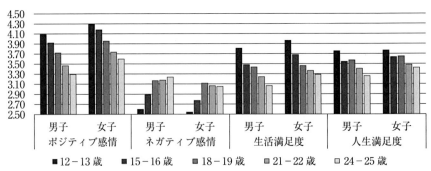

図6-1　青年期のウエルビーイングに関する各指標の得点比較[a]

（中間，2016bより）

a）人数は、12－13歳1,739人（男子1,010人、女子724人）、15－16歳1,835人（男子1,212人、女子615人）、18－19歳1,617人（男子633人、女子980人）、21－22歳4,641人（男子1,806人、女子2,835人）、24－25歳4,636人（男子1,803人、女子2,833人）であった。

自己の変化は、個人が寄って立つ足場の変化となる。青年期の場合、それが長期にわたり、さらに、「自分らしい」ふるまいを求められる機会が多い中で展開する。

　以下、青年期に経験される自己の変化の様相と、それをもたらす発達的文脈について見ていく。なお、青年期の時期については諸論があるが、ここでは10代の様相を中心に、20代までを視野に入れることとする。

第2節　身体面の変化

　子どもから大人への変化は、まず、思春期の身体的変化という目に見える形で現れる。思春期の身体変化はヒトが誰しも経験する生物学的な発達の様相であり、その到来が発達段階としての青年期のはじまりとされる。

第1項　外見の変化

　思春期の身体的変化を特徴づけるのは、思春期スパートとよばれる身長や体重の増大と、第二次性徴すなわち性腺の発育と性ホルモンの分泌によってもたらされる性成熟である。それらによって、まず外見が変わる。大きさだけでなく、第二次性徴によって身体の形も変わる。声変わりが起こったりニキビが出たりもする。そのような変化は自らの身体への意識を高め、身体に対する評価的感情が自己全体の様相に大きく影響を及ぼすこととなる。身体的自己に関する評価は年齢を問わず自己全体の評価と最も強く関連することが知られているが（Harter, 1990）、眞榮城（2005）による報告は、児童期から青年期に身体領域に対する評価が全体的自己価値にとって非常に重要となっていることを顕著に示している（表6-1）。

　身体に対する評価は、個人が有する「ボディ・イメージ」に対してなされる。ボディ・イメージとは、個人の心の目の中の身体の画像であり（Gorman, 1969）、必ずしも客観的な身体と一致しているわけではない。たとえば、体重やBMIやローレル指数等の客観的指標による身体像と比較すると、多くの女性がもつボディーイメージは、実際よりも太ったものとなっている（栗岩ら,

表6-1 自己の諸側面に対する評価を説明変数、全体的自己評価を目的変数とした重回帰分析の結果

	小学男子	小学女子	中学男子	中学女子	大学男子	大学女子
R^2	.48	.58	.66	.55	.44	.48
標準偏回帰係数（β）[a]						
運動能力評価	.13**	.19**	.12	.07	.03	.08
学業能力評価	.01	.03	.08	.11	.10	.30
容姿評価	.57**	.58**	.59**	.65**	.42**	.36**
友人関係評価	.22**	.22**	.20**	.12*	.18**	.30**
異性関係評価					.03	.02
品行評価			.12**	.10		
道徳性評価					.25**	.25**
創造性評価					.22**	.15**
両親との関係評価			.19**	.13*		
母親との関係評価					.13	.08
父親との関係評価					.06	.01

* p<.01, * p<.05

a）説明変数は、学校段階ごとの因子分析結果から設定されたため、学校段階によって異なる。
　空白のセルは、その変数が因子分析において抽出されなかったことを意味する。

（眞榮城，2005より筆者作成）

2000；竹内ら，1993)。その傾向は発育タイミングが早い（早熟の）者において、また、10代での年齢が進むにつれて、特に顕著に見られる。

　太ったボディ・イメージは身体への不満足感を、そして身体への不満足感は痩身願望をもたらす可能性がある。痩身願望は、時に身体への負担を伴う過酷なダイエット行動につながる危険がある。思春期における身体への不満足感は、それ以降も続く摂食障害傾向の危険因子、継続因子、予測因子になることが明らかにされている（Stice, 2002）。

　なお、身体不満足感や痩身願望は男性よりも女性において高いことが一貫して報告されてきたが、近年ではその男女差が以前よりも小さくなりつつある。男子においても容姿が重要なものとなっており（上表6-1）、理想的な身体との比較による身体不満足感や痩身願望や摂食障害の問題が、女子と同様に指摘されるようになっている（Harter, 2006）。

第2項　第二次性徴

　第二次性徴は、身体変化のみならず、感情の変化ももたらす。男性らしい身体は、男性ホルモンであるテストステロンが思春期に多く分泌されることによって作られていくのだが、テストステロンには攻撃性や気の短さ、怒りっぽさなどを高める作用があると言われている。「性欲」「性衝動」の昂進もテストステロンの作用である。女性の第二次性徴を促進する女性ホルモンであるエストロゲンは、うつ病など気分障害の病理機序と関係のあるセロトニン、ノルアドレナリン、アセチルコリンの神経活動と関係している。エストロゲンの分泌が増えるとセロトニンの情報伝達が活発になり抗うつ的な効果をもたらすが、その分泌が不安定になると気分障害につながりやすい。ホルモンと青年期の心理的諸側面との関連研究についてのレビューを行った研究（Buchanan, Eccles, & Becker, 1992）からは、思春期のホルモン分泌の増加によって過敏さや気分の不安定さが生じることが確認される。

　加えて第二次性徴は、自らが性をもつ存在であることを自覚させる。人間関係においても、男性あるいは女性であることがそれまでよりも重要な意味をもつようになる。そのため、自分に向き合う場面においても、他者に向き合う場面においても、青年期には性同一性の獲得が重要な課題となる。男性または女性という性別を持つ自分を受け入れる感覚である。

　まず、思春期変化による性的成熟を受容しなければならない。特に女性においてこれが難しいことが知られている。女性の思春期変化に対する反応は全体的に否定的であり、思春期の身体発達が進むことで、問題行動や抑鬱や摂食障害傾向などの適応上の問題が増加することが指摘されている（向井，2010）。中1、中3、高2、大学の女子701人を対象とした伊藤（2001）の研究によると、性同一性は中学1年から3年にかけて低下することが報告されている。

　その後、青年期中・後期には、社会的性役割との兼ね合いで性同一性の危機が再び訪れる。特に女性の性役割葛藤が急増することが報告されており（伊藤・秋津，1983）、性をもつ存在として社会で生きることが、女性にとって困難であることが指摘されてきた。ただし、近年は男性における性役割葛藤の研究も

増加している。性役割そのものが社会状況の変化の中で変わりつつあるため、性役割葛藤や性同一性の問題はそれを踏まえながら理解する必要がある（渡邊・松井，2016）。

　なお昨今では、性同一性障害を「障害」とせずに「性の多様性」ととらえる見方が少しずつ広がりつつある。第一次性徴および第二次性徴は生物学的な発達の問題であり、普遍的に見られるものであるが、そこで完成される身体の性を個人が生きる性として絶対視しない見方である。性の多様性は、性別への違和感に加え、性愛対象の問題も加えて論じられることが多い。たとえば電通ダイバーシティラボ（2016）は、「生まれた時の身体の性別」「心の性別（自分は男だ、女だという性自認）」「恋愛対象の相手の性別」の3つの観点から、表6-2のようなセクシュアリティマップを作成している（表6-2）。

　このような理解が進みつつあるとはいえ、自らの性に違和感をもつ者は依然として適応上深刻な問題を抱えている。第二次性徴による身体の変化や恋愛の問題、学校という環境の問題などが重なる思春期において、彼らの自殺念慮発

表6-2　性の多様性を示すセクシュアリティーマップ

カラダの性	こころの性	好きになる性		LGBTの様相
男性	男性	男性		ゲイ
		女性		（ストレート）
		男性・女性		バイセクシュアル
	女性	男性	トランスジェンダー	
		女性	トランスジェンダー	レズビアン
		男性・女性	トランスジェンダー	バイセクシュアル
女性	男性	男性	トランスジェンダー	ゲイ
		女性	トランスジェンダー	
		男性・女性	トランスジェンダー	バイセクシュアル
	女性	男性		（ストレート）
		女性		レズビアン
		男性・女性		バイセクシュアル

（電通ダイバーシティラボ，2016）

生の第1のピークが来ることには留意すべきである（吉川，2016）。

第3節　認知面の変化

　青年期になると、児童期の間に著しく発達した社会的視点取得のスキルや複数の表象を同時に扱ってそれらをより抽象的な次元で統合してとらえる能力などに加え、さらに、仮想の世界や未知の事象をより現実にひきつけて思考することや、抽象的な概念（たとえば「信頼」、「自立」、「生きる意味」など）を具体的に考えることができるようになっていく。

　これに伴い、自己知覚の様相も変わる。小学校中学年頃からは、自己評価のための社会的比較がさかんになされるようになり、理想と現実の分化も進む。また、よいところと同様に否定的な側面についても知覚することができるようになる。その結果、個人の自己知覚はより客観的なものになっていくが、それは同時に、それまでの単純な自己肯定がもはや困難となることを意味する。青年期の自己知覚は、全体的にはそれまでよりも否定的な色合いを帯びたものとなる（中間，2011）。

　自己への否定的な認知や感情が適応上問題であることは青年期に限ったことではない。だが、青年期には自己が対象化されやすい。自己への否定的感情は、そこから注意をそらすことによって低減することができるが、自己への注意が向けられている限り、それは鮮明に感じられ続ける。その意味で、自己への否定的感情がより深刻な問題になるといえる。

　加えて青年期には、理想への意識やその実現、あるいは自己変容への期待を捨てきれないことが多い。それは実際に理想の方向へと自己を形成する要因として機能することもあれば（中間，2007）、否定的自己への意識的固着から自己嫌悪感の増大に至ることもある（佐藤，2001）。

第1項　自己意識の高まり

　青年期における自己対象化の増大は、まず、自己へ意識を向ける程度という量的な側面で指摘することができる。自己への意識の高さ、特に、人から見ら

れる自己への意識の高さは否定的感情と関係しやすい。

　自己意識の高まりを量的な側面からとらえる指標としては、フェニグスタインら（Fenigstein, Scheier, & Buss, 1975）による自己意識特性尺度がある。日常生活で、どの程度自己に注意を向けているのかの個人差をとらえるものであり、自己の思考や感情、動機など、自己の内的過程に注目する意識である「私的自己意識」と、他者の目に映る自分の姿や行動の仕方など、自己の公的な側面に注目する「公的自己意識」という2つの次元に分けられる。

　ランキンら（Rankin et al., 2004）はこの指標を用いて、13歳（202人）と15歳（191人）の2コホートを対象に、4年間、3回にわたる縦断調査を行った。その結果、公的自己意識は13歳で最高値を示すこと、その後、私的自己意識が高まるのと相対するように公的自己意識が低下することが明らかになった。ここからランキンらは、青年期の自己意識の変化としては、まず公的自己意識が高まり、その後、私的自己意識が高まるという推移が見られるのではないかと述べている。なお、日本人の小学生・中学生・高校生を対象とした横断的調査の報告においても、女子についてはランキンらのこの推測を支持する結果が得られている（中間, 2016a）。

　先に述べた身体変化は、身体的自己や性的自己についての意識を高める。加えてそれらは、他者から見られる自分への意識を伴うことが多い。13歳で公的自己意識が最高値を示すというランキンらの結果はその見解からも理解できるものであるが、それが他の研究でも一貫して示されているわけではない。そのため、現段階で青年期における自己意識のピークの時期を定めることは難しいのだが、思春期から青年期にかけて自己意識が量的に増大する時期があることは多くの研究から示唆されるところである。なお、状況設定された中での自意識過剰の状態を測定する尺度を用いた研究（Elkind, 1967）からは、青年期初期に自意識過剰の状態が高まることが報告されている。

第2項　自己理解の深化

　青年期の自己対象化の増大は、自己知覚の内容的変化という質的な側面からも捉えることができる。一般的には「深化」が進むと理解されている。たとえ

ば、児童期から青年期にかけて、自己概念の分化が進み、また、外面的表面的な自己から内面的抽象的な自己へとその中心的な要素が変化していくことや（Montemayor & Eisen, 1977）、自らの信条や価値観に基づいて自己理解がなされるようになること（Damon & Hart, 1982）、自己決定や責任性などの意識が高まること（Eccles et al., 1991）などが報告されている。これらの結果からは、より高度な認識に基づいた自己理解が促進されるようになることや、主体性の自覚が促されることなどがうかがえる。

　自己意識の質的変化は、様々な自己の具体的表象を、より抽象度の高いレベルにおいて全体的な統合的視点からとらえ直すことを促す。それは、「大抵はXだが、時にはYである」、「以前はXだったが今はYである」というように分化させた形で全体像をとらえることに貢献するが、同時に、統合性の欠如や一貫性のなさに気づかせることにもなる（Harter, 2012）。青年期における否定的な自己知覚には、具体的な自己の否定的側面の知覚のみならず、このような自己の不明瞭さも大きく影響すると考えられる（Campbell, 1990）。一方でそれは、自分の内面の不確かさや自分のあり方全体における矛盾に気づかせ、アイデンティティ探求を動機づけることも指摘される（Kroger, 2000）。

　また、青年期の自己意識の質的変化として、人によっては自己が世界に存在することの不思議さについての劇的な気づきをする場合がある。それは「すべてが私から離れ、私は突然孤独になったような感じがした。（略）私の中の第二の私が（略）この別の私に向かい合った。（略）私は突然自分を個体として、取り出されたものとして感じた。私はそのとき、何か永遠に意味深いことが私の内部に起こったのをぼんやり予感した。」（Bühler, 1921／1967, 原田訳, p.92）と記述されるような、自己の自明性が揺さぶられる体験であり、自我体験（独 *Ich-Erlebnis*）とよばれる。それによって相対的世界観や自己存在の個別性への理解が進むため（天谷, 2009）、自己の孤立に直面して危機的な状況に至る者もあれば、自分自身や世界とのつながりを新たに見出しアイデンティティの基礎を形成する者もある。自我体験は誰もが経験するわけではないが、経験した者にとっては重要な契機的体験となる（清水, 2009）。

第3項　時間的展望の変化

　この時期には、時間的展望も変化する。時間的展望とは、その概念の創始者であるレヴィン（Lewin, 1951）によると、「ある一時点における個人の心理学的過去、および未来についての見解の総体」と定義される。青年期には自分が願望するだけの非現実的な空想の水準と実際に努力すれば実現可能な現実的な期待の水準とが分化し、また、より遠い未来や過去の事象が現在に影響を及ぼすようになるとされる。その結果、未来は現在と切り離された夢や憧れのものではなく、現在の延長上に位置づく現実的な課題としてとらえられるようになるため、その不確定さに対する不安や心配が、より現実的なものとして感じられるようになる。この時期、現在を重視するようになること、未来に対する不安が高まり、将来展望が暗くなることが、多くの研究でほぼ一貫して示されている（白井, 1994）。

　時間的展望の発達によって、先に挙げた自己の問題は、時間的広がりを伴う自己存在や生き方の問題となる。それは、自分がどこかで来てどこに行くのか、どのように生きるのかという、アイデンティティの問題（後述）に青年を直面

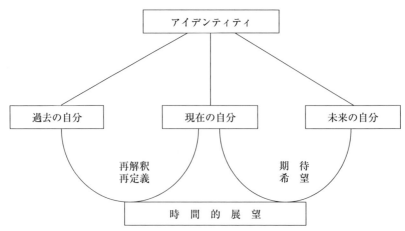

　図6-2　青年の時間的展望とアイデンティティとの関連についての仮説的
　　　　　図式　　　　　　　　　　　　　　　　　　　　　　（都筑, 1999）

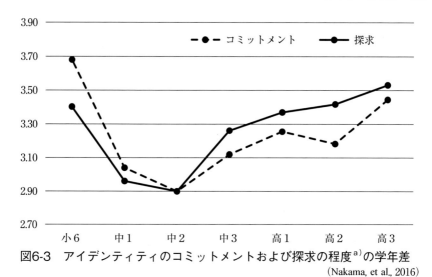

図6-3　アイデンティティのコミットメントおよび探求の程度[a]の学年差
(Nakama, et al., 2016)

a) ここではアイデンティティのコミットメントおよび探求の程度について、DIDS（中間ら，2015）の"コミットメント形成"および"広い探求"の指標を用いて表した。

させることになる。都筑（1999）は、現在の自分が人生の将来目標を立てるという時間的展望を確立しようとする過程で、過去の自分や経験・出来事を振り返りつつ、それらを再解釈・再定義すると同時に、未来の自分や目標・出来事を思い浮かべ、その実現を期待したり希望したりしながら、過去・現在・未来の自分を統合的にとらえることとなり、アイデンティティが達成されていくという関連性を論じている（図6-2）。

　アイデンティティの探求とコミットメントの程度を量的な指標を用いて検討した筆者らの研究（Nakama et al., 2016）では、アイデンティティのコミットメントおよび探求の得点は中1にかけて大幅に落ち込むが、中3および高2〜高3にかけて得点が上昇するという結果が見られた。これより、アイデンティティは青年期前期に危機的様相に陥り、そこからアイデンティティ形成が開始され、進路選択の時期にアイデンティティ発達が進むことがうかがえる（図6-3）。

▲ 第4節　生活環境の変化 ▲

　青年期に経験される共通の変化には、社会制度によるものであるが、小学校から中学校、中学校から高校、高校からその次の教育機関あるいは職業生活へといった、様々な環境の変化があげられる。一般に新しい環境への適応はストレスを伴う。個人内部で身体面や認知面における変化が進行している際に経験される環境の変化は、適応上の問題をもたらすことが知られている。中でも思春期変化の様相と重なる小学校から中学校への移行は、特に学校適応が悪化する「中1ギャップ」と呼ばれている。

　ただ、青年期の生活環境の変化は、最終的には学校から社会への移行という大人社会への参入とそこでの人生形成という、自立の過程として理解することができる。そのため以下では、生活環境の変化による適応の問題ではなく、それによって、いかなる心理的側面が形成されるかをみていく。

第1項　社会的カテゴリーの変化

　学校の移行は身体的変化とも相まって、属する社会的カテゴリーの変化をもたらす。社会的カテゴリーは、その者の行動の適切さについての手がかりとなり、その者がいかなる社会的カテゴリーに属するかによって対人的フィードバックは異なる。発達によって社会的カテゴリーが変化した場合も、それまで肯定されていた行動を否定されるようになったり（たとえば小児運賃を支払うこと）、逆に否定されていた行動を肯定されるようになったりする（たとえば友達同士だけで遠くに出かけるなど）。このような相互作用の中で、新たな社会的カテゴリーを生きる自己像が形成される。

　このプロセスは、カーペルマンら（Kerpelman et al., 1997）のアイデンティティ・コントロール理論によって理解することができる（図6-4）。それは対人的フィードバックによる自己知覚と個人が有しているアイデンティティとのズレを調整するように作用し、自己のアイデンティティを社会において有効なものに維持する調整過程に関するモデルである。このようなメカニズムによって、

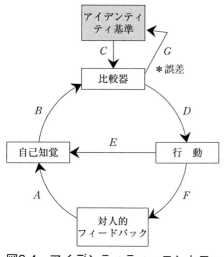

図6-4　アイデンティティ・コントロールプロセスの要素[a]（Kerpelman, et al., 1997, p.329）

a）個人は対人的フィードバックによって自己を知覚する（A）。個人の自己知覚は比較器に送られる（B）。比較器はアイデンティティ基準からの入力も受け（C）、そこで自己知覚とアイデンティティ基準とが一致しない場合、その誤差やズレによるアイデンティティ混乱の修正をめざした行動調整がなされる（D）。このときの行動の認知は直接自己知覚を形成したり（E）、あるいは、その行動によって対人状況に変化をもたらしたりする（F）。対人状況の変化は、新たな社会的フィードバックをもたらす（A）。自己知覚とアイデンティティ基準とが一致している場合、アイデンティティ基準は元の状態のままで維持される。だが、自己知覚とアイデンティティ基準とのズレの調整が繰り返し失敗される場合には、そのズレを調整するための別の方略として、アイデンティティ基準自体が調整される。

社会的相互作用の中での自己の変化が進むと考えられる。

第2項　関係の変化

　青年期は、「心理的離乳」、「脱衛星化」の時期と呼ばれるように、親からの自立が主要な発達課題の1つとされる。身体の変化や社会的カテゴリーの変化は、親に対して子どもが大人になりつつあることを知らしめることとなる。また、認知能力の発達は、当たり前のこととして受け入れてきた世界に対する見方を問い直すことを可能にする。その結果、子どもの側に、それまでに内在化してきた規範や価値観や、その価値観形成に寄与した親や教師をはじめとする大人のあり方に対する批判的なまなざしが芽生える。その中で、親の理想化から脱して、親を自分とは異なる一人の人間として認識し、親への依存性を断って、親から独立するという一連の関係性の変化（Steinberg & Silverberg, 1986）が生じるとされる。

　多くの研究において、青年期中期頃に親子間の葛藤は最も激しくなることが

報告されており（Laursen, Coy, & Collins, 1998: De Goede, Branje, & Meeus, 2009）、それが青年期の自立を促すと考えられてきた。ただしその葛藤は、かつて見られたような親子間の断絶をもたらすような深刻な対立ではなく、服装や恋人関係、門限など、非常に現実的で日常的な事柄などをめぐる柔和な諍（いさか）いが多くなっていることが指摘されている（Santrock, 2012）。

　その葛藤は、親との距離を取ることや、親に譲ること、交渉スキルを学ぶことなどで徐々に解消される（Smetana, Campione-Barr, & Metzger, 2006）。特に親への迎合を嫌う欧米の青年の場合、自らの独自性を親との言語的コミュニケーションにおいて表現することを通して、親との対等な関係を獲得するに至るとされる（Grotevant & Cooper, 1986）。青年期の親子関係の発達は、結合から分離への様相として論じられることが多かったが、グローテヴァントらは、それを分離と結合とを同時に経験する過程と捉えている。メーウスら（Meeus et al., 2005）は、親からの分離プロセスと個体化プロセスとはそれぞれ独自のプロセスであり、両プロセスが絡み合いながら親子関係が発達すると述べる。

　現在、青年期の親子関係は全般的に良好に保たれる傾向にあり、価値観や信念が共有された中での、親子の分離過程が、広くみられるようになっている（Santrock, 2012）。青年期には友人関係が精神的健康を支える基盤となると考えられているが、精神的健康や適応においては友人関係よりも家族関係による影響が大きいとする研究も少なくない。良好な親子関係は青年期の自立を妨げるわけではなく、親とのつながりが保たれた中で親に対する理想化を脱し親を自分と同じ1人の人間と見なしたり、親と自分とは違う存在であることを認識したりすることによって、親子間の分離が進むとされる（水本・山根, 2010）

第3項　環境の選択

　生活環境の変化に関わる重要な出来事に、進路選択がある。それは、自分という存在を、社会において今後どのように生かしていくか、そして自らの人生をどう形成していくかにつながる問題である。

　この問題は、実はかつてはさほど重要ではなかった。学校と企業が直結し、職場へ移行することで生活が保障される完全雇用の状態が存在していたからで

ある。青年の人生形成は、学校と会社、そしてその移行をスムーズにするための家族の三者によって多くの部分が担われていた。人生形成に関する選択があったとしても、「よい学校」と「よい会社」という社会全体で共有された価値意識を人生の指針として枠づけた中で行えばよかった。入社後は、会社が提供する役割に従うことで、職業生活の発達も望めた（乾，2000）。

だが1990年代以降、その過程を支えていた新卒一括採用と日本型雇用慣行（終身雇用、年功序列、企業別労働組合）の基準は維持されなくなった。加えて、戦後の経済成長期を経て物質的にある程度豊かになった日本人は「心の豊かさ」を求めるようになった。その結果、社会は「幸せな人生」の典型例を提供できなくなった。

そのような社会状況下では、生活環境の選択によって、個人の発達過程は大きく変わることとなる。そして、自らの人生をどのくらい広い視野で展望し、それを実現するための環境選択を行うかには個人差がある（Côté et al., 2015）。また、環境を選んだ後も、そこでいかなる学習や他者との相互作用を重ねていくかで、形成される自己や人生は大きく異なる。現代社会においては、親の財産や学歴など所与の条件、自らが構築した関係性に加え、本人がどのような人間になろうとしているのか、それに向かっていかなる進路選択をするのかといった主体性のありようが人生形成に直接的に大きな影響を及ぼすようになっている（Côté, 1996）。

第5節　アイデンティティの発達

これまで述べてきたような様々な変化、すなわち、児童期までとは異なった様相を呈する存在としての自己像への直面や、無自覚的に取り入れてきた価値観や規範の問い直し、他者との関係性の再調整、将来展望の確認などは、様々なレベルにおいて自己の問い直しや再構築を促す。それは、それまでの自分の行動のよりどころとしていた価値観や信念を揺らがせ、自分自身についての安定した感覚を損なわせる「アイデンティティの危機」の経験である。青年期には、このアイデンティティ危機の状態から、自己存在を社会との関係において

見極め、自分が何者であるかについての確信を再び得ることで、その後の人生を生きるために必要なアイデンティティ達成の状態に至るとされる。

アイデンティティ概念を提案したエリクソン（Erikson, 1959）によると、アイデンティティは、2つの側面から成るとされる。1つは「これが私だ」という自己定義（self-definition）を模索すること、そして見出された自己定義を、「私はどこから来てどこへ行くのか」という過去から未来への連続した感覚として捉える「自己アイデンティティ」の側面である。もう1つは、理想として見出した自己定義を、他者に対してあるいは社会のなかでさまざまに試し（＝役割実験）、共同体の核心に位置づける「心理社会的アイデンティティ」の側面である。この2つの側面がいずれも満たされることによって、全体感情としての「アイデンティティの感覚」が自我に形成される。

第1項　青年期発達とアイデンティティ

アイデンティティの発達過程は、主に、アイデンティティ・ステイタス（Marcia, 1966）の枠組みにおいて検討されてきた。アイデンティティ・ステイタスとは、自分のアイデンティティに関する事柄（たとえば職業についての意識や宗教的・政治的信念など）について、それを問い直し、探求する経験（危機）があったか否か、また、現在、コミットメント（自分が積極的に傾倒できると感じられるもの）を有しているか否かの2つの観点によって捉えられるものである。コミットメントを獲得できているとしても、過去に探求の経験をもたない「早期完了」は探求経験をもつ「アイデンティティ達成」と区別され、後者がより発達したアイデンティティとされる。またコミットメントを獲得していなくとも現在それを探求している状態はアイデンティティ発達の途上に位置づく「モラトリアム」として、コミットメントをもたず探求もしていない「拡散」とは区別される。

アイデンティティ探求過程の実際には、個人の認知発達の程度といった解決能力の個人差やその課題に対する動機づけの程度などが加味される。グローテヴァント（Grotevant, 1987）は、問題解決や意志決定のモデルを参考に、職業やイデオロギーなど、アイデンティティ達成を考える上で重要とされるそれぞ

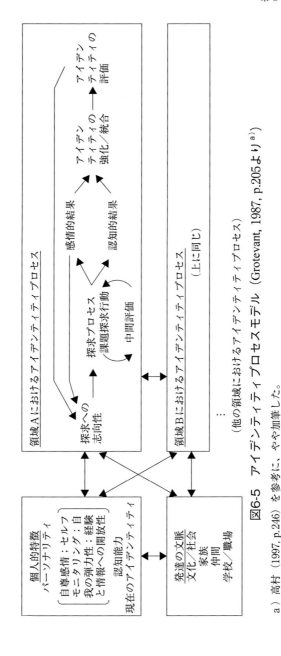

図6-5　アイデンティティプロセスモデル（Grotevant, 1987, p.205より[a]）

a）高村（1997, p.246）を参考に、やや加筆した。

れの領域におけるアイデンティティ形成のプロセスを検討し、図6-5のような
アイデンティティ形成のプロセス・モデルを提唱した。まず、個人が特定の領
域の課題に従事しなければならない事態におかれることによって、「探求のプ
ロセス」が展開される。探求に従事することによって、「感情的結果」や「認
知的結果」が生み出され、それらが新しくアイデンティティ感覚に「強化／統
合（consolidation）」されていくというものである。そして、そのプロセスは、
その人のパーソナリティなどの個人的特徴や、その人がおかれた文化や社会と
いった発達の環境に含まれるさまざまな内的・外的要因と深く関わること、あ
る個別の領域（たとえば職業）における発達は、別の領域（たとえば性役割）
でのアイデンティティのプロセスとも互いに影響し合うことが指摘されている。

　このモデルについて、就職活動という課題に従事する大学4年生を対象とし
た縦断的面接調査から、グローテヴァントのモデルが実際にどの程度あてはま
るか否かを検討した高村（1997）によると、22ケース中11ケース（50.0%）が
グローテヴァントのモデルに添ったアイデンティティ形成プロセスを示してい
た。またその際、進路選択という特定領域の探求から、たとえば対人領域での
問題についての探求も進むなど、複数の領域での探求の相互作用によってアイ
デンティティが形成される例もあることが報告された。

第2項　アイデンティティ発達をめぐる見解の変化

　これまでなされてきたアイデンティティ・ステイタスの移行過程の検討から
は、年齢と共により高いレベルのアイデンティティ・ステイタスの者が増加し、
より低いレベルのアイデンティティ・ステイタスの者が減少するなど、アイデ
ンティティ発達には一定の方向性があることが示されてきた（Meeus, Iedema,
Helsen, & Vollebergh, 1999）。だがその一方で、アイデンティティステイタスの
移行には、多くのパターンが存在することが報告されており、時には退行のパ
ターンも見られることが指摘されている（Kroger & Haslett, 1991; Waterman,
1982）。

　また、青年期にアイデンティティを達成したとしても、その後に直面する生
活世界の様々な変化に対して、その都度新しいアイデンティティの模索が繰り

返される事態も見受けられるようになっている。これは、断続的にモラトリアムの時期がやってくるということから、MAMA サイクル（Moratorium-Achievement-Moratorium-Achievement）と呼ばれる（Stephen, Fraser, & Marcia, 1992）。

現在、アイデンティティ発達は生涯を通して進むものとする見方が主流になっており、私たちは、青年期と呼ばれる時期を過ぎても、自分のあり方を問い続け、その都度最適と思われる方向へと自分を形成していく作業を自覚的に続けていくと考えられている。また、その発達過程も、青年期に顕著に見られる「個人が多様な選択肢について考え選択に至る過程」のみならず「その選択を実践的に試しながらさらに探求する過程」も含むものに拡大されるようになっている（中間ら，2015）。

▲ 第6節　青年期発達の多様化 ▼

これまで、青年期に経験される様々な変化をいくつか取り上げながら、そこで生じる自己の変化やそれを受けて個人が自己を形成していく様相について、概観してきた。

最後に、本章の内容も含め、青年期の発達について探究する上で、了解しておくべき事柄を3点挙げておく。

1つは、社会的要因を考慮する必要性である。我々の発達過程は様々なレベルにおける環境との相互作用の中で展開する（Bronfenbrenner, 1979）。これは青年期に限ったことではない。だが、自身の価値観や生き方の形成に取り組む青年期においては、いかなる社会文化的環境に身を置いているか、そしてその中でいかなる出来事を見聞きするかが、自己やアイデンティティ形成に重要な影響を及ぼす。現在の青年は、変化の激しい流動的な社会的状況を生きている。アイデンティティ探求や人生形成といった青年期の課題への取り組みはその環境との相互作用において進むため、その様相は、社会全体に共有される価値観が存在し、それが人生形成の基盤となっていた時期のそれとは異なってこざるをえない。また、自己評価における比較基準の提供という意味でも、青年が身を置く環境の影響は大きい。太ったボディ・イメージに対する不満足感は、や

せ志向文化（やせていることを善しとする文化）が共有されているために増大していると考えられる（田中、2001）。

　2つめは、発達過程の多様化である。青年期に生じる様々な事象をどのように経験し、どう受け止めるかには個人差が存在する。たとえば青年期の身体発達は発育タイミングなどの点で個人差が大きく、それによって身体変化が個人にもたらす影響は異なる（上長、2007）。早熟の女子は身体変化による否定的感情がより大きいことなどが知られている。またジマーマンら（Zimmerman et al., 1997）は、1,160人を対象に、6年生から10年生までの4年間にわたる縦断的調査を行い、学年とともに自尊感情が低下するという全体的な傾向と共に、4つの異なる自尊感情の変化のパターンを抽出した。一貫して高い群（533人）、漸次低下する群（223人）、中程度から上昇する群（204人）、一貫して低い群（143人）、であった。青年期はそれまでと比べて自己の様相が否定的になることは青年期の特徴といって差し支えない。だが、個人が生きる青年期の様相は多様なのである。

　3つめは、青年期はいつ終わるのかという問題である。1930年代頃から「青年期延長」は指摘されており、笠原（1977）は「今や、青年から成人への移行点は30歳前後にあると考えた方がよい。」（p.197）と述べていた。青年期の延長が通常化した現在ではむしろ、18歳までを青年期とし、それ以降の25歳くらいまでの時期を「生成成人期（emerging adulthood）」（Arnett, 2000）という新たな発達段階とす見方が提起されている。この見方については発達段階の議論がほとんどなされていないことや、概念提起における検証の手続きが不十分であることなど、概念をめぐる理論的甘さが厳しく批判されている（Côté, 2014）。だが、このような議論の隆盛は、引き延ばされた青年期が自明になった現在において、何を大人の基準とするかも含め、青年がいつ、どのようにして大人になるのかという問いの難しさを改めて浮き彫りにしている。

〈文献〉
　天谷祐子（2009）．自我体験とパーソナリティ特性・孤独感との関連：「私はなぜ私なのか」と問う取り組み方による違い　パーソナリティ研究, 18, 46-56.

Arnett, J.（2000）. Emerging adulthood: A theory of development from the late teens through the twenties. *American Psychologist*, 55, 469-480.

Blond, A.（2008）. Impacts of exposure to images of ideal bodies on male body dissatisfaction: A review. *Body Image*, 5, 244-250.

Bronfenbrenner, U.（1979）. *The ecology of human development: experiments by nature and design.* Washington, D.C., WA: APA（磯貝芳郎・福富護（訳）（1996）. 人間発達の生態学　川島書店）.

Buchanan, C. M., Eccles, J. S., & Becker, J. B.（1992）. Are adolescents the victims of raging hormones: Evidence for activational effects of hormones on moods and behavior at adolescence. *Psychological Bulletin, 111*, 62-101.

Bühler, C.（1921/1967）. *Das Seelenleben des Jugendlichen: Versuch einer Analyse und Theorie der psychischen Pubertät.* Stuttgart-Hohenheim: Gustav Fischer Verlag.（原田茂訳（1969）. 青年の精神生活　協同出版）.

Campbell, J. D.（1990）. Self-esteem and clarity of the self-concept. *Journal of Personality and Social Psychology, 59*, 538-549.

Côté, J. E.（1996）. Sociological perspectives on identity formation: The culture-identity link and identity capital. *Journal of Adolescence, 19*, 417-428.

Côté, J. E.（2014）. The dangerous myth of emerging adulthood: An evidence-based critique of a flawed developmental theory. *Applied Developmental Science, 18*, 177-188.

Côté, J., Mizokami, S., Roberts, S., Nakama, R., Meca, A. L., & Schwartz, S.（2015）. The role of identity horizons in education-to-work transitions: A cross-cultural validation study in Japan and the United States. *Identity: An International Journal of Theory and Research, 15*, 263-286.

Damon, W. & Hart, D.（1982）. The development of self-understanding from infancy through adolescence. *Child Development, 53*, 841-864.

De Goede, I. H. A., Branje, S. J. T., & Meeus, W. H. J.（2009）. Developmental changes in adolescents' perceptions of relationships with their parents. *Journal of Youth and Adolescence, 38*, 75-88.

電通ダイバーシティラボ（2016）. 今、企業が LGBT に注目する理由とレインボー消費　電通ダイバーシティラボホームページ（http://cococolor.jp/2015/09/07/%E4%BB%8A%E3%80%81%E4%BC%81%E6%A5%AD%E3%81%8Clgbt%E3%81%AB%E6%B3%A8%E7%9B%AE%E3%81%99%E3%82%8B%E7%90%86%E7%94%B1%E3%81%A8%E3%83%AC%E3%82%A4%E3%83%B3%E3%83%9C%E3%83%BC%E6%B6%88%E8%B2%BB/　2017年 2 月25日閲覧）

Eccles, J. S., Buchanan, C. M., Glanagan, C., Fuligni, A., Midgley, C., & Yee, D. (1991). Control versus autonomy during early adolescence. *Journal of Social Issues, 47*, 53-68.

Erikson, E. H. (1959). *Identity and the life cycle.* New York: W. W. Norton.(西平直・中島由恵(訳) (2011). アイデンティティとライフサイクル　誠信書房).

Elkind, D. (1967). Egocentrism in adolescence. *Child Development, 38*, 1025-1034.

Fenigstein, A., Scheier, M. F., & Buss, A. H. (1975). Public and private self-consciousness: Assessment and theory. *Journal of Consulting and Clinical Psychology, 43*, 522-527.

Gorman, W., (1969). *Body image and the image of the brain.* (村山久美子(訳)(1981). ボディ・イメージ：心の目でみるからだと脳　誠信書房).

Grotevant, H. D. (1987). Toward a process model of identity formation. *Journal of Adolescent Research, 2*, 203-222.

Grotevant, H. D. & Cooper, C. R. (1986). Individuation in family relationships: A perspective on individual differences in the development of identity and role-taking skill in adolescence. *Human Development, 29*, 82-100.

Hall, G. S. (1904). *Adolescence: Its psychology and its relations to physiology, anthropology, sociology, sex, crime, religion, and education, vol.1 & 2.* New York: D. Appelton.

Harter, S. (1990). Adolescent self and identity development. In S. S. Feldman & G. R. Elliot (Eds.), *At the threshold: The developing adolescent*, pp. 352-387. Cambridge, MA: Harvard University Press.

Harter S. (2006). The self. In W. Damon, R. M. Lerner, & N. Eisenberg, *Handbook of child psychology, vol.3 (6th ed.): Social, emotional, and personality development*, pp. 505-570. Hoboken, NJ: Wiley.

Harter, S. (2012). *The construction of the self, 2nd ed.: Developmental and sociocultural foundations.* New York: The Guilford Press.

乾彰夫 (2000).「戦後的青年期」の解体：青年期研究の今日的課題　教育, *50*, 15-22.

伊藤裕子 (2001). 青年期女子の性同一性の発達：自尊感情、身体満足度との関連から　教育心理学研究, *49*, 458-468.

伊藤裕子・秋津慶子 (1983). 青年期における性役割観および性役割期待の認知　教育心理学研究, *31*, 45-152.

上長然 (2007). 思春期の身体発育のタイミングと抑うつ傾向　教育心理学研究, *55*, 370-381.

笠原嘉 (1977). 青年期：精神病理学から　中公新書

Kerpelman, J. L., Pittman, J. F., & Lamke, L. K. (1997). Toward a microprocess perspective on adolescent identity development: An identity control theory approach. *Journal of Adolescent Research, 12,* 325-346.

Kroger, J. (2000). *Identity development: Adolescence through adulthood.* Thousand Oaks, CA: Sage.（榎本博明（編訳）(2005). アイデンティティの発達：青年期から成人期 北大路書房）.

Kroger, J. & Haslett, S. J. (1991). A comparison of ego identity status transition pathways and change rates across five identity domains. *International Journal of Aging and Human Development, 32,* 303-330.

栗岩瑞生・鈴木里美・村松愛子・渡辺タミ子・大山健司（2000）．思春期女性のボディ・イメージと体型に関する縦断的研究 小児保健研究, *59,* 596-601.

Lausen, B., Coy, K. C., & Collins, W. A. (1998). Reconsidering changes in parent-child conflict across adolescence: A meta-analysis. *Child Development, 69,* 817-832.

Lewin, K. (1939/1951). Field theory in social science. New York: Harper & Brothers.（猪股左登留（訳）(1956). 社会科学における場の理論 誠信書房）.

眞榮城和美（2005）．自己評価に関する発達心理学的研究：児童期から青年期までの検討 風間書房

Marcia, J. E. (1966). Development and validation of ego-identity status. *Journal of Personality and Social Psychology, 3,* 551-558.

Meeus, W., Iedema, J., Helsen, M., & Vollebergh, W. (1999). Patterns of adolescent identity development: Review of literature and longitudinal analysis. *Developmental Review, 19,* 419-461.

Meeus, W., Iedema, J., Maassen, G., & Engels, R. (2005). Separation-individuation revisited: On the interplay of parent-adolescent relations, identity and emotional adjustment in adolescence. *Journal of Adolescence, 28,* 89-106.

水本深喜・山根律子（2010）．青年期から成人期への移行期の女性における母親との距離の意味：精神的自立・精神的適応との関連性から 発達心理学研究, *21,* 254–265.

Montemayor, R. & Eisen, M. (1977). The development of self-conceptions from childhood to adolescence. *Developmental Psychology, 13,* 314-319.

向井隆代（2010）．思春期の身体的発達と心理的適応：発達段階および発達タイミングとの関係 カウンセリング研究, *43,* 202-211.

中間玲子（2007）．自己形成の心理学 風間書房

中間玲子（2011）．自己理解の発達 子安増生（編）新訂発達心理学特論 放送大学教育振興会 pp. 63-81.

中間玲子・杉村和美・畑野快・溝上慎一・都筑学（2015）．多次元アイデンティティ発達尺度（DIDS）によるアイデンティティ発達の検討と類型化の試み　心理学研究, 85, 549-559.

中間玲子（2016a）．青年期の自己意識の発達的変化（2）：相互協調的自己観・相互独立的自己観の様相の検討　日本教育心理学会第58回総会（発表資料）

中間玲子（2016b）．アイデンティティと well-being との関連　日本青年心理学会第24回大会 自主企画シンポジウム「日本の青年期発達をどうとらえるか」（発表資料）

Nakama, R., Mizokami, S., Sugimura, K., Hatano, K., & Tsuzuki, M.（2016）. The cross-sectional study on identity development from late childhood to middle adolescence. International Conference of Psychology 2016.（発表資料）

Rankin, J. L., Lane, D. J., Gibbons, F. X., & Gerrard, M.（2004）. Adolescent self-consciousness: longitudinal age changes and gender differences in two cohorts. *Journal of Research on Adolescence, 14*, 1-21.

Santrock, J. W.（2012）. *Adolescence, 14th ed.* New York, NY: McGraw-Hill.

佐藤有耕（2001）．大学生の自己嫌悪感を高める自己肯定のあり方　教育心理学研究, *49*, 347-358.

清水亜紀子（2009）．「自己の二重化の意識化」としての自我体験：体験者の語りを手がかりに　パーソナリティ研究, *17*, 231-249.

白井利明（1994）．時間的展望の生涯発達に関する研究の到達点と課題　大阪教育大学紀要（第Ⅳ部門）, *42*, 187-216.

Smetana, J. G., Campione-Barr, N., & Metzger, A.（2006）. Adolescent development in interpersonal and societalcontexts. *Annual Reviw of Psychology, 57*, 255-284.

Steinberg, L., & Silverberg, S. B.（1986）. The Vicissitudes of Autonomy in Early Adolescence. *Child Development, 57*, 841-851.

Stephen, J., Fraser, E., & Marcia, J. E.（1992）. Moratorium-achievement（Mama）cycles in lifespan identity development: Value orientations and reasoning system correlates. *Journal of Adolescence, 15*, 285-300.

Stice, E.（2002）. Risk and maintenance factors for eating pathology: A meta-analytic review. *Psychological Bulletin, 128*, 825-848.

高村和代（1997）．課題探求時におけるアイデンティティの変容プロセスについて　教育心理学研究, *45*, 243-253.

竹内聡・早野順一郎・堀礼子・向井誠時・藤浪隆夫（1993）．ボディイメージとセルフイメージ（第2報）心身医学, *33*, 697-703.

田中有可里 (2001). 摂食障害に対する痩せ志向文化の影響　カウンセリング研究, *34*, 69-81.

都筑学 (1999). 大学生の時間的展望：構造モデルの心理学的検討　中央大学出版部

渡邊寛・松井豊 (2016). 新しい男性役割の側面に関する探索的検討　筑波大学心理学研究, *52*, 85-95.

Waterman, A. S. (1982). Identity development from adolescence to adulthood: An esxtension of theory and a review of research. *Developmental Psychology, 18*, 341-358.

吉川麻衣子 (2016). 心理臨床領域における「性の多様性」に関する課題と展望：2010年以降の研究動向をもとに　沖縄大学人文学部紀要, *18*, 25-40.

Zimmerman, M. A., Copeland, L. A., Shope, J. T., & Dielman, T. E. (1997). A longitudinal study of self-esteem: Implications for adolescent development. *Journal of Youth and Adolescence, 26*, 2, 117-141.

〈推薦図書〉

青年期発達を理解するために

コールマン, J. & ヘンドリー, L. 白井利明他 (訳) (2003). 青年期の本質　ミネルヴァ書房 (Coleman, J. C. & Hendry, L. B. (1999). *The nature of adolescence, third edition*. New York: Routledge.)

笠原嘉 (2011). 笠原嘉論集：再び「青年期」について　みすず書房

長谷川寿一 (監修)、笠井清登・藤井直敬・福田正人・長谷川眞理子 (2015). 思春期学　東京大学出版会

アイデンティティ論を理解するために

クローガー, J. 榎本博明 (編訳) (2005). アイデンティティの発達：青年期から成人期　北大路書房 (Kroger, J. (2000). *Identity development: Adolescence through adulthood*. Thousand Oaks, CA: Sage.)

現代社会との関連で青年期を理解するために

溝上慎一 (2010) 現代青年期の心理学：適応から自己形成の時代へ　有斐閣選書

日本における「青年」の社会的位置づけを理解するために

木村直恵 (1998). 〈青年〉の誕生　新曜社

第7章

発達・学習の障害と支援

第1節　発達障害とは

　近年、わが国において、発達障害のある子どもの存在が注目されている。そのきっかけの1つは、文部科学省が2002年に行った調査である（文部科学省，2002）。そこでは、発達障害の可能性のある子どもは、通常学級に6.3％の割合でいることが報告された。この調査は、教師が回答したもので、厳密なものではない。それでも、学校教育現場に大きな影響を与えた。通常学級1クラスにつき、2、3人の発達障害児が在籍する可能性が高いという事実は、これまで明確にされていなかったからである。

　それ以降、様々な研究・実践が行われてきた。さらに、芸能人が「私は発達障害だ」とカミング・アウトすることがあるように、世間での認知も広がってきている。しかし、「発達障害」と一言で言っても、その内実は様々である。その内実を知ることなくして、発達障害のある子どもたちに寄り添う教育を行うことは困難である。

　発達障害は、発達の途上において、何らかの理由により、発達の特定の領域に社会適応上の問題を引きおこす可能性のある凸凹を生じた状態をさす（杉山，2010）。たとえば、話し言葉の獲得に困難がある、コミュニケーションに困難を抱える、文字を読むことが難しい、じっとすることができず常に走り回っているなどの特徴が乳幼児期から見られる。

　発達障害の中には、様々な種類の障害が含まれている。発達障害を診断する際に、世界でもっともよく用いられる診断マニュアルの1つであるDSM－5

（アメリカ精神医学会；American Psychiatric Association, 2013/2014）がある。DSM－5とは、精神疾患に関する診断基準のマニュアルであり、5というのは第5版という意味である。そこでは、自閉症スペクトラム障害、注意欠如・多動性障害、学習障害、知的障害、発達性協調運動障害、チック症など発達途上に発症する様々な疾患が発達障害の範疇に含まれている。

　以上のような捉え方が一般的だが、わが国の法律では、発達障害の範囲はもう少し狭い。2005年に施行された発達障害者支援法では、「自閉症、アスペルガー症候群その他の広汎性発達障害、学習障害、注意欠陥多動性障害その他これに類する脳機能障害であってその症状が通常低年齢において発現するもの」という定義がなされており、「自閉症、アスペルガー症候群その他の広汎性発達障害」「学習障害」「注意欠陥・多動性障害」の3つが、発達障害の中心になっている。わが国のマスコミやネットで発達障害が言及されるとき、この3つの障害を指すことが多い。このように、わが国で用いられている発達障害の範囲と、世界的な基準で用いられる発達障害の範囲とでは、多少異なっていることに留意する必要がある。

　なお、DSM－5では、「自閉症、アスペルガー症候群その他の広汎性発達障害」は「自閉症スペクトラム障害（もしくは自閉スペクトラム症）」に、「学習障害」は「限局性学習障害（もしくは限局性学習症）」に、「注意欠陥・多動性障害」は「注意欠如・多動性障害」というように名称が変わっている。障害の名称については、以降の節で解説する。

　本章では、発達障害の中でも、代表的な障害である、自閉症スペクトラム障害、注意欠如・多動性障害、学習障害に注目する。本来であれば、1％ほどの発生率であり、かつ、通常学級に在籍することもの多い知的障害も解説すべきであるが、ページ数の都合により割愛する。知的障害についての詳細は、知的障害の定義や分類について網羅した米国知的・発達障害協会（2009/2012）や、知的障害児の心理について詳述した小池・北嶋（2001）などを参照されたい。

第2節　自閉症スペクトラム障害の理解

　自閉症スペクトラム障害は、英語圏では autism spectrum disorder と呼ばれ、主にコミュニケーションに困難を抱える発達障害の1つである。日本では、自閉症スペクトラム障害もしくは自閉スペクトラム症という用語になっている。1つの用語に定まっていないのは、disorder を障害と見なすのか、それとも症状と見なすのかについて、意見が分かれているためである。本章では、自閉症スペクトラム障害（もしくは略して ASD）という用語を用いる。

　自閉症スペクトラム障害の「スペクトラム」という用語は、自閉症と定型発達障害の区別が明確でないことを示唆している。スペクトラムは「連続体」を意味する。杉山（2016）が指摘するように、光のスペクトラムである虹の色は、その境目が明確でない。同じように、ASD と、そうでない場合とは、明確に線引きを行うことができない。21番染色体が通常の2本ではなく3本（トリソミー）となることで発症するダウン症のように、障害の発生原因が明確でないためである。そのため、後述するように DSM などの共通の診断基準を用いて、当該児童からの聞き取りや行動観察、保護者からの調査などから判断せざるをえない。

　また、ASD は、知的障害を伴うこともある。話し言葉を持たない知的発達レベルが重度の ASD の子どももいれば、通常学級で学び、大学に進む ASD の生徒もいる。知的障害を伴う ASD の子どもは約4分の1であり、残り4分の3は知的障害を伴わない。

　ASD の診断基準は、DSM－5によれば、コミュニケーションの障害および限定された行動や興味の2つを満たし、かつ、発達早期にこれらの症状が見られるというものである（正確な診断基準については、表7-1参照）。発達早期から見られるという表現からわかるように、生得的な脳の機能障害が想定されている。

　加えて、DSM－5では、学校生活など重要な領域で臨床的に大きな困難が出ていることも診断基準の1つになっている。そのため、コミュニケーション

表7-1　自閉症スペクトラム障害の診断基準

A．複数の状況で社会的コミュニケーションおよび対人的相互反応における持続的な欠陥があり、現時点または病歴によって、以下により明らかになる。 （1）相互の対人的・情緒的関係の欠落。 （2）対人的相互反応で非言語的コミュニケーション行動を用いることの欠陥。 （3）人間関係を発展させ、維持し、それを理解することの欠陥。
B．行動、興味、または活動の限定された反復的な様式で、現在または病歴によって以下の少なくとも2つにより明らかになる。 （1）常同的または反復的な身体の運動、物の使用、または会話。 （2）同一性への固執、習慣への頑ななこだわり、または言語的、非言語的な儀式的行動様式。 （3）強度または対象において異常なほど、きわめて限定され執着する興味。 （4）感覚刺激に対する過敏さまたは鈍感さ、または環境の感覚的側面に対する並外れた興味。

（DSM－5から一部修正して引用）

に重篤な困難があったとしても、日常生活を送る上で支障がなければ、ASD とは診断されない。

　コミュニケーションの障害は、言語・非言語レベル問わず、様々な状況で見られる。たとえば、他者の表情を見て「怒っている」といった感情を推測するのが困難であったり、言外の意味を推測するのが困難な場合もある。たとえば、他者が「この部屋、暑いわね」と言うとき、言外には「クーラーをつけてください」と要求することがあるが、その意味をつかむのが難しい。さらに、乳幼児期の場合であれば、犬などの珍しい物などを見つけて、養育者と共有するような共同注意行動が見られないことがしばしばある。

　限定された行動や興味は、教育現場では、「こだわり」とみなされることも多い。たとえば、授業中であっても自分の好きな鉄道の時刻表を見続けたり、初めて会う人に購読している新聞の種類を必ず尋ねたり、車のエンジン音に対して強い興味があって、休憩時間にはかならず車の音を聴きに運動場に出る姿などが見られる。また、重度の知的障害を伴う ASD 児の場合には、ロッキングといって身体を揺らし続ける、気に入った CM ソングを繰り返し口ずさむ、手をヒラヒラさせるような行動が見られることもある。ただし、限定された行

動や興味は一概に否定的に捉えられるべきものではない。1つのトピックに集中する特性ゆえに、創造的な仕事を成しえている ASD 者も多い。重要なのは、限定された行動や興味を肯定的に受け止めて開花させられるような環境づくりであり、限定された行動や興味を無条件で消失させることではない。

　今回、DSM が第5版へ改訂された結果、表7-1の B（4）にあるように、「感覚刺激に対する過敏さまたは鈍感さ」という項目が初めて診断基準に入った（熊谷, 2017）。感覚過敏とは、触覚や味覚などが、一般的には想定される以上に過敏であることを示す。触覚過敏のために雨粒が肌にあたると針があたるかのように痛いと感じる ASD 者（ニキ・藤家, 2004）や、味覚過敏が強いために食べ物の温度が1度変わると別の食べ物のように感じてしまう児童、白米のご飯が苦手で特定の銘柄のふりかけをかけないと食べられない児童がいる。また、蛍光灯の点滅（ほとんどの人は点滅していること自体が知覚できない）を知覚してしまうためにじっと座ることができない ASD 児もいる。大きな音が苦手で教室に入れない ASD 児も多い。同時に、このような感覚過敏だけではなく、感覚の鈍感さも見られることがある。たとえば、足を組んで座ると感覚がわからなくなってしまい、足の位置を確認しないと立てないと報告する ASD 者もいる。今回の DSM の改訂で初めて、基準の1つに加えられたのは、臨床現場での感覚過敏・鈍感さの状況が多く見られたからであろう。

　ASD の原因は明確にはわかっていない。現時点では、多数の遺伝子が関与した結果、ASD が発現すると考えている。有病率は、これまでの想定より増加しており、1～2.5％程度であると考えられている。ただ、ASD と診断される子どもが増加した理由については議論が分かれている。実数は増えておらず、ASD の診断基準が影響したという意見や、環境ホルモンなどの影響で実数が増加したという意見、ASD の概念が広がったために ASD と診断される数が増加したという指摘などがある。現時点で明確な結論を出すことはできないが、少なくとも、「親の育てかたが悪いため、子どもが ASD になった」というように親の養育が直接的な原因で ASD を発症することはないことは明確になっている。もっとも、このことは親の養育態度が、子どもの発達に影響を全く与えないということを意味しない。

ASD の障害を説明する仮説は、様々なものが提起されてきた。その中でも、有力なものとして、「心の理論」障害仮説が挙げられる。「心の理論」とは、狭義には、「自分が考えていることや信じていることと、他者が考えていることや信じていることが異なりうる」ことを理解できることを指す（詳しくは、本書1章および子安・郷式（2016）を参照）。「心の理論」を測定する代表的な課題として誤信念課題が挙げられる。定型発達児であれば、4歳以降に誤信念課題を通過していくのに対し、ASD の子どもたちの多く（正確には8割の子ども）は、発達年齢が4歳を超えても通過するのが困難であった（Baron-Cohen et al., 1985）。

　このような一連の研究をもとに、Baron-Cohen は、「心の理論」障害仮説を提起した。この説が広まったのは、これまで臨床的に指摘されてきた ASD 児の様々な特徴的な行動を「心の理論」の障害として統一的に説明できる可能性があったからである。たとえば、「他者の冗談や皮肉を理解しにくい」、「相手の気持ちを理解していない」といった他者の空気を読むことの困難や、他児と感情を共有しにくいといった困難を、「心の理論」障害が説明しうると考えられた。そのため、ASD の「心の理論」の障害をめぐって多くの研究が行われている。たとえば、ASD 幼児が、相手を叩き、そして怒った相手を見て喜ぶといった「挑発」行為についても、他者が怒っているという心的状態を理解しているのではなく、その反応を楽しんでいるのだ（別府, 1999）というように、他者の心的状態の水準を考慮したうえで、ASD 児の問題行動を理解する視点が見られるようになった。

　一方で、「心の理論」研究が発展したからこそ、「心の理論」の視点だけでは ASD という障害を十分には説明できないことも明確になってきた。診断基準の1つである「限定された興味や行動」について、「心の理論」では十分に説明できないからである。「心の理論」の障害は、対人領域に影響を及ぼすものであり、「こだわり」などの ASD の特徴的な行動とは直接的には関連がない。そのため、ASD の障害を説明するために、実行機能（executive function）に注目する研究者もいる。実行機能とは、高次の認知的制御および行動制御にかかわり、目標の達成を実現する能力をさす（Zelazo, et al., 1997）。実行機能に困

難がある場合、計画的に行動を行ったり、予定に変更があったときに柔軟に行為を修正することが難しい。その結果、変更を回避し、同じ行為を反復する「こだわり」的行動が増加と考えられている。一方、実行機能の困難は、他の発達障害や統合失調症などでも報告されている。よって、実行機能の障害だけでASD を説明することは難しい。

　以上のような状況のなかで、近年、乳児を対象にした視線研究が注目を集めている。従来の誤信念課題は、言語能力、実行機能、記憶能力など様々な認知能力が関与しており、純粋に「心の理論」の能力だけを測定できていない恐れがあった。そのため、誤信念課題を通過しない4歳以前の乳幼児や ASD 児が、「心の理論」を有しているかどうかを厳密に判断することができなかった。そこで、Senju et al.（2009）は、乳児を対象にした視線研究から示唆を得て、認知的負荷をできるだけ下げた形で、誤信念の理解を測定した。実験参加児の視線の動きを測定することで、言語能力の関与を回避することができるからである。その結果、定型発達の2歳児は改良された誤信念課題を通過したのに対し、ASD 児・者は、改良された誤信念課題を通過しなかった。ASD 児・者の中には、従来の誤信念課題を通過したにもかかわらず、一般的に考えれば従来のものよりも簡単なはずの改良された誤信念課題に通過しなかったのである。

　この結果から、千住（2012）は、ASD 児・者は、「何が求められるか」という構造化された場面では「心の理論」を用いることができたとしても、自由な場面（次に何が起こるか予測しにくい場面）では、自発的に「心の理論」を用いることに困難を示すのではないかと提起している。千住（2012）の指摘は、ASD という障害を解明するうえで重要な視点を提供している。

第3節　注意欠如・多動性障害の理解

　注意欠如・多動性障害（attention-deficit hyperactivity disorder；以下 ADHD とする）は、その障害名が示す通り、注意や、そこから伴う行動に関して様々な困難を示す発達障害の1つである。

　ADHD の障害特徴および診断基準は大きくは2つに分かれる（表7-2参照）。

1つ目の特徴は、障害名の前半にある注意欠如という側面である。ただし、注意欠如と言ってもその内容は様々である。たとえば、授業中に、先生の話を集中し続けて聞くことが難しいという注意の持続性の問題が見られることがある。また、廊下で誰かが歩いていると授業中であっても、すぐにそちらに注意が向いてしまうという注意の転導性が強い場合がある。さらには、注意の復帰に関して問題を抱えることがある。廊下を歩いている人に注意を向けたあと、話している先生に注意を戻すことができないことがある。

2つ目の特徴は、障害名の後半に関係する多動・衝動性である。多動とは、文字通り動きが多く、じっとできない状態が持続することをさす。教室で座り続けることができずに立ち歩く行動がその典型である。衝動性とは、気になったこと、注意を向けたものについて即座に反応・行動することである。たとえば、教室の窓枠や木の枝を見ると反射的にぶらさがる行動をとるような姿が見られる。「電車」など自分が気になる単語を聞くと、先生が話をしているときでも、即座に自分の好きな電車について述べる姿などが見られる。また、ADHDの成人では、起業することを思いつくとすぐに、会社に辞表を提出する事例も見られる。

ADHDの有病率については、文化差や時代差が大きく、世界的に一致した数字は出されていない。理由としては、多動という特徴が見られたとしても、それが、日常生活に支障が出るかどうかは、時代や地域の状況によって大きく変動するからである（これは他の発達障害についてもあてはまる）。たとえば、教室の中で立ち歩きながら先生の話を聞いてもよいという教育観をもつ担任に教えられていれば、多動があったとしても、「問題行動」として否定的にとられることは少なくなり、日常生活の支障に影響が出にくい。結果として、ADHDという障害として診断されない可能性が高い。このような状況はあるが、わが国でADHDの有病率について検討した報告に、文科省の調査がある（文部科学省、2012）。そこでは、教師を対象に質問紙調査が実施され、小学生では3.5％、中学生では2.5％であった。また、幼稚園で実施された調査によると、教師が評定したところ、4.3％の有病率という報告もなされている（Soma et al., 2009）。おおむね、2〜5％の範囲内の有病率と言える。

表7-2　注意欠如・多動性障害の診断基準

A．（1）および／または（2）によって特徴づけられる、不注意および／または多動性・衝動性の持続的な様式で、機能または発達の妨げとなっているもの。

　（1）不注意：以下の症状のうち6つ（またはそれ以上）が少なくとも6ヶ月持続したことがあり、その程度は発達の水準に不相応で、社会的および学業的／職業的活動に直接、悪影響を及ぼすほどである。

　　（a）学業、仕事、または他の活動中に、しばしば綿密に注意することができない。または不注意な間違いをする。

　　（b）課題または遊びの活動中に、しばしば注意を持続することが困難である。

　　（c）直接話しかけられたときに、しばしば聞いていないように見える。

　　（d）しばしば指示に従えず、学業、用事、職場での義務をやり遂げることができない。

　　（e）課題や活動を順序立てることがしばしば困難である。

　　（f）精神的努力の持続を要する課題に従事することをしばしば避ける、嫌う、またはいやいや行う。

　　（g）課題や活動に必要なものをしばしばなくしてしまう。

　　（h）しばしば外的な刺激によってすぐ気が散ってしまう。

　　（i）しばしば日々の活動で忘れっぽい。

　（2）多動および衝動性：以下の症状のうち6つ（またはそれ以上）が少なくとも6ヶ月持続したことがあり、その程度は発達の水準に不相応で、社会的および学業的／職業的活動に直接、悪影響を及ぼすほどである。

　　（a）しばしば手足をそわそわ動かしたりトントン叩いたりする、またはいすの上でもじもじする。

　　（b）席についていることが求められる場面でしばしば席を離れる。

　　（c）不適切な状況でしばしば走り回ったり高い所へ登ったりする。

　　（d）静かに遊んだり余暇活動につくことがしばしばできない。

　　（e）しばしば"じっとしていない"、またはまるで"エンジンで動かされているように"行動する。

　　（f）しばしばしゃべりすぎる。

　　（g）しばしば質問が終わる前に出し抜いて答え始めてしまう。

　　（h）しばしば自分の順番を待つことが困難である。

　　（i）しばしば他人を妨害し、邪魔する。

B．不注意または多動性・衝動性の症状のうちいくつかが12歳になる前から存在していた。

C．不注意または多動性・衝動性の症状のうちいくつかが2つ以上の状況において存在する。

D．これらの症状が、社会的、学業的、または職業的機能を損なわせているまたはその質を低下させているという明確な証拠がある。

（出典：DSM－5から一部修正して引用）

　ADHD の生理学的要因としては、たとえば、皮質－基底核回路および小脳の形態的異常、実行機能を担う前頭前野と帯状回および頭頂野との連携を支える神経束にも異常があることがわかっている（岡田，2011）。ADHD を説明する心理学的なモデルとしては、バークレー（Barkley, 1997）のものがよく知られている。このモデルでは、ADHD の行動抑制の困難は、実行機能に障害があると仮定し、さらに4つの下位分類（非言語ワーキングメモリ、内言、感情や動機づけ・覚醒の自己調整、再構成）に分けられている。なお、行動抑制を測定する具体的な課題としては、ゴー／ノーゴー課題が知られている。ゴー／ノーゴー課題とは、実験参加者に、2つの刺激（たとえば「A」と「B」）をランダムに提示し、「A」が出ればできるだけ早く反応を求め、逆に「B」が出れば反応をしないように求めて行動抑制を測定する課題である。行動面の障害として見なされることが多かった ADHD を、実行機能という認知的な機能に注目して説明しようとしたモデルは、以後の研究に大きな影響を与えた。

　ただし、この実行機能の障害を中核とするモデルでは、十分に ADHD を説明できないことも明らかになりつつある。現在では、実行機能に加えて、報酬系に関する障害があるとされている。報酬系とは、より最大の報酬を得るために行動を抑制できる能力や、その能力を支える脳内部位（外部視床下部を通る内側前脳束を中心とした領域）のことを指す。報酬系の機能を測定する課題としては、異時点間選択課題（intertemporal choice task）が挙げられる（Plichta et al., 2009）。報酬をすぐに得られるがその量は少ない問題と、報酬を得られるのに時間はかかるが報酬量は多くなる問題を選択させた場合、ADHD の成人の場合、後者を選択する割合が高い。この報酬系の機能障害が、とくに衝動性につながっているとされる。

　なお、教育現場における支援については、第5節で述べるが、ここでは ADHD の子どもへの薬物治療について述べておく。ADHD では、薬物治療の

効果があることが確かめられている。コンサータ（塩酸メチルフェニデート徐放剤）とストラテラ（アトモキセチン塩酸塩）の２種類の薬物の効果が確認されている。コンサータは、実行機能および報酬系の機能を改善させるが、依存性のリスクがあるとされる。一方、ストラテラは実行機能の改善に寄与するが、報酬系に対する効果がなく、依存性はない（岡田，2011）。

第4節　学習障害の理解

　学習障害とは、その名の通り学習に関して困難を抱える発達障害の１つである。怠学による低学力や、知的障害から由来する学習の困難とは区別される。会話能力など知的能力に遅れがなく、かつ勉学に努力しているにもかかわらず、読み書きや計算などある特定の学習領域に困難を示す障害である。

　DSM－5では、学習障害は、specific learning disorderとされており、日本語訳では、限局性学習障害または限局性学習症という名称として翻訳されている。ここで言う限局性（specific）とは、知的障害などの全般的な学習困難ではなく、ある特定の一部に学習困難が見られるという意味である。本章では、一般的に我が国で使用されることの多い学習障害という名称を用いる。

　学習障害の診断基準は、DSM－5によれば、4つの項目が設定されている（詳しくは表7-3を参照）。１つは、学習の困難に対して教育的指導が行われているにもかかわらず、その学習困難が継続していることである。子どもの立場から見れば、教育を受けて学習しているにもかかわらず、読み書きや計算能力が向上しないということを意味する。２つは、学業成績が、同じ学年の子どもに比べて低いことである。３つは、学習の困難さが、児童期（6歳から12歳）には始まることである。ただし、学習困難の萌芽は、幼児期にすでに見られることが多い。たとえば、描画能力が、同年齢の他児に比べて低いといったことが見られる。４つは、知的障害や聴覚障害などの他の障害や、不適切な教育を受けた結果から由来する学習困難とは区別されることである。教育的環境の貧困さからくる学習困難や、全般的な知的能力の遅れからくる学習困難と異なることを意味する。

表7-3　学習障害の診断基準

A．学習や学業的技能の使用に困難があり、その困難を対象とした介入が提供されているにもかかわらず、以下の症状の少なくとも1つが存在し、少なくとも6ヶ月間持続していることで明らかになる。 （1）不的確または速度が遅く、努力を要する読字。 （2）読んでいるものの意味を理解することの困難さ。 （3）綴字の困難さ。 （4）書字表出の困難さ。 （5）数字の概念、数値、または計算を習得することの困難さ。 （6）数学的推論の困難さ。
B．欠陥のある学業的技能は、その人の暦年齢に期待されるよりも著明にかつ定量的に低く、学業または職業遂行能力、または日常生活活動に意味のある障害を引き起こしており、個別施行の標準化された到達尺度および総合的な臨床評価で確認される。
C．学習困難は学齢期に始まるが、欠陥のある学業的技能に対する要求が、その人の限られた能力を超えるまでは完全には明らかにならないかもしれない。
D．学業困難は、知的障害、非矯正視力または聴力、他の精神または神経疾患、心理社会的逆境、学業的指導に用いる言語の習熟度不足、または不適切な教育的指導によってはうまく説明されない。

（DSM－5から一部修正して引用）

　学習障害の特徴について述べる。学習障害の中でも、読み書きに困難がある場合、読み書き障害（ディスレクシア：dyslexia）、もしくは発達性読み書き障害（developmental dyslexia）と呼ばれる。「発達性」というのは、子ども時代に症状が明らかになったという意味である。通常は「ディスレクシア」とだけ呼ばれることが多い。具体的な特徴としては、「いきました」を「いました」と読むなどの勝手読みが頻発することや、「と」を左右反転して書くような鏡文字が学童期になっても継続すること、「青」の漢字の横棒が何本かが何度学習しても混乱すること、ひらがなが続く文章ではどこで区切ってよいかわからないことなどが挙げられる。また、「つぶ読み」といわれるように、1文字1文字をゆっくり読んで、流暢に読めない特徴が見られることもある。

　数の概念的な理解や数学的推論に困難を示す場合もある。その場合は、算数障害（ディスカルキュリア：dyscalculia）、もしくは発達性算数障害（developmental dyscalculia）と呼ばれる。知的能力を構成する認知能力の生得的なアンバラン

スさが背景にある。算数障害の内容は大きくは、数処理、数概念、計算、数的推論の４つに分かれる（熊谷，2016）。数処理とは、就学前までに発達する基本な能力であり、「みかん１個に対して数字が１つである」ことを理解して数えること（計数）が可能になるような能力を指す。数概念とは、序数性（数の順序）と基数性（数の大きさ）の区別と理解が可能になることを言う。計算とは、文字通り暗算や筆算ができることをさす。その際、すばやく計算できるかという自動化しているかも問題となる。数的推論とは、文章題のような理解が可能になることをさす。

　学習障害の頻度については、ディスレクシアを対象に、いくつかの調査が行われている（Uno et al., 2009）。Uno らは、小学校生児童495名を対象に、様々な認知検査を実施した結果、学習障害の頻度は、音読においては、ひらがなで2.5％、カタカナで1.4％、漢字で6.9％であり、書字においては、ひらがなで1.6％、カタカナで3.8％、漢字で6.1％ということが明らかにされている。教員を対象に平成24年に文科省によって実施された調査では、約５万４千人の小中児童生徒のうち、知的発達に遅れはないものの学習面で著しい困難を示すとされた児童生徒の割合は、4.5％とされている。データ収集の方法や基準が一致していないこともあって、数値に差異があるが、少なくとも５％前後は、学習障害のある子どもがいることが想定される。

　学習障害の発生メカニズムについて述べる。ここでは、学習障害の中でも研究が進んでいるディスレクシアに注目する。有力な仮説の１つは、音韻認識能力の障害である。音韻認識能力とは、「りんご」が「り」と「ん」と「ご」の３つの音韻に抽出・分解できるような能力のことを指す。しりとり遊びは、音韻認識の育ちを見る典型的なものである。

　２つは、二重障害仮説である。二重障害仮説とは、音韻認識障害を基本としながらも、第二の基本障害として呼称速度をあげる点に特徴がある。呼称速度とは、語彙や色の名前をできるだけ速く発声できるかを問う課題であり、RAN 課題（rapid automatized naming task）というもので測定される。

　他には、字の形を認知することの困難や、文字や単語の処理の困難さを引き起こすという視知覚障害や、小脳の機能不全により認知や運動スキルにおける

自動化が障害された結果読み書きの障害を発生させるという小脳障害仮説なども提起されている。

第5節　発達障害のある子どもへの支援

　ここまで見てきたように、発達障害には様々な種類がある。また、同じ障害であっても個々の子どもによってその特徴は異なる。そのため、「このように支援を行えばよい」と具体的な方針を単純化して述べることは難しい。ただ、発達障害のある子どもへの教育を行ううえで、共通かつ重要な方針はある。

　1つめは、障害概念のとらえなおしを行うことである。本章でも紹介してきたように、障害の診断基準は DSM − 5 が大きな影響を与えている。ある共通の基準を策定したうえで、障害を診断することは、「医師によって障害の診断がバラバラである」という混乱を引き起こさないうえでも重要である。

　その一方で、DSM については、批判も多い。一番の理由は、障害を「欠如」の状態として把握しようとする点である。表7-1にある ASD の定義を再度確認していただきたい。診断基準 A のところでは、全ての文章において「欠落」「欠陥」（原典ではいずれも deficits）が挿入されている。

　この事実は、自閉症スペクトラム障害は、いわば「できないこと」で特徴づけられる障害だという印象を与えかねない。確かに、障害ゆえに現在の社会の中ではできないことは多いかもしれない。しかし、このような診断基準が1人歩きすると、「障害＝できない」というイメージが流布することにつながる。このような否定的な特徴づけとして障害をとらえることの問題点は、ヴィゴツキーが既に1930年頃に指摘している（ヴィゴツキー，1929/2006）。

　さらに、コミュニケーション不全を、ASD 児だけの「欠陥」に帰することにも問題がある。ASD 当事者である綾屋（2013）は、コミュニケーションの問題・困難は、かかわり手双方の間で生じるものであるのに、ASD 当事者だけが問題とされるのは、公平ではないとしている。確かに、ASD 者と、定型発達者の間でのコミュニケーションのずれや困難は、定型発達者が ASD 当事者の心を「読み取れない」ことに起因している場合もあるだろう。実際、ASD

当事者同士であれば共感が可能であるという報告も出されている（Komeda et al., 2015）。

　コミュニケーションのズレを丁寧に理解することが、双方のコミュニケーションを改善させることにつながるはずである。しかし、DSM − 5 の診断基準のように、ASD 児のコミュニケーションに「欠陥」があるという基準は、ややもすると、ASD の子どもだけを改善の対象と捉えかねない。障害を「できない」と否定的に捉えるだけではなく、「違うもの」「ユニークなもの」という独自性に注目しながら、支援を行うことが求められる（Prizant, 2015）。

　2 つめは、障害特性に応じた適切な環境調整を行うことである。特に、わかりやすい環境を整えることが重要となる。たとえば、他者の意図や感情など心的状態を理解しにくい ASD 児に対しては、イラストなどで、「笑顔」などの表情に関する情報をわかりやすく伝えることが必要である。また、ASD 児の中には、活動の見通しを持ちにくいことが多く、とくに予定外の行動を理解し、行動を修正することが難しい。その場合は、「構造化」と言って活動を、活動の見通しをわかりやすく伝えることが重要になる。ここで言う「構造化」とは TEACCH プログラムが提唱した教育技術の 1 つであり、「時間」「空間」「コミュニケーション」を彼ら 1 人ひとりの機能に合わせて、何をすればいいのかを分かりやすく提示する方法である（佐々木，2008）。

　学習障害児にとっても、わかりやすい環境は重要である。学習障害児の中には、「きみのなまえをにほんごでおしえてください」とひらがなが続くと、音韻意識の弱さゆえに、どこで音節が切れるのかがわかりにくい子どもたちがいる。その場合は、「きみの／なまえを／にほんごで／おしえて／ください」とスラッシュを入れると読みやすくなることがある。なお、同じ読字に対する支援でも、障害種や子どもによって変わる。ある ASD 者は、明朝体の文字が読みにくいと指摘していた。「とめ」の部分に山の形をした余計な装飾が入ると、そこに注意が向くために、意味がとりにくくなるそうである。そのため、自身のパソコンのフォントはすべてゴシック体に設定しているそうだ。「文字が読めない子」として把握するにとどまらず、なぜ読むことができないのかについて理解することが、適切な環境調整を行うことにつながる。

3つめは、深い学びを子どもたちに用意することである。先に挙げたわかりやすい環境をつくることはあくまで教育の土台であり、目標ではない。わかりやすいだけではなく、深い学びを提供することが、教師にとっては求められる。深い学びとは、2020年度から実施予定の学習指導要領によれば、「習得・活用・探究の見通しの中で、教科等の特質に応じた見方や考え方を働かせて思考・判断・表現し、学習内容の深い理解につなげる」学びであると定義されている(1)。

　深い学びに注目するのは、第1に、小学校では、2020年度から実施される学習指導要領の中で、重視されているからである。学習に困難を抱えやすい発達障害児にとっても深い学びが求められる。第2に、学習の深さこそが、子どもたちの問題行動を結果として低減させることにつながるからである。ADHDの子どもは、授業中に立ち歩くことは、その特性上、致し方ない面もある。しかし、授業がつまらない場合、より離席行動が増加する。その場合に、離席行動そのものに対処するだけでなく、子どもの興味・関心をひきつけるような密度の濃い授業を展開することで、結果として離席行動を減少させることにもつながる。

　では、発達障害のある子どもにとっての深い学びとは、どのようなものが構想できるだろうか。「学習障害の子どもが文字を書けるようになった」、「ASDの子どもが、社会的スキルを身につけた」といったような知識や技術の獲得という水準の学びにはとどまらない。そうではなく、獲得した知識や技術を用いて、考え、表現するような学びである。

　現在、深い学びについては高等教育では注目されつつあるものの（松下、2015）、発達障害のある児童・生徒に対しては、まだ十分に注目されているわけではない。しかし、そのなかでも、小学校・特別支援学級の担任をしていた村上公也の実践は、その手がかりを与えうる（村上・赤木, 2011）。村上・赤木（2011）では、ユニークな実践が多く紹介されているが、その1つに「創作熟語」という学習がある。発達障害（ASDや知的障害）のある子どもたちが、既習の漢字を2枚組み合わせて、新たな熟語を創作する学習活動である。たとえば、ある子どもは、「悲」と「水」を組み合わせて「悲水（ひすい）」という熟語を創った。そして、「持っていた水筒を友達に壊されて悲しかったという

ことがありました。悲水とはそういう意味のことです」と語った。漢字を機械的に暗記し、再生するのではなく、既知の漢字を組み合わせるように思考し、自分の体験と関連づけながら、自分の考えを表現できている。深い学びの１つのモデルと言えるだろう。

　発達障害の研究・実践については、多くのことが明らかになりつつある一方で、まだわかっていないことも多い。科学的な知見に学びながら、かつ、目の前の子どもを肯定的に捉えながら、わかりやすく深い学びを準備することが求められる。

〈注〉

（1）http://www.mext.go.jp/b_menu/shingi/chukyo/chukyo3/074/siryo/__icsFiles/afieldfile/2016/06/13/1371955_5.pdf（2017年6月15日閲覧）

〈文献〉

American Psychiatric Association (2013). *Diagnostic and statistical manual of mental disorders*, 5th ed. Washington DC: Author.（日本精神神経学会監修、高橋三郎・大野裕監訳2014. DSM－5　精神疾患の診断・統計マニュアル　医学書院）

American Association on Intellectual and Developmental Disabilities. (2009). *Intellectual disability: Definition, classification, and systems of supports. Eleventh edition*（日本発達障害福祉連盟訳　2012：知的障害：定義、分類および支援体系　第11版）

綾屋紗月（2013）. 当事者研究と自己感　石原孝二（編）当事者研究の研究　医学書院　177-216.

Barkley, R.A. (1997). Attention-deficit/hyperactivity disorder, self-regulation and time: Toward a more comprehensive theory. *Journal of Developmental Behavioral Pediatrics, 18*, 271-279.

Baron-Cohen, S., Leslie A. M. & Frith, U. (1985). Does the autistic child have a "theory of mind"? *Cognition, 21*, 37-46.

別府哲（1999）. 挑発行為を頻発した自閉症幼児における他者理解の障害と発達　発達心理学研究, *10*, 88-98.

小池敏英・北嶋善夫（2001）. 知的障害の心理学——発達支援からの理解——　北大路書房

Komeda, H., Kosaka, H., Saito, D. N., Mano, Y., Jung, M., Fujii, T., Yanaka, H. T., Munesue, T.,

Ishitobi, M., Sato, M., & Okazawa, H. (2015). Autistic empathy toward autistic others. *Social Cognitive and Affective Neuroscience Advance, 10*, 145-152.

子安増生・郷式徹（2016）．心の理論——第2世代の研究へ——　新曜社

熊谷恵子（2016）．算数障害とはこころの科学, *187*, 46-52.

熊谷高幸（2017）．自閉症と感覚過敏——特有な世界はなぜ生まれ、どう支援すべきか？——　新曜社

松下佳代（2015）．ディープ・アクティブラーニング——大学授業を深化させるために——　勁草書房

文部科学省（2002）．通常の学級に在籍する特別な教育的支援を必要とする児童生徒に関する全国実態調査

文部科学省（2012）．通常の学級に在籍する発達障害の可能性のある特別な教育的支援を必要とする児童生徒に関する調査

村上公也・赤木和重（2011）．キミヤーズの教材・教具：知的好奇心を育む．クリエイツかもがわ

ニキリンコ・藤家寛子（2004）．自閉っ子、こういう風にできてます！　花風社

岡田俊（2011）．脳科学からみたADHD　別冊発達, *31*, 27-33.

Plichta, M. M., Vasic N, Wolf, R. C, et al., (2009). Neural hyporesponsiveness and hyperresponsiveness during immediate and delayed reward processing in adult attention—deficit/hyperactivity disorder. *Biological Psychiatry, 65*, 7-14.

Prizant, B. D. (2015). *Uniquely human: A different way of seeing autism.* New York: Simon & Schuster.

佐々木正美（2008）．自閉症児のためのTEACCHハンドブック——改訂新版自閉症療育ハンドブック——　学研

千住淳（2012）．社会脳の発達　東京大学出版会

Senju, A., Southgate, V., White, S., & Frith, U. (2009). Mindblind eyes: An absence of spontaneous theory of mind in Asperger syndrome. *Science, 325*, 883-885.

Soma, Y., Nakamura, K., Oyama, M., Tsuchiya, Y. & Yamamoto, M. (2009). Prevalence of attention-deficit/hyperactivity disorder (ADHD) symptoms in preschool children: Discrepancy between parent and teacher evaluations. *Environmental Health and Preventive Medicine, 14*, 150-154.

杉山登志郎（2010）発達障害　茂木俊彦（編）特別支援教育大事典　旬報社　749-750.

杉山登志郎（2016）発達障害から発達凸凹へ　小児耳鼻咽喉科, *35*, 179-184.

Uno, A., Wydell, T. N., Haruhara, N., Kaneko, M., & Shinya, N. (2009). Relationship between reading/writing skills and cognitive abilities among Japanese primary-school children: Normal readers versus poor readers (dyslexics). *Reading and Writing, 22,* 755-789.

Vygotsky (1929) 柴田義松・宮坂琇子訳　現代障害学の基本問題　ヴィゴツキー (2006) 障害児発達・教育論集　新読書社　10-44.

Zelazo, P. D., Carter, A., Reznick, J. S., & Frye, D. (1997) Early development of executive function: A problem-solving framework. *Review of General Psychology, 1,* 198-226.

〈推薦図書〉

綾屋紗月・熊谷晋一郎 (2008). 発達障害当事者研究――ゆっくりていねいにつながりたい――　医学書院

別府哲 (2009). 自閉症児者の発達と生活――共感的自己肯定感を育むために――　全障研出版部

村上公也・赤木和重 (2011). キミヤーズの教材・教具――知的好奇心を育む――　クリエイツかもがわ

千住淳 (2012). 社会脳の発達　東京大学出版会

杉山登志郎 (2012). 発達障害のいま　講談社現代新書

第8章

児童養護施設における発達支援

◣ 第1節　児童養護施設とは ◢

第1項　増え続ける児童虐待対応件数

　児童相談所における児童虐待の対応件数は年々増加の一途をたどり、2015年度にはその数は初めて10万件を超え、103,260件であった（図8-1）。子どもが虐待によって命を落とす虐待死事例も、過去10年ほとんどの年で50件を超えている。

　貧困家庭やひとり親家庭の増加、核家族化の進行、育児に対する社会的サポートの不足といった社会背景はもちろん、いまだ根強い、子育ては「母の手で」という社会通念がもたらす育児不安（柏木，2010）や、女性の社会進出が推奨される中、育児中の母親が感じる疎外感など、子育てを困難にする社会的要因は多い。当然のことながら、これらの事象が直接的に児童虐待に結びつくわけではないが、その背景には、個々の家庭の問題としてだけではとらえきれない、社会の構造的な問題が折り重なっていることも想像に難くない。

　また、虐待対応件数の増加の背景には、児童相談所への通告などの対応方法が市民に広く知られ始めたことがあるという点は重要である。児童虐待は、いまや誰しも無関心でいられない大きな社会問題であり、実際、虐待の相談経路では、家族からの相談よりも近隣・知人からの通告が多い。

　図8-2のようなポスター、リーフレットなどを、教育施設や医療機関などで一度は目にしたことがあるのではないだろうか。これは、厚生労働省が毎年11月に実施している「児童虐待防止推進月間」の際に配布されているものである。

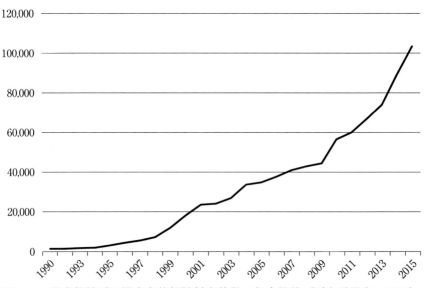

図8-1　児童相談所の児童虐待相談対応件数の年次推移（厚生労働省，2016）

図8-2　2015年「児童虐待防止推進月間」の標語を示した啓発用ポスター
（厚生労働省，2015）

このような啓発活動に加え、連日のように報道される児童虐待のニュースは、私たちに、この問題を考えさせる契機になっている。

　さて、人々が児童虐待を身近な社会問題として捉え、関心を寄せる一方で、児童虐待や、育児放棄、家庭崩壊、貧困などの理由で、子どもが家庭と切り離された後、その子ども達の受け皿となるのはどのような場か、そこで行われている子ども達への支援とはどのようなものかということについては、まだまだ広く知られているとは言えないのではないだろうか。本章で見ていきたいのは、その点についてである。

第2項　代替養育の仕組み

　子どもが何らかの理由で、家庭での養育を受けられなくなったとき、家庭に代わってその子どもの養育を担うのは、乳児院や児童養護施設、あるいは里親といった、代替養育の制度である。これらは総称して社会的養護（social care）と呼ばれる。

　その実施体系は、家庭養護と施設養護に大別され、家庭養護は里親や養子縁組、ファミリーホーム[1]など、家庭に近い形態で行う養護を指す。他方、施設養護は、乳児院や児童養護施設などの居住型の施設において、保護者に代わって24時間子どもを養護する形態を指す。

　社会的養護体系の中で、委託される子どもの数が最も多いのは、主に2歳から18歳までの子ども達が暮らす児童養護施設である。2013年度調査では、全国に595ヶ所の児童養護施設があり、28,831人の子ども達が暮らしている（厚生労働省，2014）。

第3項　子ども達の入所背景

　児童養護施設は1997年の児童福祉法改正によって規定された児童福祉施設である。その前身は、戦災孤児の保護を目的として設立されていた養護施設であり、そこに入所するのは、親のいない子ども達がほとんどであった。その後、戦後の復興から高度経済成長期にかけて、貧困家庭の子どもを中心に、親の離婚や家庭崩壊などの理由で、親のいる子どもの割合が増え、1990年代以降は、

児童虐待が大きな社会問題となり、被虐待児の入所が増加する。

　2013年の子ども達の入所理由についての調査では、「父母の死亡（2.2%）」、「父母の行方不明（4.3%）」といった親の物理的不在を要因とした養護問題はわずかであるのに対し、上位を占めるのは、「父又は母の虐待・酷使（18.1%）」、「父又は母の放任・怠だ（14.7%）」、「父又は母の精神疾患等（12.3%）」といった、親がいながらにして支援を要する養護問題である（厚生労働省、2015）。

　同調査によれば、児童養護施設に入所している子ども達のうち、59.5%が被虐待体験を持つことがわかっている。すべての子どもが被虐待体験を持つわけではないが、被虐待体験の有無は単純に分けることは難しく、直接的な虐待行為がなくとも、親の拒否的な態度や、子どもに不安感や恐怖感を引き起こすような不安定な環境、夫婦間の暴力などを含む混乱した家庭内の人間関係などの環境についても「虐待環境」（西澤，1994）としてとらえるべきであるという見方もある。親と離れて施設で暮らすことによる情緒的な混乱や心理的葛藤、慣れ親しんだ生活基盤から根こそぎ切り離されることによる大きな喪失体験など、子ども達の被った過酷な体験を考慮に入れると、彼らのほとんどが、少なくとも被虐待体験と同様の心理的ケアを必要としていると考えられる。

第4項　児童養護施設への批判と最近の動向

　子ども達の入所背景の複雑化にもかかわらず、日本の社会的養護は、戦後から現在にかけてその基本的なあり方をほとんど変えてこなかったと言われる。

　第1に、保護を要する子ども達の約8割が施設に委託される、施設養護中心という特徴がある。世界的に見ると、虐待等の問題を抱える家族に対しては、ペアレント・トレーニング等によって親を支援しながら、子どもをできるだけ早期に家族のもとに帰す家族再統合が理想とされ、そのための支援が充実している。それが叶わない場合も、里親養育や養子縁組などの家庭養護を採用し、より一貫性の高い養育を行うパーマネンシープランニングが主流になっている。その中で、日本の社会的養護の状況は、世界的な批判にさらされている。

　第2に、長らく日本の児童養護施設は、大舎制と呼ばれる大規模型の施設形態が主流であった。大舎制とは、1つの園舎に20人以上の子ども達が暮らす形

態であり、施設によっては100人以上が暮らすところもある。

　現在、大舎制の施設は減少傾向にあるものの、現況の施設の約半数がその形態を取っており、そのような大規模施設の中で、職員1人当たりが養育を行う子どもの数は6人⁽²⁾とされ、およそ手厚い支援を行える環境とは言いがたい状況が長く続いてきた。

　2009年には国連総会で「子どもの代替養育に関するガイドライン（Guidelines for the Alternative Care of Children）」⁽³⁾が採択され、実親による養育の促進、里親・養子縁組等家庭養育の推進という原則が確認された。これに基づき、2010年には、国連子どもの権利委員会が、日本の社会的養護に対し、家庭型ケアの不足などを指摘し、里親家庭や小規模グループホームのような、家庭的な環境で子どもへの支援を提供するよう勧告を行っている。

　また、2010（平成22）年の年末に、児童相談所や児童養護施設に匿名でランドセルなどが届けられるという、いわゆる「タイガーマスク運動」が全国的に波及した。これによって、施設に対する社会的関心が広がり、現況施設を見直す契機となった。

　このような潮流の中、2011年には、今後10年を目処に施設のあり方を抜本的に改革する「社会的養護の課題と将来像（厚生労働省，2011）」が取りまとめられた。これにより、施設のケア単位の小規模化、家庭養護の推進といった具体的指針が示されるとともに、施設の運営指針も見直された。2012年には、児童養護施設などの人員配置が36年ぶりに改定され、施設小規模化へと舵が切られた。

◤ 第2節　児童養護施設に入所する子ども達の抱える心理的困難 ◢

第1項　重層的な苦しみ

　児童養護施設に入所する子どもたちは、入所する前の家庭環境の中で、多くの心理的困難を背負っている。それは、被虐待体験によるトラウマ（心的外傷）であり、肉親や信頼できる大人との間に安定したアタッチメント（愛着）が形

161

成できていないことによる寄る辺なさである。また、生まれ育った家庭を離れて暮らすことに伴う喪失体験、施設での集団生活への不適応反応などもここに加わり、子ども達はこれらの要因によって重層的に苦しんでいる。

　以下では、これらの困難を見極めるため、子ども達の心理的困難についての臨床的研究の蓄積があるトラウマ研究と、欧米を中心に実証的研究が積み重ねられているアタッチメント研究についての知見を概観する。

第2項　トラウマと子ども達の心理的困難

　ヴァンダーコーク（van der Kolk, 1986）は、虐待によるトラウマの本質を、人生には秩序と連続性があるという信頼感が失われることであるとしている。トラウマを体験した子ども達は、自分の欲求が通らないことに過剰に反応し、不安に耐えることが難しくなる。あるいは、実際には怯（おび）えるような状況でなくても、不安げに引きこもり、依存的になり、消極的になるという。このように、内的、外的刺激に対して極端に反応するようになるのは、感情や経験を処理する上で、個人の内部や外界に安全な場所があるという感覚が失われたときである。自分自身の努力や、他者を信頼することによって人生の成り行きを左右できるという感覚が失われたとき、子ども達は無力感に囚（とら）われ、自分の人生のコントロール不全の感覚から逃れようとするため、依存状態に陥ってしまう。

　西澤は、児童虐待が子どもにとってトラウマ刺激となり、子どもの行動や性格を大きくゆがめる危険性をはらんでいると指摘し、その行動特徴として、心的外傷後ストレス障害（post-traumatic stress disorder: PTSD）[4] のほか、対人関係の障害、虐待関係の反復傾向を挙げている（西澤、1994）。さらに、虐待によるトラウマの自己機能への影響として、自己イメージおよび他者イメージへの影響、感情プロセスのゆがみや感情調整障害など感情体験への影響、自己の安定性への影響、虐待傾向の再現傾向、解離[5] を挙げている（西澤，1999）。

　奥山（1997）は、虐待を受けた子どもの抱える精神的問題を、発達の問題と、トラウマの問題に分け、前者では、虐待を受けた子どもの多くが、安全に守られた環境の中で十分な情緒的関係を他者と結ぶことが困難であったことから、自己概念の問題（自己評価の低下など）と、対人関係上の問題を引き起こすと

述べている。また奥山（2008）は、アタッチメントのゆがみがあって安全基地がよい形で形成されていないために「易トラウマ性」を持っている子どもが、繰り返しトラウマを受けることでさらに他者を信じられなくなり、アタッチメント形成に障壁が生じるというケースについて、アタッチメント問題－トラウマ複合（attachment problems-trauma complex: ATC）と名付けその臨床像を明らかにしている。

第3項　虐待を受けた子ども達のアタッチメント

英国の医師、ボウルビィ（Bowlby, 1976）は、子どもが特定の養育者に保護を求めて接近する行動、そしてその結果もたらされる情緒的つながりをアタッチメントと呼び、発達初期に形成されたアタッチメントのパターンが、その子どもの対人パターンの基礎となるという点において、他のどのような要素にもまして発達全般を決定づけると強調した。

ボウルビィの研究を継承したアメリカ系カナダ人の心理学者メアリー・エインズワースら（Ainsworth, Blehar, Waters, & Wall, 1978）は、アタッチメントの状態を測定するためにストレンジ・シチュエーション法を開発した。これは、養育者との分離及び再会場面に子どもが示す行動特徴を、Aタイプ（回避型）、Bタイプ（安定型）、Cタイプ（アンビヴァレント型）の3つに分類し、子どもと養育者のアタッチメントの状態や、養育者の養育の特徴を調べようとするものである。

しかし、虐待環境など、不適切な養育環境に置かれた子どもについては、上記の分類にあてはまらない、Dタイプ（無秩序・無方向型）と呼ばれる新しいパターンに分類されることが多い（Main & Solomon, 1990）。このタイプの子どもには、安定性、回避、懸念といった行動が、無秩序的に混在しており、養育者との再会場面において、恐れ、身動きできない状態、無方向的な振る舞いが見られる（Gray, 2007）。

Dタイプのアタッチメントを示す子どもの無秩序な振る舞い、たとえば、親が怒り始めたときに、逃げるでも泣くでもなく、自分自身の感覚をその場から解離させることや、数分前に激昂していた親に、食べ物や援助を求めて接近す

ることは、虐待環境にいる子どもが取る、やむにやまれない短期的な適応行動である（Gray, 2007）。

　子どもにとって、親は本来、守り養ってくれるはずの安全基地であり、子どもが危険を感じた時には保護を求めて真っ先に親を探すものである。その親の行動によって自分に危険がもたらされるということは、子どもにとって決して解消できない矛盾となる。ボウルビィはここに、回避と接近及び保護願望との間の相克があるとし、この感情的脅威に対処するためのいかなる一貫した行動も子どもは取ることができないとされる（Schore, 2003）。このような混乱が統合されないままでいることは、子ども達の発達における、感情的・社会的調整の脆弱性となって表れる。

　発達初期にこのような混乱したアタッチメントを経験することは、子ども達が、里親や別の養育者といった新しいアタッチメント対象と関係を築く際の難しさにもつながる。養育者と接近した時、これまで経験した無秩序なアタッチメントのスキーマが活性化することによって子どもは混乱し、自己の感覚の崩壊を経験するからである（Schore, 2003）。

　さらにこのようなアタッチメントの混乱が、反応性アタッチメント障害（reactive attachment disorder）、あるいは、脱抑制型対人交流障害（disinhibited social engagement disorder）と呼ばれる症状に結びつくことがある。DSM－5（American Psychiatric Association, 2013）によれば、反応性アタッチメント障害は、感情的に過度に抑制された状態であり、子どもが安らぎや保護を求めて養育者に接近することや、他者と関わろうとすること、情緒的な反応を示すことがほとんど見られないような状態を指す。

　他方、脱抑制型対人交流障害は、あまりよく知らない人に過度になれなれしくするなど、アタッチメントの対象人物を選ぶ選択力が欠如した状態を指す。脱抑制型対人交流障害に見られる表面的な近接行動は、その場限りの自己利益中心の行動であることが多く、たとえば、注意を受けるなどのほんのちょっとしたきっかけで、それまで強い愛着を示していた相手から遠ざかってしまう。西澤（1994）は、これを「無差別的愛着傾向と極端なディタッチメント」として被虐待児の傾向に挙げている。これらの特徴はいずれも、子ども達が新たな

対人関係を築こうとする際の障壁となって立ち現れる。

第4項　その後の人生に及ぼす影響

　フェレッティら（Feletti et al., 1998）は、アメリカの健康維持機構（HMO）によって抽出された13,494人の成人を対象に質問紙を送付し、幼少期の虐待体験（7カテゴリーに分類）の有無を調べるとともに、成人以降の、健康に害を及ぼす行動（喫煙、アルコール依存、薬物依存、自殺企図など）の有無、健康状態、既往歴についても調べている。その結果、幼少期に体験した虐待カテゴリーの多さと、大人になってからの、健康に害を及ぼす行動や疾患（虚血性心疾患、癌、慢性肺疾患など）との関連を見出している。彼らは、幼少期の被虐待体験が大人になってからの健康状態に及ぼす影響は大きく、累積的であるとし、被虐待体験が、社会的・感情的・認知的歪み（ゆが）につながり、次に健康に害を及ぼす行動、さらに疾患・障害、そして最終的には若年層における死へとつながっていく段階的道筋を警告している。

　日本における、虐待を受けた子どもの成人後の大規模な追跡調査は、筆者の知る限り存在しないが、施設に入所する子どもの多くが被虐待体験を有していることから、施設を退所した子どもへの追跡調査によって、彼らが直面する困難の一端をうかがい知ることができる。

　高校卒業後に就職した児童養護施設退所者の離職率は、全国平均と比べても高い比率を示しており、施設を退所した後に自宅に引きこもるケースや、仕事が長続きしないといった問題が多く指摘されている。2007（平成19）年に行われた大阪の「若年不安定就労・不安定居住者聞き取り調査」では、調査対象となった20代から30代の不安定居住者76人のうち、10人が施設への入所経験があったことが明らかになっている（釜ヶ崎支援機構・大阪市立大学大学院創造都市研究科，2008）。妻木（2011）はこれに対して「ホームレス化する施設経験者」というショッキングな問題提起を行っている。

　永野・有村（2014）は、児童養護施設退所者への4つの追跡調査の二次分析と、2つの新たなアンケート調査の分析を行い、退所者が、同年代に比べて高い生活保護受給率を示すこと、司法、医療、福祉制度や公的介入を必要とする

者も少なくないことなど、施設退所者の直面する困難を明らかにしている。

第5項　子ども達に必要な支援とは

　グレイ（Gray, 2007）によれば、虐待を体験した子どもが、困難な体験を乗り越えていくための鍵は、自身の感情を調整できるようになることである。言い換えれば、自分を落ち着かせることができる子ども、あるいは、困難な状況において自分自身に冷静に語りかけることができる子どもは、トラウマによる困難を克服しやすい。

　いかに過酷で理不尽な体験であっても、その体験自体を消し去ることは不可能である。ならば、支援の焦点は、そのような困難な体験を抱えながらもいかに彼らが自分自身の感情をコントロールし、周囲と良好な関係を築いていけるかという点に向けられる。

　そのためには、適切な心理療法が必要であるが、それだけでは不十分である。このような力を培うためには、安全で受け入れてくれる他者との持続的な関係、つまり信頼できる大人とのアタッチメント関係が必要とされる（Gray, 2007）。その受け皿となるのは、日本の現状では、社会的養護系施設の職員や里親である。子ども達は施設職員や里親など新しい養育者との関係の中でアタッチメントを築くことによって、感情の調整や、ストレスを抱えたときの気持ちの落ち着かせ方などを学んでいくことが必要である。

　西澤（1994）は、虐待を受けた子どもに対する心理臨床学的な援助モデルとして、回復的接近と修復的接近という2種類のアプローチを平行して行う方法を提唱している。回復的接近とは、子どもの抱えるトラウマに焦点をあてて行われる個別プレイセラピーなどの心理療法的な試みのことである。修復的接近とは、生活環境すべてを治療的に活用するという考え方に基づいた働きかけのことであり、環境療法（Trieschman, Whittaker & Brendtro, 1969）、生活臨床アプローチ（村瀬・高橋, 2002）とも呼ばれる。これらのアプローチは、子どもに関わる全ての時間を、子どもの回復に関わる重要な機会と捉え、その中で、PTSD、アタッチメントの問題など個別の問題を見極め、その子どもに合った支援を、生活全般をシステマティックに活用しながら行っていくことを目指す

ものである。

第3節　児童養護施設における発達支援

　上記のような心理的困難を抱える子ども達への支援とは、具体的にどのようなものなのだろうか。

　ここからは、児童養護施設において、子ども達と日々の生活を共にしながら支える児童養護施設職員（以下、施設職員）の実践に着目しながら、そのありようを見ていきたい。

第1項　児童養護施設職員の役割

　施設職員は、日々の衣・食・住を基本とした子どもへの家庭的な関わりと、外部機関との連携を含んだソーシャルワーク的な実践を併せて行っている。柏女・安梅・汐見・庄司・新保（2002）の分類によれば、これらは、子どもへの日常生活のケアを中心としたレジデンシャルケア（residential care）と、社会福祉援助技術を用いた相談援助・家庭との調整などを含むレジデンシャル・ソーシャルワーク（residential social work）に大別される。

　その分類に沿って施設の実践を概観してみよう。児童養護施設におけるレジデンシャルケアは、施設に入所する子どもへの支援のうち、主に生活支援を行うものを指し、生活上のニーズすべてに対応するものである（柏女ら，2002）。

　児童養護施設に入所する子どもは、それまでの家庭生活の中で、十分に生活習慣が身についていないことも多い。そのため、子ども達の住環境を清潔で快適に保つための住環境の整備、季節や気候に応じた衣服を身に着けさせるといった衣類の管理、食事場面を通して食べる喜びを伝え、食事作法を教える食育など、ただの家事だと思われがちな日常業務も、子ども達の安定した生活を築いていく上で非常に重要な意味を持っている。

　前述のように、日本の児童養護施設は、大舎制と呼ばれる大規模施設が多い。よって多くの施設は「担当制」を採用し、数名の子どものグループに対し、1〜2名の担当職員を配置することで、グループ単位のより緊密な支援を行って

いる。この緊密な関係によって、子ども達は、信頼できる大人との間にアタッチメントを再構築し、安心感の中で感情調整の方法を学んでいくことが目指されているのである。

　一方、レジデンシャル・ソーシャルワークとは、子ども達への支援のうち、主に相談援助を行うものを指す。生活上の問題に関する相談援助と、自立を目標とした自立支援を関係諸機関との連携のもとで行うものである（柏女ら、2002）。これは、子ども達への個別の面接やアセスメントを中心としながらも、児童相談所と連携した自立支援計画の策定や支援体制づくり、家族面接など、施設外の人に対する働きかけを含むものでもある。

　児童養護施設に入所する子ども達は皆、児童相談所からの委託によって措置されている。よって、子ども達の自立に向けたあらゆる支援は児童相談所との連携のもとで行われ、ケースワーカーと子どもの定期的な面接など、日常的な関わりも多い。

　家族への面接については、2004年から家族支援専門相談員（ファミリーソーシャルワーカー）が配置され、その中心業務となっている。ここでは、家族構成員全体による問題の共有や解決目標の設定、そのための人間関係や社会制度との関係の調整などが行われ、家族再統合の促進が目指されている（山縣, 2005）。

第2項　子ども達の社会資源の〈媒介者〉として

　次に、筆者らがこれまで行った施設職員へのインタビュー調査を参照しながら、児童養護施設という現場で行われている実践に、内的な視点から近づいてみたい。

　——「一緒に生活しているが、親にはなれない」、

　——「ここ（施設）を居場所として、いずれは家庭なり社会へ」

　いずれも、施設職員が自らの実践について述べた言葉である（高橋・やまだ, 2012）。

　子ども達の最も身近な存在である施設職員の実践は、「親代わり」、「家庭的な養育」という言葉によって語られることが多い。

　しかし、実際に現場の声を聞いてみると、意外にも多くの職員は「（職員は）絶対に親にはなれない」という認識を持っている。これは、たとえば、子どもと実親との面会の際に、手放しに喜ぶ子どもの姿から、親の存在の大きさを実感させられることによる。あるいは、発達の途中から関わる自身の実践の難しさが、「生まれたときから見ている人と比べると限界がある」という言葉に表れる。さらに、子どもから向けられる、「親でもないくせに」といった否定的な言葉は、職員の実践を根底から揺さぶるものである。

　施設職員というのは、親でもなく、教師でもなく、専門的治療を行う心理士でもなく、その専門性を明確に定義づけることが難しい立場である。

　その中で、多くの職員は「親ではない、身近な存在」として、「（子どもたちが）いずれは家庭に帰るなり、社会に出るなりする、その過程の支援をしていく」という形で自らの実践を捉え直し、そこに積極的な意味を見出している。

　高橋・やまだ（2012）では、上記のような語りから、職員の実践を、子どもへの日常的支援の〈実践者〉であるとともに、子どもをとりまく社会資源のむすびつきを生みだす〈媒介者〉でもあるとし、職員がそれらの役割を柔軟に使い分けている様子を明らかにした。

　具体的には、子ども達の実親、児童相談所、学校等との間で、子どもの養育を柔軟に分け持っている様子が見られた。

　例えば、母親の育児放棄で入所した小学校低学年の女の子への支援で、ある施設職員は、「ママはまた（施設に会いに）来てくれるよ」、「あなたたちは家族なのだから」と女の子に語りかけることで母親の存在を前景化させ、女の子の自信や安定につなげようとする様子を語った。同時に、女の子の母親に対しても、女の子の気持ちを代弁しながら、「声を聞かせてあげてほしい」と呼びかけ、親子を媒介する様子がみられた。

　また、子どもの問題行動が発覚した際に、児童相談所のケースワーカーに、第三者として介入してもらいながら支援にあたる様子や、学校の教員と子ども達についての情報共有を積極的に行う様子もみられた（高橋，2012）。

　ミリガンとスティーブンス（Milligan & Stevens, 2006）は、社会的養護が最もよい形で運用されるためには、施設の外部とのコラボレーションが重要であ

るとし、それぞれの実践者の自信、創造性、柔軟性が有効なコラボレーション
を生み出すと述べる。誰かひとりが責任を負い続けるのではなく、教育、福祉、
行政等が協力し、自らの持ち場でそれぞれが役割を果たしていくことで、子ど
も達を多面的に支えていく構図が可能になると考えられるのである。

第3項　子ども達の自立を支える

　子どもを取り巻く社会資源の媒介と同様、児童養護施設における支援で重要
と考えられるのが、退所後を見据えた自立支援という課題である。

　児童養護施設に入所する子ども達は、児童福祉法の規定により、18歳になる
と施設を退所する。しかし、施設を退所した後の彼らへの支援は、制度レベル
でも、実践レベルでもほとんど整備されていない。施設を退所した後、多くの
子どもは親からの支援もあてにできず、施設との関わりも途切れ、身寄りのな
い状況で社会に放り出されてしまう。

　そのため、施設職員は、退所してから子ども達が困らないように、様々な社
会的スキルを身につけさせたり、アルバイトによって経済的見通しを立てさせ
たり、一緒に就職先を探したりと、退所という集大成に向け必要な支援を積み
重ねていく。

　他方で、この退所準備の時期に、それまで抱えていた子ども自身の問題が噴
出することがある。退所は、「卒業」、「卒園」と呼ばれ、1つの喜ばしい区切
りとして語られる。しかし現実には、多くの子ども達にとって、退所はさらな
る困難への道である。そのような困難を目前にし、改めて自分の境遇を反芻し、
割り切れない思いに駆られたり、離れて暮らす家族への葛藤が表面化したりす
ることがある。

　高橋（2014）では、幼児の時に虐待を主訴として入所した少女（Cさん）と、
その担当職員（D先生）との関係の揺れ動きを、D先生への縦断的インタビュー
から捉え、特に、退所を控えた時期に起こった問題行動と、それに対応する職
員の戸惑いについて分析した。

　この事例では、支援の終結に向けて、様々なことを身につけさせたいと願う
D先生と、入所以来一貫して自分の居場所を求めるも、それが叶わず職員に苛

立ちをぶつけるＣさんの間で、思いのズレが生じ、退所に向けて彼女の抱える困難が積み重なっていく様子が見られた（図8-3）。

　Ｃさんには、この時期、入所前から入所期間にかけて累積した困難に加え、高校を卒業すること、就職先を探すこと、アルバイトによって社会的スキルを身につけ、経済的な見通しを立てることなど、多重のプレッシャーがかかっていた。職員が彼女のためを思って様々な指導をし、声をかけることが、逆に彼女を追い詰める形になり、そのことで、本来彼女が最も必要としているはずの安心できる環境や、信頼していた職員との関係までもが揺らいでしまうことになったと考えられる。

　結果的に、Ｃさんの問題行動が表出することによって、Ｄ先生は自らの実践を問い直すことになり、担当職員として関係の再構築に向かうことになるが、「問題を起こさなかったら職員は振り向かない」というＣさんの言葉は、改めて私達に、子ども達に必要な支援とは何かを考えさせるものである。

　第２節で見たように、児童養護施設に入所する子ども達は、生い立ちの過程で重層的な心理的困難を背負っている。それは、短期的な支援で解決するものではなく、時間をかけて信頼できる大人が支えていく生涯発達的支援が不可欠である。

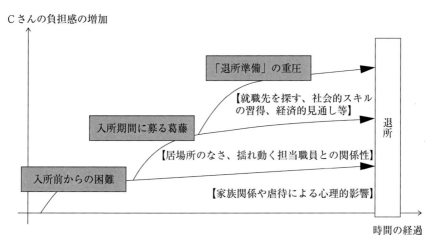

図8-3　入所から退所にかけて累積するＣさんの負担感（高橋，2014）

同様に、子ども達にとっての自立とは、高校を卒業し、進学したから、とか、就職したからといって、すぐさま達成できるものではない。長い時間をかけて、子ども達が困難を乗り越えることができるまで、あるいは、苦しみを抱えて生きていくその歩みに寄り添い続けていくことそのものが支援の目標になるはずである。自立に向けた指導が仕事の中心に据えられても、結局は、生活環境を整えることしかできないという現場の思いもある（石塚，2013）。

　現在、このような困難に対して、措置期間の延長[6]が可能な仕組みを作ることや、自立援助ホーム[7]を活用していくという試みがなされている。これと同時に、担当職員がアフターケアとして子どもを支え続けられるような仕組みを作ることも喫緊の課題とされている。

　イギリスでは、自立支援コーディネーターと呼ばれるケースワーカーが子ども達一人ひとりに割り当てられ、退所後も継続的に支援を行う仕組みがある（津崎、2013）。このような制度から学び、施設を出た後、退所者が真に心理的・社会的な安定を築くことができるまでを見据えた、長期的な想定のもとに支援を行う仕組みを作っていくことが必要である。

▶ おわりに ◀

　児童養護施設の子ども達への支援は、何が正解かをとらえることが非常に難しい。子ども達の背負っているものの大きさは、しばしば周囲を圧倒し、手を差し出すことすら躊躇わせる。実親との関係や、制度的制約など、施設職員だけではコントロールできない要因も多い。そして、子ども達にとって支援が有効であったかどうかは、長い年月が経ってみないとわからない。

　それでも職員は、子ども達が困難に押しつぶされてしまわないように、常に目を配り、支え続ける。地道に関わり続けることにしか、子ども達の発達を支える道はないからである。

　だからこそ、子ども達を支える社会資源はできるだけ多いほうがいいと思われる。多くの人に開かれた形で支援が途切れなく続いていくことが望ましい。

　数井（2003）は、虐待体験と、子どもの学校生活との関連について文献レビュー

を行っており、その中で、「少なくとも一部の被虐待児にとっては、人間関係の形成においてネガティヴな要因を持っているとしても、教師との間で肯定的な関係を成立させることが悪循環から抜け出すチャンスなのである」と述べている。もちろん教師はセラピストではないが、自身の得意な分野で子どもと関わり続けることが、子どもの学習面だけではなく、自己肯定的な感情の育成にもつながる可能性を持っている。これは、日々の関わりの中に、当人達も予測しなかったプラスの変化が生まれる可能性が含まれていることを示唆し、学校という枠に閉じない、子どもへの生涯発達的支援の可能性を示している。

　そのため、学校、児童相談所等の社会資源の連携はもちろん、ケースに応じては、実親との家族再統合を見据えることが必要であるし、積極的に活用され始めた里親、養子縁組、ファミリーホームなど諸制度との協力も目指されるべきである。

　同時に、私たちが常に施設に関心を持ち、実習やボランティアなど、様々な機会を生かしてそこと関わり、いかなる支援が必要とされているのかを考えていくことも、現場にとって大きな意味がある。

　第1節で見たように、児童養護施設は現在、施設小規模化の流れの中、大きな変化の渦中にある。その現場の変化を見守り、今求められていることは何かを、現場の声を聞きながら明らかにしていくこともまた不可欠である。そのようにして、現場の実践が多くの人に開かれていくことによって、多くの人が施設の子ども達に思いを寄せ、社会が必要な支援を模索していくことこそ求められているのではないだろうか。

〈注〉

（1）ファミリーホームとは、養育者の家庭におおむね6人までの子どもを迎え入れて養育を行う家庭養護の形態を指す。

（2）2012年の運営指針の改正では、小学生5.5人に対し職員を1人配置することとされ、若干の改善がなされた

（3）日本語訳は、特定非営利法人子どもの村福岡（編）「国連子どもの代替養育に関する

ガイドライン——SOS 子どもの村と福岡の取り組み」（pp.11-56）。

（4）DSM−5（American Psychiatric Association, 2013）における PTSD の症状として挙げられているのは、苦痛な記憶、恐ろしい夢、解離反応（たとえばフラッシュバック）、トラウマ体験に類似した持続する心理的苦痛、著しい生理的反応等である。

（5）DSM−5（American Psychiatric Association, 2013）によれば、解離とは、知覚、記憶、アイデンティティ、感情、認知等の通常の統合の崩壊、あるいは不均衡を指す。このような解離的反応が見られるかどうかが PTSD の1つの診断基準である。

（6）現状でも、子どもの事情によって、20歳までの措置期間の延長を認めている施設もある。

（7）自立援助ホームとは、15歳〜20歳の、家庭で暮らすことのできない子ども達が、生活支援や就業支援を受けながら共同で生活し、自立を目指す施設である。

〈文献〉

Ainsworth, M. D. S., Blehar, M. C., Waters, E., & Wall, S. (1978). *Patterns of attachment: A psychological study of the strange situation*. Hillsdale, NJ: Erlbaum.

American Psychiatric Association. (2013). *Diagnostic and statistical manual of mental disorders* (5th ed). Arlington, VA: American Psychiatric Association.

Bowlby, J. (1969). *Attachment*. New York: Basic Books.
（ボウルビィ、J. 黒田実郎（訳）(1976). 母子関係の理論 I 愛着行動　岩崎学術出版社）

Felitti, V. J., Anda, R. F., Nordenberg, D. et al., (1998). Relationship of childhood abuse and household dysfunction to many of the leading causes of death in adults: The adverse childhood experiences (ACE) study, *American Journal of Preventive Medicine, 14* (4), 245-258.

Gray, D. (2007). *Nurturing adoptions: Creating resilience after neglect and trauma*. Indianapolis, IN: Perspectives Press.

石塚かおる (2013). つばさ園の実践——事例を中心とした考察——大江ひろみ・山辺朗子・石塚かおる（編著）子どものニーズをみつめる児童養護施設のあゆみ——つばさ園のジェネラリスト・ソーシャルワークに基づく支援——　ミネルヴァ書房

釜ヶ崎支援機構・大阪市立大学大学院創造都市研究科 (2008). 若年不安定就労・不安定住居者聞取り調査報告書　釜ヶ崎支援機構

柏木惠子 (2010). アロマザリングを阻む文化——なぜ「母の手で」が減らないのか？——根ヶ山光一・柏木惠子（編）ヒトの子育ての進化と文化——アロマザリングの役割を考える——（pp.163-183）有斐閣

柏女霊峰（監修）. 安梅勅江・汐見稔幸・庄司順一・新保幸男（編）(2002). 子ども家庭

福祉・保健用語辞典——子ども家庭福祉・保健・心理・教育——資生堂社会福祉事業財団.

数井みゆき（2003）子ども虐待——学校環境に関わる問題を中心に—— 教育心理学年報, *42*, 148-157.

厚生労働省（2011）. 社会的養護の課題と将来像 Retrieved from http://www.mhlw.go.jp/stf/shingi/2r9852000001j8sw-att/2r9852000001j8ud.pdf（2016年7月13日）

厚生労働省（2014）. 社会的養護の課題と将来像の実現に向けて Retrieved from http://www.mhlw.go.jp/file/06-Seisakujouhou-11900000-Koyoukintoujidoukateikyoku/0000108940.pdf（2016年7月13日）

厚生労働省（2015）. 児童養護施設入所児童等調査結果 Retrieved from http://www.mhlw.go.jp/file/04-Houdouhappyou-11905000-Koyoukintoujidoukateikyoku-Kateifukushi-ka/0000071184.pdf（2016年7月13日）

厚生労働省（2016）. 平成27年度 児童相談所での児童虐待相談対応件数（速報値）Retrieved from http://www.mhlw.go.jp/stf/houdou/0000099975.html（2016年7月13日）

Main, M., & Solomon, J.（1990）. Procedures for identifying infants as disorganized/disoriented during the Ainsworth Strange Situation. In M. T. Greenberg, D. Ciccetti, & E. M. Cummings（Eds.）, *Attachment in the preschool years*（pp.161-182）. Chicago, IL: University of Chicago Press.

Milligan, I., & Stevens, I.（2006）. *Residential child care: collaborative practice*. London: Sage Publications.

村瀬嘉代子・高橋利一（2002）. 子どもの福祉とこころ——児童養護施設における心理援助—— 新曜社

永野咲・有村大士（2014）. 社会的養護措置解除後の生活実態とデプリベーション——二次分析による仮説生成と一次データからの示唆—— 社会福祉学, *54*（4）, 28-40.

西澤哲（1994）. 子どもの虐待——子どもと家族への治療的アプローチ—— 誠信書房

西澤哲（1999）. トラウマの臨床心理学 金剛出版

奥山眞紀子（1997）. 被虐待児の治療とケア 臨床精神医学, *26*（1）, 19-26.

奥山眞紀子（2008）. アタッチメントとトラウマ 庄司順一・奥山眞紀子・久保田まり（編）アタッチメント——子ども虐待・トラウマ・対象喪失・社会的養護をめぐって——（pp.143-176）明石書店

Schore, A. N.（2003）. *Affect Dysregulation and Disorders of the Self*. New York: W. W. Norton & Company.

高橋菜穂子・やまだようこ（2012）. 児童養護施設における支援モデルの構成——施設と家庭をむすぶ職員の実践に着目して—— 質的心理学研究, *11*, 156-175.

高橋菜穂子（2012）．行政・教育機関との連携における児童養護施設職員の語り——自らの役割についての意味づけと実践上の葛藤——　京都大学大学院教育学研究科紀要, *58*, 369-381.

高橋菜穂子（2014）．施設出身者の自立を支えるための長期的支援の展望　松嶋秀明・川俣智路・高橋菜穂子・有元典文　ラウンドテーブル　生きづらさをかかえる子どもの支え方を再考する　日本発達心理学会第25回大会

特定非営利法人 SOS 子どもの村福岡（2011）、国連子どもの代替養育に関するガイドライン——SOS 子どもの村と福岡の取り組み——　福村出版

Trieschman, A. E., Whittaker, J. K., & Brendtro, L. K.（1969）. *The other 23 hours: Child care work with emotionally disturbed children in a therapeutic milieu*, Chicago, IL: Transaction Publishers.（トリーシュマン, A. E. ウィテカー, J. K. ブレンドロー, L. K. 西澤哲（訳）（1992）．生活の中の治療——子どもと暮らすチャイルドケアワーカーのために——　中央法規出版）

妻木進吾（2011）．児童養護施設経験者の学校から職業への移行過程と職業生活　西田芳正・妻木進吾・長瀬正子・内田龍史（編）　児童養護施設と社会的排除——家族依存社会の臨界——（pp.133-155）解放出版社

津崎哲雄（2013）．英国の社会的養護の歴史——子どもの最善の利益を保証する理念・施策の現代化のために——　明石書店

van der Kolk, B. A.（1986）. *Psychological trauma*, Washington, DC: American Psychiatric Press.（ヴァンダーコーク、B. A. 飛鳥井望・前田正治・元村直靖（訳）（2004）　サイコロジカル・トラウマ　金剛出版）

山縣文治（2005）．児童養護の基礎概念　山縣文治・林浩康（編）　やわらかアカデミズム・「わかる」シリーズ　よくわかる養護原理（pp.2-19）ミネルヴァ書房

〈推薦図書〉

Gray, D.（2012）. *Attaching in adoption: Practical tools for today's parents.* London, Philadelphia, PA: Jessica Kingsley Publishers.

浜田寿美男（2012）．子どもが巣立つということ——この時代の難しさのなかで——　ジャパンマシニスト社

松嶋秀明（2005）．関係性のなかの非行少年——更生保護施設のエスノグラフィーから——　新曜社

杉山春（2013）．ルポ虐待——大阪二児置き去り死事件——　筑摩書房

谷口由希子（2011）．児童養護施設の子どもたちの生活過程——子どもたちはなぜ排除状態から脱け出せないのか——　明石書店

第9章

家庭と地域の役割

▲ 第1節　家庭とその機能 ▲

第1項　家庭と家族

　家庭（home）と家族（family）は切っても切り離せない概念である。『日本大百科全書（小学館，1994）』によれば、家庭とは「家族を中心とした諸個人の生活空間およびその雰囲気」であり、「家族は人間の集団性を示す表現をするのに対し、家庭は家族が生活する場であるとか、生活のよりどころであるとか拠点であるとかいうように、場所を意味する表現がかならず付帯する」とされる。つまり、居住空間としての家と、そこで生活する家族、生活に必要な財（物）、それらの人や物によって醸成される雰囲気から構成されるものが家庭である。

　家族と聞いて多くの人が思い浮かべるのは、夫婦、親子、きょうだいなどの近親者から構成される集団であろう。ただし、家族の姿が多様化した現代では、子どものいる家族に限ってみても、祖父母が同居する大人数の家族もあれば、親がひとりである家族、ステップファミリー（離婚・再婚によって生じた血縁関係のない親子関係・兄弟姉妹関係を含む家族）や国際結婚家族など、様々な家族が存在する。このように家族の姿が多様化するとともに、家庭が果たす役割（機能）や家庭に期待される役割も変化してきた。

第2項　人類における家族の発生

　私たちにとって、家族という存在は自明のものであろう。しかし、動物の中には家族という集団（群れ）で生活しない種や、家族に父親が加わらない種もある。動物の一種として見たとき、人類はそもそもなぜ家族を形成したのであろうか。

　霊長類学者の山極（2012）によれば、人類が家族を形成した背景には、共食（co-eating）と共同育児（alloparenting）という人類ならではの2つの特徴があるという。人類の祖先は、森林からサバンナへと生活場所を変えてきた。サバンナでは多くの人々が一緒に食べ物を探し歩くことは効率が悪く、肉食動物にも狙われやすくなる。そこで人類は、集めた食物をその場で食べるのではなく、安全な場所に持ち帰ってみなといっしょに食べる、つまり、共食を始めたのではないかと考えられる。共食は、現代でも地球上のすべての人間に共通して見られるが、他の霊長類には見られない行動である。

　共食の利点は他にもある。過酷な環境を生き延び、子孫を残すには、複数の子どもをそれほど長い間隔を空けずに出産する必要がある。ただし、人類は他の動物に比べて成長に時間を要し、子どもである期間がきわめて長い。そのため、次子の妊娠・出産と、既にいる子どもの子育てを同時並行的に行わなければならない期間が発生するが、これらのすべてを母親が一人で引き受けるには限界がある。そこで、共同で育児をすることを目的とした「家族」という集団が形成されたのではないかという。父親は母親に代わって食物の供給や安全を確保し、そこに、祖母をはじめとする老齢者の協力が加わって、自力での食物の採取や摂取が難しい子どもたちの栄養補給や教育が支えられることになった。

　さらに、共同育児によって人類は、過酷な環境を生き抜くべく家族の成員間の共感力と連帯力を強化すると同時に、家族同士の間の繋がりをも強めてきた。このようにして人類は、複数の家族からなる共同体の中で子どもを教育し、たがいに助け合うことのできる社会をつくるにいたったと考えられる。

第3項　家族機能の変化

　家族の形や機能は歴史の中でその時代や土地に応じた変化を遂げてきた。家族の機能については諸説あるが、社会学の代表的な考えによれば、近代工業が発展する以前（1930年代以前）の家族には、①生産単位としての経済機能、②メンバーを社会的に位置づける地位付与の機能、③子どもに基礎的・専門的な知識や技能を教える教育機能、④家族メンバーの生命・財産を守る保護機能、⑤日常的な信仰活動を通じて家族メンバーの精神的安定と結束を図る宗教機能、⑥家族全体の安らぎを図るレクリエーション機能、⑦家族メンバー同士の慈しみや思いやりといった愛情機能、の7種類の機能があった。しかし、近代化や産業化の進展とともに、愛情機能以外の機能は社会の専門的制度や機関にとって代わられ、家族の機能は縮小化あるいは特化されていった（石川, 1997）。

　このような変化は、戦後の日本社会においてもはっきりと見ることができる。日本では、戦後の急激な工業化と経済発展の中で、第一次産業（農林漁業）の従事者が減り、第二次産業（主として工業）・第三次産業（主としてサービス業）の従事者が増加した。産業構造の変化は、それまで近接していた職場と家庭を分離させ、核家族化の進行と、親族との関係や地域社会との関係の希薄化をもたらした。その結果、親族近隣間の互助的機能は低下し、家族の機能の多くがさまざまなサービス産業（医療、福祉、教育、金融・保険業、飲食業など）の拡大とともに外部化されるようになった。

　現代においてもなお、家族は社会の変化とともに変容を遂げている。では、家族の姿が多様化した現在の日本において、家族はどのような機能をもつものと認識されているのであろうか。世論調査（内閣府政府広報室, 2016）の結果によれば、「あなたにとって家庭はどのような意味をもっていますか」という問いへの回答の上位3項目は、「家族の団らんの場（63.7％）」、「休息・やすらぎの場（59.9％）」、「家族の絆（きずな）を強める場（50.6％）」であり、これらの順位は過去15年の間で変わっていない。これは、多くの人が家庭を家族間の心理的絆を深め合う場であり、安心感を得られる場ととらえていることを示

唆する。また、4位には「親子が共に成長する場（36.7％）」という回答が入っており、未成年の子どもがいる家族にとっては、家庭は子育てを通して、子どもと親が育ち合う場ととらえられていることがわかる。

▲ 第2節　子どもの社会化を担う家庭と地域 ▲

第1項　社会化とは

　子育ての主たる目的は、子どもが社会の一員として社会的、精神的、経済的に自立できるように育てることにある。このように、個人がある社会集団の一員となるべく、その社会集団における価値観や規則、役割、行動様式を習得できるように助け、促すことを社会化（socialization）という。社会化に関わるやりとりは、日常生活の中のさまざまな文脈で行われ（表9-1参照）、その過程には、両親、教師、仲間、きょうだい、地域の人など、さまざまな人がさまざまなやり方で関わっている(Grusec & Davidov, 2015)。マスメディアやインターネットから得られる情報なども、社会化に貢献している。

　表9-1の社会化の領域と対応させて家庭の機能を考えてみると、家庭は子どもにとって、保護を受ける安心の場であり、家族の成員とやりとりの楽しさを共有する場であり、社会のルールや規範にしたがって行動することをおぼえる場であり、生きていくために必要なスキルを学ぶ場でもある。親は子どもを護ったり、子どもと遊んだり、子どもをしつけたり、生きていくうえで必要とされるさまざまな知識やスキルを子どもに教えたりする。ただし、子どもは一方的あるいは受動的に親からの働きかけを受けているのではなく、子どももまた親をはじめとする社会化の担い手（agent of socialization）に影響を与え、まわりの人たちからさまざまな関わりを引き出す。社会化の過程は、子ども自身の学ぼうとする動機づけ（motivation）に支えられており、身近な人のモデリング（modeling）や観察学習（observational learning）に代表される能動的な学習と、社会化の担い手である多様な人たちとの相互作用を通して進んでいく。

表9-1　社会化の５つの領域

保護	親は、子どもからの保護や安心感の要求に応え、子どもの苦痛や不安を軽減すると同時に、援助や励ましを与える。 例）乳児から親への愛着行動と、親による応答など。
互恵性	親子は、互いに相手の要求を受け入れ、対等なパートナーとして関わろうとする。なお、互恵的なやりとりの相手には、親だけでなくきょうだいや仲間も含まれる。 例）相手とのポジティブな感情の共有をともなうやりとり遊びなど。
コントロール	親子という上下関係の中で、親は社会や文化のルールに子どもを従わせるために権威を行使する。子どもは、社会や文化の要請に従おうとする動機づけをもつ一方で、自分のすることは自分で選び、自分で決めたいという自律への動機づけももっている。 例）しつけをめぐる親子間のやりとりなど。
ガイドされた学習	子どもが新しい知識やスキルを習得できるように、親は子どもに教えたり子どもを訓練したりする。親には、子どもの理解やスキルのレベルに応じた足場作りをすることが求められる。 例）言葉や文字、数、道具の扱い方、体の動かし方、感情の扱い方、家事の仕方、社会の仕組みなどを教える。
集団参加	子どもは、家族の一員であるだけでなく、学校、地域などにある社会集団の一員とみなされたい、という要求をもつ。子どもは、ある社会集団に属する他者を観察し、その人の行動を真似して取り入れるなどして、その社会集団の一員となっていく。

（Grusec & Davidov（2015）を元に作成）

第２項　子どもを取り巻く環境システムとしての家庭と地域

　子どもの成長や発達は、両親、教師、仲間、きょうだい、地域の人をはじめとする社会化の担い手から影響を受けており、さらに、環境内のその他のさまざまな人や組織からも間接的に影響を受けている。子どもの主な生活の場は、家庭と学校、地域であるが、それぞれの場所で子どもが経験することは、他の場所での子どもの状態や行動にも影響を及ぼす。子どもが家庭や地域で経験するストレスフルな出来事（貧困や両親の不和、親による不適切な関わり、仲間との不和など）や、家庭や地域から受けるサポートは、子どもの学校での状態や行動に影響を及ぼすことになる。子どもと同様に他の家族もまた、家庭の外

に活動の場（職場や地域など）を有しており、家族の成員が家庭外で経験するストレスや他者から受けるサポートは、家庭での状態や行動に影響を与えることになる。たとえば、親が職場や地域で経験するストレスや、友人・近隣の人からのサポートは、家庭での子どもへの関わりに影響を与えることになる。

　このように個人の発達を環境との相互作用として捉え、環境の中にあるさまざまな要因が相互に影響を与えながら個人の発達に影響を与える、とする考えは、生物生態学的モデル（bioecological model）として知られている（Bronfenbrenner & Morris, 2006：図9-1参照）。このモデルの提唱者であるアメリカの発達心理学者ブロンフェンブレンナー（Bronfenbrenner, U；1917－2005）は、発達する人（発達主体としての子ども）を中心に据え、その周りに発達する人への影響が強い順に、内側から外側に向かって層状に環境を配置し

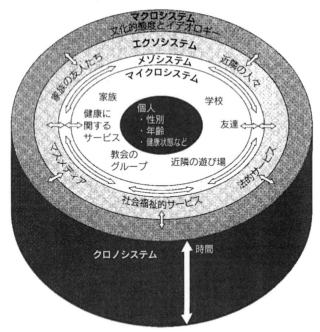

図9-1　ブロンフェンブレンナーの生物生態学的モデル

（菅原（2012）を一部改変）

た、同心円状のモデルを想定した。一番内側にあるマイクロシステムには、子どもが直接的に接触をもつ環境、具体的には、家族、学校、友達などが含まれる。その外側にあるメゾシステムは、2つ以上のマイクロシステム同士のつながりをさす。具体的には、家と学校との関係、友達と学校との関係がこれにあたる。さらに外側にあるエクソシステムは、子どもが直接関わりをもつことはないが、メゾシステムやマイクロシステムの特徴に影響を与えることを通して、子どもに影響を与える。家族の友人たちや職場の人たち、近隣の人たちとの関係などがここには含まれる。もっとも外側を囲むマクロシステムには、子どもが暮らす社会の信念や価値観、慣習、生活条件（文化や社会的階級）などが含まれ、これは、マイクロシステム、メゾシステム、エクソシステムのそれぞれに遠隔的に影響を与えている。最後に、すべてのシステムを縦走するクロノシステムは、時間や歴史を表すシステムである。

　ブロンフェンブレンナーの生物生態学的モデルは、人の発達をその人が生きる生活環境や社会的文脈から切り離さずに、時間の流れの中で捉えることの重要性を強調している。本章ではこの考えにのっとり、子どもの発達環境としての「家庭」と「地域」について、「現代」という切り口から見ていくことにする。

▶ 第3節　家庭や地域における社会化の実際

第1項　家庭における親子の関わり

　現代の日本の子どもたちは、家庭をどのような場所として捉えているのであろうか。全国の小学校4年生から中学校3年生の男女1404人を対象とした調査（内閣府政策統括官，2014）によれば、88.6％の児童が「ほっとできる場所」（家、学校、まちの中、塾や習い事、図書館や児童館の中から1つを選択）として「家」を選び、「家庭での生活は楽しいですか」との質問には70.3％の児童が「楽しい」、27.1％の児童が「まあ楽しい」と回答していた。現代の子どもの多くは、安心できる楽しい場として、自分の家庭をとらえているようである。

また、首都圏在住の小・中学生の母親に行った調査（ベネッセ教育総合研究所，2012：図9-2参照）によれば、子どもは、学校のことや1日のできごと、趣味や娯楽について母親とよく会話をし、6、7割の子どもは母親と一緒に遊ぶ（「よく遊ぶ」「ときどき遊ぶ」を合わせて小学校低学年では79.8％、全体では65.5％）と回答していた。このように、互いをコミュニケーションの相手として共行動を多くとっているのが、現代の日本の親子の特徴であると言えよう。

　次に、家庭でのしつけの状況を見てみよう。図9-3は、子どもが4歳の時と8歳の時に保護者を対象に行われた調査の結果（厚生労働省大臣官房統計情報部，2011）である。保護者は、他者と関わる際のマナー・ルールや、防犯・安全面については高い意識をもって子どもをしつけており、8歳時点では多くの保護者が、子どもにそのしつけが身についていると答えていた。一方で、「遊んだ後の片付けをする」、「食事の後自分の食器を台所に運ぶ」、「テレビやコンピューターゲームをする時間は決めている」など、生活面での自立に関連する行動や時間の自己管理については、保護者の意識がそれほど高くなかったり、高かったとしても子どもに身についていなかったりするようである。

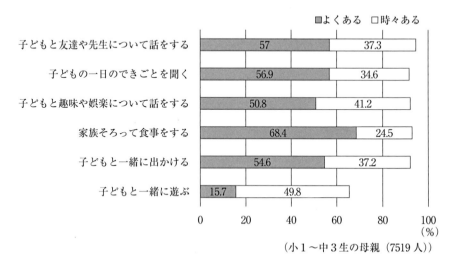

（小1〜中3生の母親（7519人））

図9-2　家庭における子どもと母親のコミュニケーション

（ベネッセ教育総合研究所（2012）を元に作成）

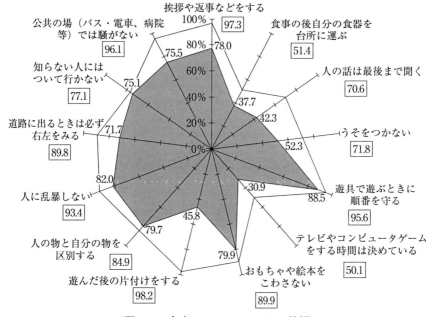

図9-3　家庭におけるしつけの状況

2001年出生児の保護者35648人による回答。
内側の線は、4歳時に「しつけをした・している」と回答した人の割合。
外側の線は、8歳時に「しつけが身についている」と回答した人の割合。
（厚生労働省大臣官房統計情報部（2011）より転載）

　子どもの学年がもう少し上になると、しつけの状況やその定着度はどう変わるだろうか。図9-4は、首都圏在住の小学4年生〜高校3年生が見た保護者の関わりを示したものである（東京大学社会科学研究所・ベネッセ教育総合研究所共同研究，2016）。学年によらず多くの子どもは保護者から、悪いことをしたときにはしかられ、いいことをしたときにはほめられ、自分のことは自分でするように言われている、と回答している。一方で、保護者から家事や勉強を教わると回答した子どもの率は、学年が上になるほど低くなっている。この数値の変化は、保護者から教わらなくても自分で家事や勉強ができるようになった、という子どもの自立を反映している可能性もあるものの、保護者の約半数

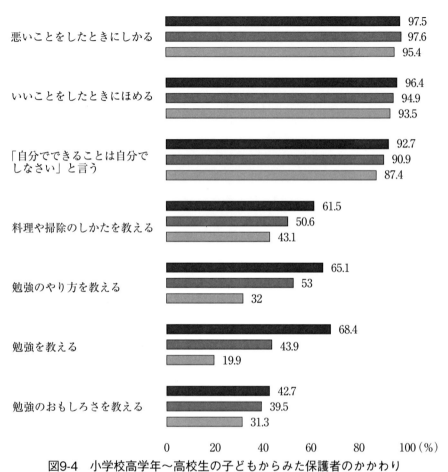

図9-4　小学校高学年～高校生の子どもからみた保護者のかかわり

上から順に、「小4～6生（3975人）」「中学生（4130人）」「高校生（3964人）」。
数値は、「とてもあてはまる」と「まああてはまる」と回答した保護者の割合。
（東京大学社会科学研究科・ベネッセ教育総合研究所（2016）を元に作成）

（男子保護者の55.4％，女子保護者の47.0％）は、「子どもが大人になったとき
自立できるか不安である」と回答している。同調査ではまた、保護者の悩みや
気がかりの上位は、子どもの学年によらず「整理整頓・片づけ」（5割以上の
保護者が選択）と「家庭学習の習慣」（約4割の保護者が選択）であり、これ

に加えて小学生では「友だちとのかかわり」が、中・高校生では「学校の成績」「進路・学校選び」や「携帯電話やスマートフォンの使い方」が上位に位置していることが報告されている。小学校高学年以上の子どもにおいてもやはり、自立に向けた行動や時間の自己管理が課題となっていることがうかがわれる。

第2項　地域との関わり

地域のつながりが希薄化していると言われる昨今であるが、子どもたちは地域の人たちとどのような関わりをどの程度もっているのであろうか。全国の小学6年生と中学3年生を対象とした調査の結果（文部科学省・国立教育政策研究所，2013：表9-2参照）によれば、地域の行事やボランティア活動などの予め設定された活動には、相対的に多くの子どもが参加している。しかし、地域の大人に何かを教わったり一緒に遊んだりする、地域の大人から注意を受けるなど、地域の大人と日常的に関わりをもっていることが推測される子どもは、全体の5割にも満たない。

なお、地域との関わりに関しては、居住地域による差も大きいと考えられる。古くからの住民の割合が低い都心部では、子どもに限らず住民同士のつながりが弱い地域が少なくない。一方、過疎化が進んだ地方では子どもの人数が減少し、地域の行事を継続することすらままならないところもある。次節で述べる

表9-2　子どもたちの地域とのかかわり

	小6	中3
今住んでいる地域の行事に参加している	66%	41%
地域の大人に勉強やスポーツを教えてもらったり一緒に遊んだりすることがある	43%	23%
地域の大人から注意されたことや、友達や他の子どもが注意されているところをみたことがある	49%	42%
地域の大人から褒められたことがある	71%	55%
地域社会などでボランティア活動に参加したことがある	60%	69%

数値は、「よくある」または「たまにある」と答えた児童・生徒の率。

（文部科学省・国立教育政策研究所，2013）

ように、子どもたちの地域とのかかわりや地域での過ごし方は、都市化や少子化といった社会的状況の変化と切っても切れない関係にある。

第4節　家庭と地域をめぐる現代的問題

第1項　子育て環境の変化と家庭・地域における養育力の低下

　子育てという営みは、時代や社会、文化の影響を強く受ける。核家族化が進み、地域の繋がりが希薄化した現代では、子育ての様相がかつてとは大きく変わってきている。

　かつての日本では、血縁・地縁で繋がれた地域社会の中で、親族や近隣の大人、子どもを含むさまざまな世代の人たちが子育てにかかわっていた。親となった人たちは、上の世代の人たちから子育ての知恵を受け継いだり、手が足りない時には近隣の人の手を借りたりして子育てをしていた。子どもたちは、自分よりも年下の子どもの世話をしたり一緒に遊んだりすることを通して、自然と子育ての仕方を学び、身につけていた。

　翻って現代では、幼い子どもの世話をしたことがほとんどないまま親になる人が増えている。子どもについての知識や子育ての仕方は、経験からではなく育児雑誌や育児学級、インターネットなどから学ぶものになっている。核家族化が進む中で、母親が頼りにできるもっとも身近な人は子どもの父親である夫であるが、子育て世代にあたる30代、40代の長時間労働が常態化している現状では、夫に多くの助けを求めることもできない。かつてはさまざまな人が共同で行っていた「子育て」が、母親1人の手による「孤育て」になり、初めての子育てに不安を抱えながらも母親が1人で子どもと向き合わなければならないところに、現代における子育ての難しさと問題がある。

　このような状況を受けて昨今では、国や地域をあげてさまざまな子育て支援活動が展開されている。国（厚生労働省）は、乳児のいる家庭の孤立化を防ぐべく、2007（平成19）年から「乳児家庭全戸訪問事業（こんにちは赤ちゃん事業）」を開始し、生後4ヶ月までの乳児がいるすべての家庭への訪問を行って

いる。この事業は、保護者のさまざまな不安や悩みを聞き、子育て支援に関する情報提供等を行うとともに、親子の心身の状況や養育環境等の把握や助言を行い、支援が必要な家庭に適切なサービスを提供することを意図したものである。地域では、子育て中の親子が気軽に集い、相互交流や子育ての不安・悩みを相談できる場を提供する「地域子育て支援拠点事業」も進められており、NPO（Non-Profit Organization：様々な社会貢献活動を行い、団体の構成員に対し、収益を分配することを目的としない団体の総称）や子育ての当事者である親を中心に、地域の子育て力を向上することが目指されている。さらに、SNS（Social Networking Service：Twitter や Facebook、Line、mixi といった、社会的なつながりを電子化するサービス）を利用した親同士の情報交換や交流の場への参加も、現代ならではの子育ての相互扶助の一形態であると言えよう。

　なお、親の子育てを支援するにあたっては、親もまた子育てを通して発達する主体であることを忘れてはならない。子育てに不安や葛藤はつきものであるが、不安や葛藤を抱えつつも、いろいろな人の目と手を借りながら子どもとの時間を過ごす中で、親はわが子の個性や親としての自分の個性を知り、わが子に合った関わり方や、新たなものの見方を身につけていく。こうした経験の積み重ねを通して親は、親としての発達を遂げていくのである（坂上，2005）。子育てが難しいと言われる今の時代であるからこそ、親が地域の中で子育ての仲間をみつけ、子育てを楽しみ、不安や悩みを乗り越えた先にある、親としての自信や手応えを得ていかれるような支援が望まれる。

第2項　子育ち環境の変化と地域における子どもの居場所の喪失

　子どもが活動する範囲は、年齢とともに家庭から園や学校、地域へと広がる。特に、家庭の外で家族以外の人と過ごす時間が長くなる児童期以降は、子どもの人間関係において学校や地域の友達が主要な位置を占めるようになる。では、児童期以降、子どもは家庭の外でどのように過ごしているのだろうか。

　かつては、子どもは放課後や休日に地域のさまざまな場所でさまざまに遊んでいた。空き地や路地、寺社の境内、広場、河原などは、子どもたちの格好の遊び場であった。子どもたちは、同年齢・異年齢の仲間と集って遊び、仲間集

団の中で責任感やチームワーク、コミュニケーション能力、問題解決能力など
を育んでいた。また、外で存分に身体を動かすことで、自然と体力や運動能力
を身につけ、ストレスの発散をしていた。

　しかし、昨今では都市化にともなう自然空間の減少によって子どもたちの自
然体験は失われ、公園では事故防止の観点から遊具が撤去されたりボール遊び
が禁止されたりと、子どもたちが自由に遊べる空間はきわめて限られたものに
なってしまった。また、末子が7歳以上である母親の7割以上が仕事をもって
いる現在では、地域活動の担い手が減っており、子どもを狙った犯罪や子ども
を巻き込んだ交通事故も後を絶たなくなっている。

　小学生の放課後の過ごし方を調べた調査（的場，2008a：図9-5参照）によれば、
最近の小学生は屋内で友達と、あるいは1人で勉強をしたりゲームをしたりし
て過ごすことが多く、友達と外遊びをするのは週1回程度である子どもが多い
ようである。小中学生の放課後の困りごとを調べた別の調査（的場，2008b）
では、「ボール遊びをするところがない」、「遊ぶところがない」、「塾や習い事
で忙しい」といった項目が上位に入っている。これらの調査の結果からは、現
代の子どもは遊べる場所や時間が十分にないために、あまり外で遊んでいない

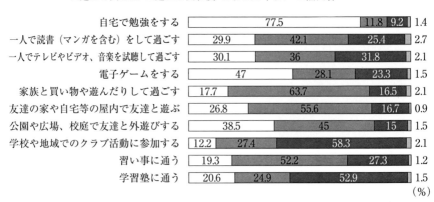

図9-5　小学生の放課後の過ごし方

（的場，2008a）

ことがうかがわれる。

　以上のように子どもの地域での過ごし方をめぐっては、安全の確保と自由に遊べる場所や時間の確保の2つが大きな課題となっている。こうした現状を受けて現在では、文部科学省と厚生労働省の協力のもと、「放課後子ども総合プラン」という事業が進められている。これは、子どもたちの放課後等の居場所づくりと学校を核とする地域コミュニティの再生を企図したものであり、放課後子ども教室（全ての児童を対象に、地域の人たちの参画を得て、学校の空き教室等を活用して行われる学習・体験・交流活動）ならびに放課後児童クラブ（保護者が労働等のために昼間家庭にいない児童を対象とした、学校の空き教室や児童館等を利用した遊びおよび生活の場の提供）の整備や連携が進められている。ただし、学校を活用することについては、安全面での心配はないものの、評価を伴う学校的な空間で放課後も過ごすことや、違う学校の子どもと出会える機会が制限されることを懸念する声もある（増山，2007）。

　地域での子どもの居場所を確保すべく、民間レベルでは、冒険遊び場づくりの活動が全国的に広がりを見せてきた。冒険遊び場とは、「自分の責任で自由に遊ぶ」をモットーとし、廃材を利用した木工、たき火、料理、穴掘り、木登りなど、子どもの遊び心を刺激する遊びを可能にした遊び場である（梶木，2014）。この活動は、1970年代の中頃に当時の子どもの遊び環境に対する問題意識から、自由な遊びの世界を取り戻すことを目指した地域住民により始まった活動であり、1979年に東京都世田谷区に初めて、行政との連携のもと、常設の冒険遊び場が作られた（日本冒険遊び場づくり協会HP）。その数は、1990年代後半あたりから増え、現在活動している団体数は約400にのぼる（梶木，2014）。

　冒険遊び場には、さまざまな年代の子どものほか、冒険遊び場に常駐し子どもがいきいきと遊べる環境をつくることを役割とする専属のプレーリーダーや、活動を支える近隣の住民、ボランティアの大学生など、多様な人が訪れる。自然体験や実体験に乏しい現代の子どもにとって、樹木や土があり、自由に水を使える冒険遊び場は五感を刺激される場所であり、創造性や社会性、能動性を育む自由な遊びが保障された、貴重な空間であると言える（萩原，2006）。

子どもの発達を考えたとき、自由に遊べる場や居場所が地域の中にない、ということは憂慮すべき問題である。子どもが自ら考え、行動する力は、仲間とぶつかり合い、多様な人と触れ合い、心が動かされる体験をし、大小さまざまな挑戦を重ね、成功と失敗を経験する中で育まれるものである。大人が管理や指導を徹底すれば子どもの安全は守られるであろうが、それでは子どもが自らを育む力は育たない。子どもが自ら育っていくために必要な体験を保障する場と、それを支える人たちのネットワークを地域の中に作り、広げていくための努力が今後も引き続き求められている。

第3項　貧困と子どもの発達

　家庭に関わる問題のうち、近年とりわけ大きな関心を集めているのが、子どもの貧困問題である。貧困には、大きく分けて「絶対的貧困（absolute poverty）」と「相対的貧困（relative poverty）」の2つの概念がある（阿部, 2012）。「絶対的貧困」とは、生存の維持に必要不可欠な最低限の衣食住を満たす生活水準に達していない状態をさし、主に発展途上国における貧困状態がこれにあたる。一方、ある社会の中で生活する際に、その社会の多くの人が享受している「普通」の習慣や行為を行うことができないことを「相対的貧困」と言う。子どもの生活に置き換えると、相対的貧困は、日本の現代社会の中の普通の子どもの生活、たとえば学校に行き、クラブ活動をし、友だちと遊び、希望すれば高校程度の高等教育を受ける、そうした生活すらできない状況を指す。以下、本章で貧困という言葉を用いるときには、相対的貧困をさすものとする。

　先進諸国の中でも日本は、相対的貧困率が高い国である。「平成25年国民生活基礎調査の概況」（厚生労働省政策統括官（統計・情報政策担当）, 2016）によれば、子どもがいる現役世帯の相対的貧困率（OECDでは等価可処分所得（世帯の可処分所得を世帯人数の平方根で割って算出したもの）が全人口の中央値の半分未満の世帯員の状態にある者をさす）は15.1％であり、ひとり親など大人が1人の世帯での相対的貧困率は54.6％と極めて高い状況にある。

　家庭の貧困や低所得は、多くの不利な状況を経て、子どもの健康や発達に影響を及ぼすと考えられる（菅原, 2016：図9-6参照）。貧困や低所得であることは、

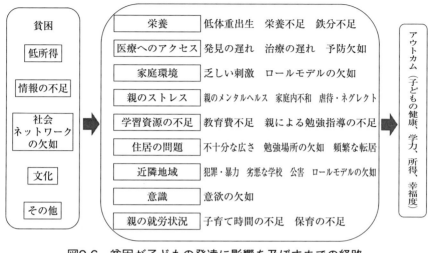

図9-6　貧困が子どもの発達に影響を及ぼすまでの経路

（菅原（2016））

　親が置かれている逆境的な社会的状況（所得が低い、生活や子育てに関する情報が不足している、社会的ネットワークが乏しいなど）から引き起こされるさまざまな不利（医療機関の利用の制限、刺激に乏しい家庭環境、親のストレスやそれに由来する養育の質の低下、学習資源の不足、劣悪な地域環境、親の就労時間の長さによる子育て時間の不足など）を経て、子どもの健康や学力、所得、幸福度などに影響することが想定される。

　家庭の貧困が子どもの発達に影響を及ぼすプロセスを検討した研究は日本ではまだ少ないが、小学校1年生のいる362世帯を対象とした菅原（2012）の研究では、世帯年収の低さが母親の経済的困窮感を高め、それが母親の心理的QOL（Quality of Life：人生や生活全般における満足感や社会・経済的生活の豊かさ、精神的豊かさや健康度を含めた「生活の質」をさす概念）の低さと養育の質の低さを経由して、主として子どもの社会情緒面の発達（問題行動の多さ）や、QOLの低さ（この研究では、身体的健康や情緒的ウェルビーイング、自尊感情、家族、友達、学校生活の6側面からQOLを測定している）に影響していたこと、また、世帯年収の低さが、家庭の教育的・文化的投資（本の所

有冊数や習い事、コンピュータの所有台数などで測定）の低さを経由して、主として子どもの知的側面（学校の成績の低さ）に影響していたことが明らかにされている。

　家庭の貧困が子どもに与える影響を考える際に看過できないのが「社会的排除（social exclusion）」の問題である。社会的排除とは、標準的な生活を営むのに必要な所得や資源に欠けているだけでなく、通常ならば社会的に付与される雇用、教育、住居、社会参加の機会などにおいて、それらの制度や機会から排除されている状態をさす。子どもにおける社会的排除には、貧困による進学の断念のほか、友だちと付き合う機会やさまざまな活動に参加する機会が制約されることなども含まれる。

　イギリスのリッジ（Ridge, 2002）は、貧困世帯の40人の子ども（10〜17歳）へのインタビューから、彼らが貧困のために社会的関与の機会と社会的ネットワークを維持するための機会を大きく制限されていることを明らかにした。子どもたちはインタビューで、小遣いをほとんどもらっていないこと、「私服登校日」に恥ずかしい思いをしていること、遠足や修学旅行などの行事への参加をあきらめていること、地域の余暇活動やクラブに参加できないこと、友人たちと同じ活動に参加する機会が制限されるため、友人たちとの関係を作り、維持するうえで困難を抱えていること、親の経済状況を心配し、自分の将来についても大きな心配を抱いていることを語った。そして、社会的孤立（仲間はずれやいじめの対象となること）と社会的差異（自分たちの生活が他の子ども達の生活とは乖離したものになっていること）への恐れを繰り返し述べていた。

　イギリスの貧困世帯の子どもたちが語ったことは、日本の貧困世帯の子どもたちの経験とも重なる部分が少なくないであろう。一般的に、児童期は仲間との社会的比較を通して、また、青年期は理想の自己と現実の自己の比較を通して、自己評価や自尊感情が低下する時期である。そのような時期に社会的排除を経験することは、子どもの自己評価や自尊心を大きく低下させる恐れがある。

　貧困は、親においてもまたその社会的排除を促すことになる。貧困層の家庭ほど、家庭の内外に子どものことについて相談できる相手がいなかったり、病気や事故などの際に子どもの面倒を見てくれる人がいなかったりするなど、社

会的ネットワークが乏しく、孤立している傾向がある（阿部，2012）。これに、ひとり親家庭であることや多時間労働による育児疲れなどが重なると、親のメンタルヘルスが悪化し、子どもを虐待するリスクが高くなる（藤田，2012）。

　海外の諸研究からは、貧困の中でもとりわけ低年齢から始まる慢性的な貧困が子どもの発達に深刻な影響を与え、その影響は成人期まで及びうることが明らかにされている (Huston & Bentley, 2010)。このような知見を踏まえるならば、貧困家庭への支援においては、発達の早い段階で親への経済的支援や心理的支援を行い、子どもの発達への悪影響を断ち切ることが重要であると考えられる。

　しかしながら日本では、相対的貧困についての理解が乏しい（阿部，2012）うえに、「子育ては家族の責任」という自己責任ならぬ「家族責任」の考えが根強いこともあり（大澤・蝶・横尾，2009）、貧困家庭への公的支援は十分ではない。そのような中、民間レベルでは、大学生や退職教員ボランティアによる、貧困家庭の子どもを対象とした無料の学習支援や、無料や低料金で食事が提供される子ども食堂の活動が広がりつつある。こうした活動は、地域社会の中で孤立しがちな家庭の親子に、地域に住む他の親子と交流する機会や、地域の中での居場所、活動を支えている支援者をはじめとする地域のサポート資源に繋がる機会を提供する役目を果たしていると考えられる。

第4項　家庭と地域の機能の再生に向けて

　核家族化や地域の繋がりの希薄化が進行した現代では、子育ての責任や子育ちの結果が家庭や個人に帰されがちである。そのような社会では、両親の離別や親との死別、親の失業や疾病、貧困などの困難がひとたび家庭に生じると、そのしわ寄せが一気に子どもに及ぶことになる。しかし、子どもが心身共に健康に発達していくためには、家庭だけでなく学校、地域のいずれもが子どもにとって安心して過ごせる場であり、社会の中で生きていくために必要なことを主体的に学べる場であることが必要である。そこにはまた、子どもに共感的に関わる人や、子どもに物事の是非を教える人、子どもにとって手本や憧れとなる人、子どもが楽しさを共にできる人など、様々な人の存在が不可欠である。

　地域の子育て力を高め、地域で子どもの発達を支えることは、親に心理的な

余裕をもたらし、家庭の子育て力を高めることにも繋がる。最近では、子ども
から高齢者まで地域の誰もが気軽に集うことのできるコミュニティカフェなど
の「地域の居場所」づくりが進められ、地域のコミュニティの形成や再生が図
られている。また、高齢者のボランティアが幼稚園や小学校で絵本の読み聞か
せをしたり、中学校・高校の生徒が赤ちゃんとその母親や、幼児と交流したり
するなどのさまざまな世代間交流プログラムが自治体、NPO の事業や学校教
育の一環として行われている。世代間交流には、参加した子どもの自己効力感
を高めたり、異なる世代の人への理解を深めたりする効果があることが確かめ
られている（鎌野・伊藤，2010；糸井・亀井・田髙ほか，2012）。子どもやそ
の親が、様々な人との関わりの中で自身が育ち、育てられている、と実感でき
るような場や機会が地域の中に作られ、広がっていくことが期待される。

〈文献〉

阿部彩（2012）.「豊かさ」と「貧しさ」：相対的貧困と子ども　発達心理学研究, *23*, 362-374.

ベネッセ教育総合研究所（2012）. 第 4 回子育て生活基本調査（小中版）【2011年】http://berd.benesse.jp/shotouchutou/research/detail1. php?id = 3278（2017年 2 月28日確認）

Bronfenbrenner, U., & Morris, P.A. (2006). The bioecological model of human development. In W. Damon & R.M. Lerner (Eds.), *Handbook of Child Psychology 6th ed., Vol.1* (pp.793-828). New York: Wiley.

藤田英典（2012）. 現代の貧困と子どもの発達・教育　発達心理学研究, *23*, 439-449.

Grusec, J.E. & Davidov, M. (2015). Analyzing socialization from a domain-specific perspective. In J.E. Grusec & P.D. Hastings (Eds.), *Handbook of socialization: Theory and research* (pp.158-181). New York : The Guilford Press.

萩原元昭（2006）. 地域社会の中の子ども　保育学研究, *44*, 12-21.

Huston, A.C. & Bentley, A.C. (2010). Human development in social context. *Annual Review of Psychology, 61*, 411-437.

石川実（1997）. 現代家族の社会学　脱制度化時代のファミリー・スタディーズ　有斐閣

糸井和佳・亀井智子・田髙悦子・梶井文子・山本由子・廣瀬清人・菊田文夫（2012）. 地域における高齢者と子どもの世代間交流プログラムに関する効果的な介入と効果——文献レビュー——　日本地域看護学会誌, *15*, 33-44.

梶木典子（2014）．冒険遊び場づくり活動団体の活動実態とその経年変化　第6回冒険遊び場づくり活動団体実態調査の結果より　日本建築学会大会学術講演概集（近畿）2014年9月，215-216.

鎌野育代・伊藤葉子（2010）．子どものイメージと自己効力感の変容からみる保育体験学習の教育的効果　日本家庭科教育学会誌，*52*，283-290.

厚生労働省大臣官房統計情報部（2011）．21世紀出生児縦断調査　第8回　平成21年　厚生労働統計協会

厚生労働省政策統括官（統計・情報政策担当）（2016）．平成27年国民生活基礎調査　厚生労働統計協会

増山均（2007）．地域の子育てと〈放課後子どもプラン〉全国学童保育連絡協議会（編）よくわかる放課後子どもプラン　ぎょうせい

的場康子（2008a）．小中学生の放課後生活——小・中学生対象のアンケート調査結果を中心に——　第一生命ライフデザインレポート，2008.3-4，16-23.

的場康子（2008b）．小学生の放課後の過ごし方の実態と母親の意識——小学校の放課後生活と教育に関するアンケート調査結果から——　第一生命ライフデザインレポート，2008.7-8，16-23.

文部科学省・国立教育政策研究所（2013）．平成25年度全国学力・学習状況調査報告書. http://www.nier.go.jp/13chousakekkahoukoku/data/13-questionnaire.html（2017年2月28日確認）

内閣府政策統括官（2014）．平成25年度　小学生・中学生の意識に関する調査報告書（PDF）http://www8.cao.go.jp/youth/kenkyu/thinking/h25/junior/pdf_index.html（2017年2月28日確認）

内閣府政府広報室（2016）．国民生活に関する世論調査報告書　平成28年7月調査 http://survey.gov-online.go.jp/h28/h28-life/3_chosahyo.html（2017年2月28日確認）

日本冒険遊び場づくり協会 HP http://bouken-asobiba.org/ modules/play/index.php?content_id=10（2017年2月28日確認）

大澤真平・蝶　慎一・横尾昌弘（2009）．子どもの貧困と自己責任論. 家族依存政策を批判し、保護者・家庭バッシングに抗して　子どもの貧困白書編集委員会（編）子どもの貧困白書（pp.38-40）明石書店

Ridge, T. (2002). *Childhood poverty and social exclusion.* Bristol, UK: The Policy Press. （リッジ、T., 中村好孝・松田洋介（訳），渡辺雅男（監訳）（2010）．子どもの貧困と社会的排除　桜井書店）

坂上裕子（2005）．子どもの反抗期における母親の発達——歩行開始期の母子の共変化過

　　程―― 風間書房

小学館（1994）．日本大百科全書（ニッポニカ）

菅原ますみ（2012）．子ども期の QOL と貧困・格差問題に関する発達研究の動向　菅原ま
　　すみ（編著）お茶の水女子大学グローバル COE プログラム　格差センシティブな人間
　　発達科学の創成　第 1 巻　子ども期の養育環境と QOL（pp.1-23）金子書房

菅原ますみ（2016）．子どもの発達と貧困――低所得層の家族・生育環境と子どもへの影
　　響――　秋田喜代美・小西祐馬・菅原ますみ（編著）貧困と保育――社会と福祉につなぎ、
　　希望をつむぐ――（pp.195-220）かもがわ出版

東京大学社会科学研究所・ベネッセ教育総合研究所共同研究（2016）．子どもの生活と学
　　びに関する親子調査2015　http://berd.benesse.jp/shotouchutou/research/detail1.php?id＝4848
　　（2017年 2 月28日確認）

山極寿一（2012）．家族進化論　東京大学出版会

〈推薦図書〉

浅井春夫・松本伊智朗・湯澤直美（2008）．子どもの貧困　子ども時代のしあわせ平等の
　　ために　明石書店

池本美香（2009）．子どもの放課後を考える――諸外国との比較でみる学童保育問題――
　　勁草書房

大日向雅美・荘厳舜哉（2005）．子育ての環境学　大修館書店

山極寿一（2012）．家族進化論　東京大学出版会

第10章

養育者の発達

はじめに

　親になり子どもを育てるということは、子どもの心身の健やかな成長を支えるだけでなく、子どもに様々な社会的行為を学習させる機会を提供することを意味する。心理学では、親になり、子どもを育てること（parenthood）は、成人期の重要な心理−社会的課題である（Erikson, 1959）。

　しかし、現代の日本社会において、養育者はこれまで以上に多くの困難さに直面している。たとえば、男女共同参画社会基本法（1999年施行）の推進に伴い女性の社会進出が推奨されている一方で、いまだ育児に対する機会の均等は男女一様ではない。2012（平成24）年の厚生労働省の調査によると、産前休暇、育児休暇の取得率は男性に比べ女性の方が圧倒的に高かった。育児と仕事の両立に苦しむ女性や、育児休暇を取得したくてもできない男性は少なからずいるだろう。

　また、養育者を支える社会的基盤が希薄となっている。ヒトは他者からの数多くのケアや教育がなければ生きることはできない。乳児は運動能力が未熟な状態で生まれてくる。出生直後は自力で母親の身体にしがみつくことができず、親の世話が必要な時には大きな声を上げて泣く。かつてはきょうだい、親戚や近所の成人の援助を受けることが当たり前であったが、核家族化に伴い、１家族（父親・母親・子ども）単位での生活が主流となっている。そのため、養育者１人に対する育児の負担が大きくなり、日常における育児ストレスが養育者の心理的問題の原因となりうる。

養育者側の様々な困難さは、子どもの心身の健やかな成長を脅かすことにつながる。その深刻なケースとして、虐待やネグレクトが挙げられる。児童相談所に寄せられる虐待やネグレクトの相談件数は増加しており、とくに刑事事件に発展するようなケースが増加している（2012年、内閣府調査）。全ての困難を抱える家庭がこうした深刻なケースに発展するわけではない。しかし、子どもの心身の健全な発達を促すために必要なことは養育者に対する支援であり、また、それを支える社会システムの構築である。

　養育者と子どもに関わる様々な社会・心理的問題を解決するために必要なことは何であろうか。そのための第一歩は、子育てや養育に関する正しい知識を社会に提供することにあると考えられる。子育てや養育に関する情報は、書籍やインターネットなど様々なメディアを通して取り入れられる。しかし、それらの情報の科学的根拠や整合性の有無に関しては疑問が残る。情報が溢れる現代社会において、科学的手法を用いて検証された「証拠」に基づき、養育の実態を知ることは、上記の問題を解決するための対策を講じる上で有益であろう。

　ここ十数年ほどの間に、様々な研究手法の開発や発展に伴い、養育に関わる研究が様々な分野で進められてきた。そこで、本章ではまず第2節で養育行動に関わる神経学的メカニズムを、第3節では、養育経験による養育者の身体と脳の発達についてまとめる。第4節では、養育者の発達を支援するための方法について、今後の展望も含めて論じる。

▶ 第1節　養育行動に関する神経基盤 ◀

　ヒトは哺乳類の一種である。哺乳類とはその名の通り、母乳で子を育てる動物のことである。哺乳類の子どもは、親からの世話がなければ生き延びることはできない。子どもは親からのこうした養育行動を引き出すため、親と一緒にいようとする本能的な行動を示す。たとえば、吸乳、親の記憶、後追い、泣きや笑いなどの情動表出がこれらに含まれる。親子の関係は相互依存的であり、子どもの健全な心身の発達を促すためには、親自身の心身の健全な発達が必要不可欠である。それでは、親はなぜ養育行動をとることができるのだろうか。

これまで、親や子どもの行動観察、親に対するインタビューや質問紙などによって親の行動特徴がつぶさに説明されてきた。しかし、親のふるまいの定型や非定型を説明し、それぞれの親が抱える問題を解決するためには、そのふるまいを生み出すまでの動的なプロセスを捉える必要がある。つまり、親が子どものどのような情報を受け取ってそれをどのように脳内で処理し実際の行動を選択し実行するのか、もし、親がなんらかの問題を抱えている場合、どの段階でどのような問題が生じているのか、といったことを明らかにすることが必要である。したがって本節では、ヒトの養育行動に関わる神経活動について考えてみたい。

第1項　ヒトの養育行動に関わる神経活動を調べる方法

　ヒトの養育行動に関わる神経基盤を調べるために、機能的磁気共鳴画像法（functional MRI, fMRI）を使った研究がここ十数年の間に盛んになされてきた。fMRI は、脳の神経細胞を傷つけることなく、脳のどの部分が活性したのか（脳のどの部位の血流が変化したのか）を間接的に知ることができる計測手法である。養育行動に関わる神経基盤を調べるための方法として、対象者——多くは母親・父親、養育経験のない成人男女——が養育に関連する刺激を知覚している時の脳の活動を記録する。養育に関連する刺激とは、乳児の泣き声や乳児の顔、または大人と乳児が遊んでいる様子を示した動画などである。特定の養育行動や養育者の性格、あるいは母子間の愛着との関連を調べるために、質問紙や面談による聞き取り、行動観察や行動実験を併せて行うこともある。

　脳のどこが活動したかという点に関しては、fMRI は優れた手法であるが、撮像するのに数秒間の時間が必要である。したがって、「いつ」「どのように」養育者の養育行動に関わる神経活動が起こるのか、について調べるには fMRI は不向きである。たとえば、赤ちゃんの泣き声を聞いた時に、実際に養育経験のある女性はその泣き声に敏感に反応したり、自分の子の泣き声との違いをすぐに区別できたりするといった経験はないだろうか。この場合、「素早く」「効率的に」脳内の情報が処理されることが重要である。そのような情報処理のプロセスを調べるために、脳波（electroencephalogram, EEG）が用いられる。脳

波は、頭皮上に設置された電極から、脳の中で実際に起こっている神経活動を電気的に記録する方法である。fMRIに比べ侵襲性が低く、対象者に対する負担が小さい。また、脳の神経細胞の電気活動それ自体を扱っているため、処理の時間的な流れをみることができる。他にも、脳の磁場の変化を調べる脳磁図、脳の血流動態反応の変化を間接的に調べるfNIRS（近赤外分光法）といった他の方法が使われる場合もある。こうした方法を用いた一連の研究から、ヒトの養育には広範な脳部位が関わっていることがわかってきた。

第2項　ヒトの養育行動の神経基盤

　養育行動とは、子の生存可能性を高めるような行為のことであり、授乳や抱きなどが含まれる。こうした基本的な養育行動をする時に働く脳部位は、齧歯目の動物を対象とした研究により明らかにされてきた。ヒトも齧歯目も哺乳類であり、基本的な養育行動のスタイルには共通部分も含まれる。齧歯目を対象とした研究の場合、脳の中のどの神経細胞がある行為を引き起こすのかを明らかにすることができる。その結果、基本的な養育行動を動機づけ、記憶させる仕組みは、脳の中でもとても深い所、視床下部の内側視索前野にあることがわかった（Shahrokh, et al., 2010; Numan & Stolzenberg, 2009）。内側視索前野は、他の領域（即座核、腹側被蓋野）にはたらきかけ、乳児との関わりから報酬を感じるように脳の活動を調整する。この部位は、体温調整、摂食、性行動など生命維持のために必要な基本的機能を調整する脳部位であり、神経構造自体は生得的である。

　しかし、ヒトの養育行動にはそれ以外にコミュニケーションの要素が豊富に含まれる。たとえば、親は乳児の泣き声などの要請に応じて即座に注意を向けて応答し、授乳や抱きなどの養育行動をとらなければならない。親の養育行動に対して、乳児は泣き止んで笑顔を向けたり、安静状態に戻ったり、あるいは余計に泣いてしまうといった反応を見せる。こうした双方向のやり取りを通して、親子間で決められたコミュニケーションのパターンが形成される。親は乳児の表情や発声などから乳児の情動・生理的反応を捉え、即座に応答しなければならない。時には笑顔を向けて声かけを行い、乳児の様子を見ながら適切な

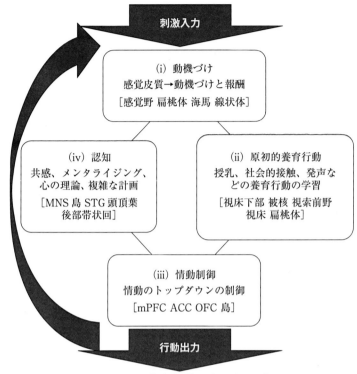

図10-1　ヒトの養育行動を生み出すプロセス

刺激入力とは、乳児の泣き声や表情などの入力であり、複数の心的なプロセスを経て、具体的な養育行動が出力される。（Swain et al.（2014）を一部改変）

養育行動を選択し、実行しなければならない。こうした複雑なプロセスをうまく機能させるためには、認知や動機づけといった複数の心理的な働きが必要となる（Swain & Lorberbaum, 2008）（図10-1）。

　まず、乳児の情動状態を正しく認識しなければならない。乳児の情動状態が適切に判断できないと、その後にとるべき養育行動の選択を誤ってしまう。情動の認識には扁桃体という部位が重要な役割を担う。扁桃体は、様々な感情や情動の情報を検出する役割を持つ（図10-2-a）。

　次に、先ほど述べた通り、授乳や抱きなど基本的な養育行動を動機づけ、記

憶させるために、扁桃体に加え視床下部のはたらきが必要である（図10-2-b）。ヒトの養育行動に関わる神経学的なネットワークの特徴として、こうした基本的な養育行動に関わる視床下部や扁桃体と、認知や注意、運動に関わる皮質の部位が有機的に連結しあい、協調的にはたらく（Feldman, 2015）。

　たとえば、母親の養育行動を動機づける仕組みとして報酬と動機づけに関わる脳部位がはたらく。ヒトは自分の子どもの笑い顔を見るだけで、感情の認識に関わる脳部位（扁桃体）や、報酬を求める時に活動する脳部位（線条体、腹側被蓋野、即座核など）が活性化する（Streathearn & Montague., 2005）。さらに、親しい友人を見た時と比べて自分の子どもを見た時には、扁桃体の活動が抑制され、運動や認知に関わる領域（小脳や左後頭皮質）の活動が高められる（Bartels & Zeki, 2004）。ヒトの場合は、自分の子どもの顔や笑顔を見るだけで、親の感情の状態が調整され、子どもに近づこうとする動機づけが高められる（図10-2-a, c）。

　また、親が乳児の泣き声などに素早く応答するために、共感に関わるネットワークの働きが重要である。共感（特に情動的共感）とは、他者の情動を自分のそれのように感じる心のはたらきのことである。共感には、島・前部帯状回と感覚運動系（下頭頂小葉・下前頭回・運動野）が関わる（図10-2-d, e）。

　一方、他者と自分の心的状態を区別して他者の心的状態を推論するプロセスはメンタライジングと呼ばれる。メンタライジングには、背内側前頭前野、内側前頭前野、側頭後頭接合部、上側頭溝、頭頂葉が関わる。特にヒトの場合、子どもの発達に伴い子どもから発される手がかりが複雑化、多様化する。こうした複雑な手がかりから乳児の意図を推論するために、メンタライジングのはたらきの重要性が高まると考えられる（図10-2-f）。

　さらに、母親は乳児に対して即座にそして適切に応答しなければならない。こうした母親の敏感性には、母親の認知的な能力、特に注意制御や課題の切り替え能力の高さ、情動をコントロールする能力（前頭眼窩野・角回・前補足運動野・背外側前頭前野・帯状回）が関連することがわかっている（Gonzalez et al., 2012）。（図10-2-g）。

　これらをまとめると、ヒトが養育行動をとるときには、注意や情動認識、共

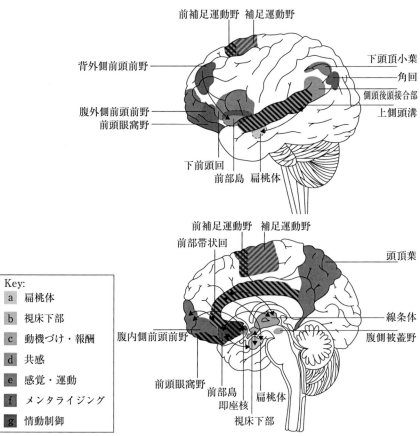

図10-2　養育行動に関わる神経ネットワーク．（Feldman（2015）を一部改変）

感、動機づけなど複数の脳内ネットワークの働きが関与していることがわかる。
ヒト以外の哺乳類の場合、基本的な神経系の働きは生得的であるが、経験によっ
てその働きがより強化される。それではヒトの場合の脳の働きは、養育経験に
よって変化するものなのであろうか。こうした問いに答えるため、養育経験に
よる脳活動の変化を調べる研究が実際に行われてきた。

第2節　養育経験による人の身体と脳の変化

第1項　養育者における経験や学習の重要性

　ヒトの養育行動には子どもの身体を安全な状態にしておくためのものだけでなく、社会・文化的情報の伝達を通して、多様な社会的行動の学習を促進するような教育的営みも含まれる。そのうちの1つが言語学習である。大人が乳児に対して話しかける時、自然と高いピッチで、ゆっくりとした話し方をすることが知られている。これを対乳児発話という（Fernald & Mazzie, 1991）。こうした発話特徴は、子どもの注意を促す（Cooper & Aslin, 1990; Werker & McLeod, 1989）、親子間の情動的な相互作用を促す（Taumoepeau & Ruffman, 2008）、子どもの言語発達を促す（Kuhl, & Rivera-Gaxiola, 2008; Ramírez-Esparza et al., 2014）などの役割を持つ。Matsuda et al.（2011）は、対乳児発話の処理に関わる神経基盤と、養育経験によって神経活動がどのように影響を受けるのかについてfMRIを用いて調べた。生後1歳までの乳児を養育中、就学前児を養育中、学童児を養育中それぞれの父親と母親、養育経験のない男女を対象に、対乳児音声と対成人音声（成人に対して話された音声）を聞かせた時の脳の血流動態変化が調べられた。その結果、対成人音声に比べ対乳児音声を聞いた時に、生後1歳までの乳児を養育中の母親のみ、音韻処理（ウェルニッケ野）と発話制御（ブローカ野）に関する脳部位が活性化することが示された。これは、日常的な対乳児発話経験が、対乳児音声の知覚処理に影響することを示している。

　また、大人が子どもと関わるときには、大人は発話だけでなく、視線や指差し、身体接触など身体のあらゆる感覚を駆使して子どもの注意を向けようとしたり、特定の行動を引き出そうとしたりする。こうした多感覚（multi-modal）な相互作用の中でも、身体接触は、大人同士の相互作用ではあまり見られない、養育者－子ども間で顕著に見られる関わり方である。Tanaka et al.（2014）は、こうしたより日常的な母子の相互作用の形態に注目し、発話を伴う身体接触を

介した相互作用経験が養育者の脳に与える影響を検討した。養育者と養育経験
のない女性を対象に、触覚刺激に触れた後に音声刺激を聞いているときの脳波
が計測された。触覚刺激と音声刺激は感覚的に一致する、または一致しない条
件であった。また、養育に関わる文脈を操作するために、音声刺激に対成人音
声と対乳児音声の2種類の語りかけ方が設けられた。養育経験のない女性と乳
児を養育中の養育者の脳波を比較すると、前頭の中心領域の脳波の活動が異
なった。養育者は、対乳児音声を聞いたときにだけ、触覚と音声の一致と不一
致を区別したが、養育経験のない女性ではこうした対乳児音声に対する選択的
な反応を示さなかった（図10-3）。さらに、日常の養育場面で子どもに対して
触覚に関する単語（ふわふわ、ざらざら、など）をよく使うと認識している母

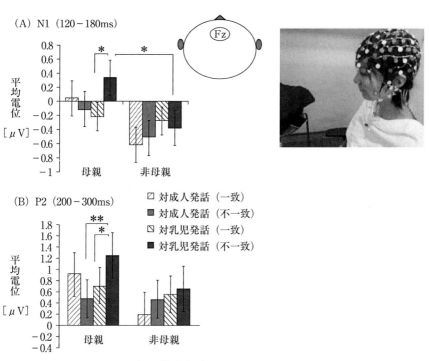

図10-3　母親と養育経験のない女性の脳活動の違い

(Tanaka et al.（2014）を一部改変)

親ほど、対乳児音声に対するこの選択的な脳波の活動が大きかった。これらの結果から、子どもに対する接触と対乳児発話の経験は養育者の脳活動のパターンを調整することが示された。ヒトの場合、社会的行動の学習を促進するような日常における子どもとの相互作用経験が養育者の脳にも影響を与えることがわかる。

　それでは、養育経験のない人であっても、子どもと関わる経験をすることで、脳の働きは変化するのであろうか。佐々木ら（2010a）は、保育学を専攻する学生に、一定期間保育園で乳幼児との接触体験をさせた。そして、接触体験前後の乳児の泣き声を提示した時の脳の血流変化を fMRI によって調べた。その結果、情動認識や注意に関わる脳部位（両側の前部・後部帯状回、中前頭回など）の活動が接触体験後により強く活動した。これらの領域は、母親が自分の子どもの泣き声を聞いた時に活動する部位であることから、子どもと関わる経験は、子どもに対する接近的な感情や愛着感情を高める効果を持つことが示された。こうした一定期間の接触体験がどの程度長期的な効果をもたらすかについてはまだ十分には検討されていないが、出産や養育経験がなくとも、子どもと関わる経験をすることで接近的感情や愛着感情が高まるというのは、教育的な観点から見て重要な知見である。

　以上のことから、子どもとの相互作用経験が養育行動に関わる脳の活動を高めること、認知や記憶や注意に関する皮質の脳部位が特に影響を受けることがわかった。こうした脳のはたらきの可塑的な変化は、ヒトが様々な社会的文脈の中で、養育行動を効率的に学習し実践するために必要な機能であると考えられる。

第2項　性差と経験の相互作用

　乳幼児に関する刺激（顔や泣き声）に対する感じ方や脳の働きには性差が見られる。たとえば、安静状態の時の脳活動を計測している最中に、乳児の空腹時の泣きを聞かせると、女性は無意識的にその泣き声に注意を向けてしまう（De Pisapia et al., 2013）。この実験の参加者は乳児の泣き声が空腹時の泣きとは知らなかった。しかし、女性は授乳をする性であることから、空腹時の乳児

の泣き声に対して、養育行動を動機づけるような脳の働きが高められたと考えられている。

　また、乳幼児の顔を見た時の脳活動についても性差がみられる。乳幼児の顔は、各パーツが大きく、中心部に寄って配置されており、大人が見た時に接近的な感情を生起させる機能を持つ。こうした特徴のことをベビースキーマという（Lorenz, 1971）。乳幼児の顔と成人の顔を見た時の男女の脳の活動が比較された結果、乳幼児の顔を見た時にだけ、男性に比べ女性の方が、養育行動の動機づけや意思決定に関わる脳部位（前頭眼窩野）の活動が高かった（Proverbio et al., 2011）。先ほどの保育学生に対する接触体験の効果を検討した研究では、脳活動の性差も検討されている（佐々木ら, 2010b）。男子学生と比べ女子学生の方が、注意や感情、認知に関わる領域（両側側頭葉に加え、帯状回、前頭葉）の活動がより強かった。この知見は早期の親性の育成に関して、性差に対する配慮が必要であることを示している。たとえば、行政や教育機関による学生を対象とした親性の育成プログラムを提供する際に、男性と女性の身体機能や脳のはたらきの違いを受講者に学習させる、教育評価を性別によって調整する、具体的な育児の仕方を教える際に性別にあった親性育成の方法を模索する（例：男性は高い高いなど身体を使った遊びが女性よりも得意である）、などが挙げられる。また、父親を対象とした親性育成の教育プログラムの場合、育児だけではなく身体に負荷のかかりやすい家事（例：掃除、洗濯など）の仕方も同時に学べる内容にすることによって、子どもの世話が得意にならずとも、家事面で母親を支援することが可能になると考えられる。

　乳幼児の泣き声や顔を知覚した時の脳活動、特に動機づけや共感に関わる脳の活動は、男性に比べ女性の方が高いようである。しかし、こうした性差は、男性が育児に参加することを否定する結果ではない。近年、男性であっても乳幼児との接触体験や育児経験によって脳の働きが変化するという知見が得られている。主たる養育者である父親は、そうではない父親（子どもと同居しているが子どもの世話をするのは母親である場合）と比べて乳児の顔を見た時に上側頭溝と扁桃体の活動がより高かった（Abraham, et al., 2014）。また、この部位の活動は主たる養育者の母親と比較しても違いが見られなかった。上側頭溝

は、様々な社会的な刺激（ヒトの身体や顔、声）などを知覚した時に選択的に応答する部位であり、扁桃体はそうした社会的刺激にどのような情動情報が含まれるかを検出する役割を持つ。男性であっても、子どもの顔や泣き声を知覚する経験を通して、そうした刺激に選択的に素早く応答し、子どもの情動状態を理解することができるようになることが示唆される。

これまでは定型的な家庭における養育者を対象とした研究を取り上げてきた。次節では、親となる以前のネガティブな経験（自分の親との乏しい愛着関係、過去の虐待経験）などが養育者の脳や行動に与える影響を示し、こうしたリスクのある養育者に対する介入の方法について検討したい。

◤ 第3節　養育者のリスクとその支援方法 ◥

第1項　過去の経験と養育者の脳の働きの関連

親になり子どもを育てるという営みは、自分自身が親になった瞬間に始まるように思われる。しかし、親自身も、もとは子どもであり、その親に育てられた経験は、自分が親になったときの子どもに対する感じ方にも影響する。たとえば、過去に自分の親と不安定な愛着関係にあったと報告した女性（未経産）は、安定した愛着関係を築いていたと報告した女性に比べ、乳児の泣き声を知覚した時に扁桃体の活動がより高い。扁桃体は様々な情動的な刺激を検出する脳部位であり、特にネガティブな情動刺激を知覚した時に活性化する。扁桃体の活動自体は乳児の情動認識のために必要であるが、過度な活動（過活動）は、不安や苦痛の感じやすさと関連すると言われている。

愛着の安定性やサポートの知覚だけでなく、より過酷な経験をした親の脳活動も近年報告されている。対人暴力性の心的外傷後ストレス障害（post traumatic stress disorder: PTSD）を持つ母親と健常の母親が、親子の遊び場面と分離場面を観察中の脳の活動が調べられた（Schechter et al., 2012）。その結果、PTSD を持つ親は、特に分離場面を観察している時に強い不安を感じ、扁桃体を含む辺縁系の過活動が示され、情動制御や動機づけに関わる前頭皮質の活動

が抑制された。過去の親や親しい人との情愛的関係がなんらかの形で阻害されたり破綻することにより、その子どもが親になった時に、養育に関わる時に困難を感じるリスクが高くなってしまうことはこれまでも指摘されてきた。近年の研究報告は、こうした過酷な経験をした養育者は、特に情動認識に関わる辺縁系の活動が過度になってしまい、一方で前頭皮質がうまく機能しなくなってしまうというリスクを持つことを示唆している。しかし、こうした過酷な経験をした人全てが、自分の子どもに対しても同じように振舞ってしまうとは限らない。その後の経験や社会的支援、その人の気質などによって、感受性の高い親になることもできる。しかし、まだ、こうしたリスクのある人に対する早期の介入の効果などは十分に解明されておらず、今後の研究が必要である。

　また、養育者が持つリスクのうち最もよく知られているのは、養育者の精神的健康に関わるものである。その１つが産後うつである。産後うつとは、産後に現れるうつ症状のことである。産後うつが重度の場合、育児自体が困難になることもあるため、養育者に対する早期の適切な支援が重要である。しかし、養育に従事するためには、先ほどのべたように認知や感情・動機づけなど様々な要素が関わっている。産後うつの母親は、養育に関わる能力のうち、特にどのような側面に問題を抱えているのであろうか。

　こうした問題に答えるため、産後うつの母親とそうではない母親の脳のはたらきを調べる研究も進められている。たとえば、産後うつの母親は、そうではない母親と比べて、自分の子の泣き声を聞いた時、報酬と動機づけ（尾状核、視床、側座核）と、情動認識（前頭眼窩皮質、前部帯状回、上前頭回）に関わる領域の活動が低かった（Laurent & Ablow, 2012; Anderson et al., 2011）。産後うつの親が、自分の子が可愛いと思えない、育児に従事できない原因は、こうした動機づけや感情認識が低いためであると考えられる。産後うつは、育児に対する不安やストレスといった心理的な要因だけでなく、家事と育児の両立や夜泣きによる身体的疲労、配偶者や他者からのサポートの有無、また、産後のホルモンバランスの乱れなどの複合的な要因によって起こる。したがって、リスクを早期に発見し、予防できるような方法を探すことが今後の課題である。

第2項 介入研究

　こうしたリスクを持つ養育者に対する早期の介入方法の解明については現在研究が進んでいる。そのうちのいくつかを紹介したい。まずは、オキシトシン（oxytocin）の働きに注目した介入方法である。オキシトシンとは、分娩や授乳時に働く神経伝達物質である。オキシトシンは、他者との身体接触、アイコンタクトや発声のやり取りによっても分泌され、親子間の安定した愛着形成にも関与すると言われている（Swain et al., 2008; Kim et al., 2011）。そこで、オキシトシンの投与が実際に子どもに対する愛着を高めるのかどうかが調べられている。Riem et al.（2011）は、未経産の女性に対してオキシトシンを投与し、乳児の泣き声を聞いている時の脳活動を調べた。その結果、扁桃体の活動が下がり、島・前頭葉の活動が高められた。島や前頭葉は共感に関わる脳領域である。オキシトシンの投与によって、ネガティブな情動刺激を受け取った時の扁桃体の活動が調整され、共感が高められるような脳の活動が見られたことを意味する。オキシトシンの投与の効果についてはまだ検証段階であるが、オキシトシンには、親子の情愛的な絆、特に情動認識や動機づけ、共感を高める効果がある可能性が示唆されている。

　次に、乳児に対する共感や動機づけを高める行動の介入として、乳児の表情模倣があげられる。私たちは、他人が泣いている表情を見るとついもらい泣きしてしまったり、自分に向かって笑いかけられるとつい笑顔で返してしまったりすることがある。私たちは、実際に他者の表情を模倣することで（本人はそのことに気がついていなかったとしても）、その表情に表れたものと同じ感情の状態になることができる。この仕組みを利用して、母親に対する表情模倣の介入研究が行われた。参加者の母親は、fMRIスキャナの中で自分の子や他人の子の表情を観察、または模倣すると、自分の子を観察中に、共感や情動認識に関わる領域（島と扁桃体）の活動が高まった。さらに、嬉しい表情を模倣した時には、報酬が関わる辺縁系の領域の活動が高まり、曖昧な表情の模倣中には、推論や認知に関わる左側頭や認知・運動系の領域の活動が高まった（Lenzi et al., 2009）。乳児の表情は曖昧でわかりにくいことが多く、自分の子がどうい

う気持ちなのかを理解するのに苦労する親も存在する。自分の子の表情を真似るという行為によって、自分の子の情動を認識し、推論するような脳の活動が見られたことから、産後うつなど、乳児の情動理解に困難を示す母親に対して、言語を介したサポートだけでなく表情模倣などの介入方法も併せて行われることが期待される。

おわりに

　これまで、ヒトが親として成長する過程は心理学的に研究されてきた。近年の神経科学の研究は、こうした理論的研究の証拠を、身体や脳の働きから示してきたと言える。今後は、心理学・神経科学・医学の知見を、目に見える形で社会に実装していくことが目指される。そのためには、社会・教育・政治経済に関わる人々とこうした分野の協力が必要不可欠であろう。また、本書では取り上げきれなかった養育者のリスクは他にも存在する。たとえば、家庭での社会経済状況（家庭での貧困）、離婚による子どもの社会情動的発達の影響、また早期出産による親子の心身の健康のリスクなどの問題は、日本ではここ数十年の間に急増している。一方で、こうしたリスクを抱える人々の原因解明と介入に関する日本の研究の蓄積はまだ浅い。日本の社会に合う支援や介入の方法を明らかにするためには、今後、わが国で研究を進めていくことが重要である。

〈文献〉

Abraham, E., Hendler, T., Shapira-Lichter, I., Kanat-Maymon, Y., Zagoory-Sharon, O., & Feldman, R. (2014). Father's brain is sensitive to childcare experiences. *Proceedings of the National Academy of Sciences, 111* (27), 9792-9797.

Anderson, I. M., Shippen, C., Juhasz, G., Chase, D., Thomas, E., Downey, D., Toth, Z. G., Lloyd-Williams, K., Elliott, R., Deakin, J. F. (2011). State-dependent alteration in face emotion recognition in depression. *The British Journal of Psychiatry, 198*(4), 302-308.

Bartels, A., & Zeki, S. (2004). The neural correlates of maternal and romantic love. *NeuroImage, 21*(3), 1155-1166.

Cooper, R. P., & Aslin, R. N. (1990). Preference for infant-directed speech in the first month after birth. *Child development, 61*(5), 1584-1595.

De Pisapia, N., Bornstein, M. H., Rigo, P., Esposito, G., de Falco, S., & Venuti, P. (2013). Sex differences in directional brain responses to infant hunger cries. *NeuroReport, 24*(3), 142-146.

Erikson, E. H. (1959) *Identity and the life cycle.* New York: International Universities Press.

Feldman, R. (2015). The adaptive human parental brain: implications for children's social development. *Trends in Neurosciences, 38*(6), 387-399. http://doi.org/10.1016/j.tins.2015.04.004

Fernald, A., & Mazzie, C. (1991). Prosody and focus in speech to infants and adults. *Developmental Psychology, 27*(2), 209-221.

Gonzalez, A., Jenkins, J. M., Steiner, M., & Fleming, A. S. (2012). Maternal early life experiences and parenting: the mediating role of cortisol and executive function. *Journal of the American Academy of Child & Adolescent Psychiatry, 51*(7), 673-682.

Kim, P., Feldman, R., Mayes, L. C., Eicher, V., Thompson, N., Leckman, J. F., & Swain, J. E. (2011). Breastfeeding, brain activation to own infant cry, and maternal sensitivity. *Journal of child psychology and psychiatry, 52*(8), 907-915.

Kuhl, P., & Rivera-Gaxiola, M. (2008). Neural substrates of language acquisition. *Annual Review of Neuroscience, 31*(1), 511-534.

Laurent, H. K., & Ablow, J. C. (2012). A cry in the dark: depressed mothers show reduced neural activation to their own infant's cry. *Social Cognitive and Affective Neuroscience, 7*(2), 125-134.

Lenzi, D., Trentini, C., Pantano, P., Macaluso, E., Iacoboni, M., Lenzi, G. L., & Ammaniti, M. (2009). Neural basis of maternal communication and emotional expression processing during infant preverbal stage. *Cerebral cortex, 19*(5), 1124-1133.

Lorenz, K. (1971). *Studies in animal and human behavior.* Cambridge, MA: Harvard Univ Press.

Matsuda, Y. T., Ueno, K., Waggoner, R. A., Erickson, D., Shimura, Y., Tanaka, K., et al. (2011). Processing of infant-directed speech by adults. *NeuroImage, 54*(1), 611-621.

内閣府 (2012). 平成25年度版 子ども・若者白書 日経印刷

Numan, M. & Stolzenberg, D. S. (2009) Medial preoptic area interactions with dopamine neural systems in the control of the onset and maintenance of maternal behavior in rats. *Frontier of Neuroendocrinology, 30*, 46-64.

Proverbio, A. M., Riva, F., Zani, A., & Martin, E. (2011). Is it a baby? Perceived age affects brain processing of faces differently in women and men. *Journal of Cognitive Neuroscience, 23*(11), 3197-3208.

Ramírez-Esparza, N., García-Sierra, A., & Kuhl, P. K.（2014）. Look who's talking: speech style and social context in language input to infants are linked to concurrent and future speech development. *Developmental Science*, 1-12.

Riem, M. M., Bakermans-Kranenburg, M. J., Pieper, S., Tops, M., Boksem, M. A., Vermeiren, R. R, et al.,（2011）. Oxytocin modulates amygdala, insula, and inferior frontal gyrus responses to infant crying: a randomized controlled trial. *Biological psychiatry, 70*(3), 291-297.

佐々木綾子・小坂浩隆・末原紀美代・町浦美智子・波崎由美子・松木健一・定藤規弘・岡沢秀彦・田邊美智子(2010a)、親性育成のための基礎研究（1）——青年期男女における乳幼児との継続接触体験の心理・生理・脳科学的指標による評価—— 母性衛生, 51(2), 290-300.

佐々木綾子・小坂浩隆・末原紀美代・町浦美智子・波崎由美子・松木健一・定藤規弘・岡沢秀彦・田邊美智子（2010b）親性育成のための基礎研究（2）——青年期男女における乳幼児との継続接触体験の心理・生理・脳科学的指標による男女差の評価—— 母性衛生, 51 (2), 406-415.

Schechter, D. S., Moser, D. A., Wang, Z., Marsh, R., Hao, X., Duan, Y., Yu, S., Gunter, B., Murphy, D., McCaw, J., Kangarlu, A., Willheim, E., Myers, M.M., Hofer, M.A., Peterson, B.S.（2012）. An fMRI study of the brain responses of traumatized mothers to viewing their toddlers during separation and play. *Social cognitive and affective neuroscience, 7*(8), 969-979.

Shahrokh, D. K., Zhang, T.Y., Diorio, J., Gratton, A., Meaney, M. J.,（2010）. Oxytocin–dopamine interactions mediate variations in maternal behavior in the rat. *Endocrinology, 151*, 2276-2286.

Strathearn, L., Li, J., Montague, P. R.（2005）. An fMRI study of maternal mentalization: having the baby's mind in mind. *Neuroimage, 26*（S25）.

Swain, J. E., Kim, P., Spicer, J., Ho, S. S., Dayton, C. J., Elmadih, A., & Abel, K. M.（2014）. Approaching the biology of human parental attachment: Brain imaging, oxytocin and coordinated assessments of mothers and fathers. *Brain Research, 1580*(c), 78-101. http://doi.org/10.1016/j.brainres.2014.03.007¥

Swain, J. E., & Lorberbaum, J. P.（2008）. Imaging the human parental brain. *Neurobiology of Parental Brain*, 83-100.

Swain, J. E., Tasgin, E., Mayes, L. C., Feldman, R., Todd Constable, R., & Leckman, J. F.（2008）. Maternal brain response to own baby-cry is affected by cesarean section delivery. *Journal of child psychology and psychiatry, 49*(10), 1042-1052.

Tanaka, Y., Fukushima, H., Okanoya, K., & Myowa-Yamakoshi, M.（2014）. Mothers' multimodal information processing is modulated by multimodal interactions with their infants. *Scientific*

Reports, 4, 6623. http://doi.org/10.1038/srep06623

Taumoepeau, M., & Ruffman, T. (2008). Stepping stones to others' minds: Maternal talk relates to child mental state language and emotion understanding at 15, 24, and 33 months. *Child Development, 79*(2), 284-302.

Werker, J. F., & McLeod, P. J. (1989). Infant preference for both male and female infant-directed talk: A developmental study of attentional and affective responsiveness. *Canadian Journal of Psychology/Revue canadienne de psychologie, 43*(2), 230.

〈推薦図書〉

開一夫ほか編（2014）. 岩波講座　コミュニケーションの認知科学　3　母性と社会性の起源　岩波書店

Feldman, R. (2013). Synchrony and the neurobiological basis of social affiliation. In Mikulincer, M., & Shaver, P. R. (Eds.). *Mechanisms of social connection: From brain to group* (pp.145-166). Washington DC: American Psychological Association.

Holmes, P., & Farnfield, S. (2014). *The Routledge handbook of attachment: Theory.* London and New York: Routledge.

根ケ山光一・柏木惠子（編）（2010）.　子育ての進化と文化　有斐閣

はじめに

　「18歳のある一日に、どのような成績をとるかによって、彼の残りの人生は決まってしまう」。OECD教育調査団が日本の大学入試をこう描いたのは、1972（昭和47）年のことだった（中村，2010）。だが、今でもこの話が成り立つと信じているのは、ほんの一握りの人だけだろう。現在の大学入試はさまざまなタイプで複数回行われるし、いわゆる名門大学に入っても、正規雇用の仕事につけるかすら定かではない。

　第1次ベビーブーマー（1947～49年生まれ）が大学受験期を迎えた1966～68年頃、受験競争は苛烈を極めていた。この報告書が書かれた1970年代初めは、そうした受験競争への批判やその対策の議論（入試多様化、共通テスト実施など）が行われていた時期だった。それが、今や「大学全入時代」を迎えたと言われ、2014（平成26）年12月にはいわゆる「高大接続答申」（中央教育審議会，2014）が出されて、2020年度からは「新テスト」が実施されることが決まっている。

　「大学全入時代」という言葉を聞くと、大学は望めば誰でも入れるようになったかのような印象を受けるが、それは事実ではない。実際には、一部の大学に入学するには相変わらず厳しい競争を勝ち抜かねばならないし、大学進学を規定する学力以外の要因（たとえば経済的要因）の影響も依然として小さくない。

　そこで、本章では、以下のような問いを立てて、「学力と進学」というテーマに迫っていくことにしよう。

・大学進学率の上昇は、大学入学者の選抜方法をどう変えてきたのか。

・選抜方法の改革をめぐってどんな議論が行われてきたのか。

・高校と大学を接続する方法として、入試以外にどんな方法が考えられるか。

・大学進学を規定する要因は何か。学力以外にどんな要因があるのか。

　なお、「進学」には、さまざまな上級学校への進学があるが、本章で扱うのは高校から大学への進学に限定することとする。高校から大学への進学が現在の教育改革の中で最も高い関心を集めており、また他の学校段階の進学にも大きな影響を持つからである。

第1節　大学進学率の上昇と選抜方法の変化

第1項　大学進学率の上昇による大学教育の質の変化

（1）トロウの3段階モデル

　まず、大学進学率の上昇が大学教育の質をどのように変えてきたかをみてみよう。その際に分析の視点を与えてくれるのが、アメリカの高等教育研究者トロウ（Trow, M.）のモデルである（トロウ，1976）（表11-1参照）。

表11-1　高等教育の段階移行

	エリート型	マス型	ユニバーサル型
大学進学率	～15%	15～50%	50%～
高等教育機会	少数者の特権	多数者の権利	万人の義務
大学進学の要件	制約的 （家柄や才能）	準制約的 （一定の制度化された資格）	開放的 （個人の選択意思）
高等教育機関の特色	同質性 （共通の高い基準）	多様性 （多様なレベル）	極度の多様化 （共通の水準の喪失）
主要な教育方法・手段	個人指導、 ゼミナール制	多人数講義 ＋補助的ゼミ	通信・TV・コンピュータ・ 教育機器等の活用
学生の選抜原理	中等教育での成績または 試験による選抜（能力主義）	能力主義＋ 個人の教育機会の均等化原理	万人のための教育保証＋ 集団としての達成水準の均等化

（トロウ（1976, pp. 194f）より一部抜粋）

　トロウ・モデルは、大学進学率（該当年齢人口に占める大学入学者数の割合）の拡大に伴って、高等教育を構成する諸要因が変化し、高等教育がエリート型から、マス型、さらにはユニバーサル型へと質的に転換していくことを示すものである。エリート型は、大学進学率が15％くらいまでにとどまっている段階である。この段階の大学進学は少数者の特権であり、入学者は同質性が高く共通の高い水準を保っている。大学進学率が15％を超えるあたりから50％くらいまでは、マス型の段階である。大学進学は多数者の権利となり、授業も多人数講義（いわゆる「マスプロ授業」）の形で行われるようになる。さらに、50％を超えると、大学は行って当たり前となりいわば「万人の義務」的な様相を見せ始める。入学者は極度に多様化し、ICT（情報通信技術）なども使われるようになる。

　このモデルが発表された70年代半ばは、アメリカのみがユニバーサル型への移行途上であったが、その後、ヨーロッパ、東アジア、オセアニアなどの諸国がマス型あるいはユニバーサル型へ移行しており、このモデルの妥当性が一定程度確かめられている。

（2）大学・短大進学率の推移

　日本の場合、このような段階移行はいつ頃生じたのだろうか。図11-1は、わが国の大学・短大進学率の推移を5年刻みで示したものである。

　戦後しばらく10％以下にとどまっていた大学・短大進学率は、1960年頃から上昇しはじめ、1963年に15％を超える。冒頭にあげたOECD教育調査団報告書が出たのは、日本の大学がはっきりとマス段階の特徴を示すようになった頃だったわけである。70年代半ばには30％台後半に達するが、学校教育法の改正により専修学校制度ができて（1975年）、大学進学、就職以外の第3の進路が選べるようになったこともあり、その後、15年間ほどは停滞する。90年代以降、18歳人口が減少しはじめ、バブル崩壊後に高卒就職が難しくなるなかで、大学進学率は再び上昇し、2005年には50％を超えて、ユニバーサル段階に入った。だがこの数年、その伸びは鈍化しており、50％台半ばで足踏み状態を続けている。

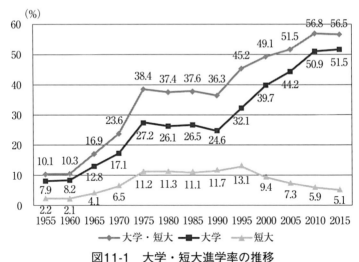

(%)

図11-1　大学・短大進学率の推移

（文部科学省「学校基本調査」をもとに作成）

第2項　選抜方法の変化──エリート選抜とマス選抜──

　あらためてトロウ・モデルをみると、トロウ・モデルでは、エリート→マス
→ユニバーサルと高等教育が拡大していくにつれて、入学者選抜の原理も変化
していくことが示されている。エリート段階では、学業成績や入学試験の結果
などの能力主義的基準によって入学者が選抜されるのに対し、マス段階・ユニ
バーサル段階では、能力主義的基準を採用しつつも、知的能力とは関係のない
選抜基準も採用されるようになる、という。

　現在は、「大学全入時代」といわれ、実際、大学の入りやすさを示す「収容
力」（入学者数／志願者数）も、2015年には93.7％に達している。つまり、大
学・短大に願書を出した学生の9割以上は入学できているということである。
受験競争が激しかった1960年代後半は6割くらいだったので、確かに大学は入
りやすくなっているのである。だが、受験競争がなくなったわけではない。こ
れはどういうわけだろうか。

　中村（2011）は、現在の入試には「エリート選抜」と「マス選抜」という2

タイプの選抜方法が併存しているという。エリート選抜とは「高等教育のエリー
ト段階において支配的で、かつエリートを念頭に置いた選抜」(p.17) のこと
であり、マス選抜とは「高等教育の大衆化を含む教育拡大の圧力によって生み
出され、かつ必ずしもエリートとはいえない学生を念頭に置いた選抜」(p.18)
である。たとえば、エリート選抜では、長期間の準備を要するような学力試験
（大学によっては長時間の論述試験を含む）が行われ、その合格をめざして相
変わらず激しい競争が行われている。これに対し、マス選抜では、学力試験に
寄りかからない推薦入試、AO 入試[1] などの方法が用いられ、競争も激しく
ない。実際、推薦入学制度はちょうどトロウのいうマス段階に突入した時期以
降に拡大しており（推薦入学制度が公認されたのは1967年である）、高等教育
の大衆化を支えた私立大学や非エリート的大学を中心に普及している（図
11-2·3）。AO 入試の方は、2000年代に入ってから急速に導入が進んでいるが、

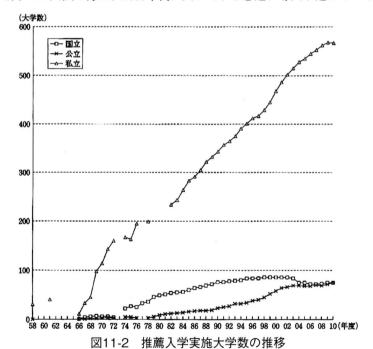

図11-2　推薦入学実施大学数の推移

（中村（2011, P.78）より抜粋）

221

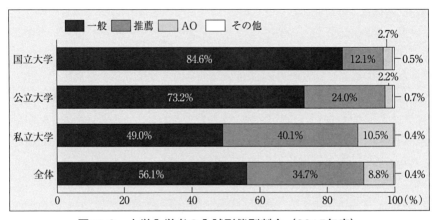

図11-3　大学入学者の入試形態別割合（2015年度）

（文部科学省「平成27年度国公私立大学入学者選抜状況」をもとに作成）

やはり類似の傾向がみられる（図11-3）。

　こうしてみると、ユニバーサル段階に入って収容力がかつてより大幅に上がっているのに、なぜ、依然として激しい受験競争が残っているのかがわかるだろう。つまり、マス選抜の方で収容力を広げたが、同時にエリート選抜の方で競争的性格が維持されてきたということである。

　ここであらためてトロウの３段階とエリート選抜／マス選抜の関係を整理しておこう。前に、エリート→マス→ユニバーサルという高等教育の拡大が日本でも生じたことを見たが、この変化は、図11-3のように折り重なる形で進む。現在は、ユニバーサル段階にあるが、エリート型、マス型の特徴を残した大学も同時に存在している。そして、エリート型の特徴をもつ大学にはエリート選抜が、マス型、ユニバーサル型の特徴をもつ大学にはマス選抜が実施されてきたのである。

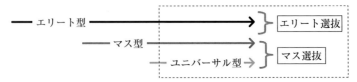

図11-4　高等教育の３段階と選抜方法の関係

▌第2節　高大接続改革▐

第1項　高大接続答申のインパクト

　このような状況の中で2014（平成26）年12月に出されたのが、中央教育審議会「新しい時代にふさわしい高大接続の実現に向けた高等学校教育、大学教育、大学入学者選抜の一体的改革について（答申）」、いわゆる「高大接続答申」である。

　この答申は、1999年12月の中央教育審議会「初等中等教育と高等教育との接続の改善について（答申）」を引き継ぐものであり、理念的にはあまり変化がないが、より具体的なアクションプランとしての性格を持っていた。とりわけ、「高等学校基礎学力テスト（仮称）」「大学入学希望者学力評価テスト（仮称）」「各大学における個別選抜」という3種の評価のイメージとその導入スケジュールを示したことにより、大きなインパクトを与えることになった。その後、この答申の内容は修正・具体化されて、高校生が受ける「高校生のための学びの基礎診断」は2019年度から実施、大学入学希望者が受ける「大学入学共通テスト」（センター試験に代わる「新テスト」）は2020年度から実施されることになっている（表11-2参照）。

　日本語の「接続」にあたる英語は 'articulation' で、節（竹の節、関節、分節など）を意味する言葉であるが、節には「つながり」（連続）と「区別」（不連続）の二面性がある。明治以来、日本の教育制度では、大学は「学問ノ場所」、中学校・小学校は「教育ノ場所」、高等学校は「半バ学問、半バ教育」というふうに区別する考え方が支配的だった。それに対して、「区別」だけでなく「つながり」も重視するのが「高大接続」の考え方である。

　高校と大学をつなぐ位置にあるのは、いうまでもなく大学入試である。第1節第2項で見たように、従来の大学入試はエリート選抜とマス選抜に二分化されていた。そのなかで、推薦入試・AO入試は事実上「学力不問」とされ、一方、一般入試は、知識の暗記・再生の評価に偏りがちという問題があった。今回の

表11-2　高大接続に関わる３種類の評価方法

	高校生のための 学びの基礎診断	大学入学共通テスト （新テスト）	各大学における 個別選抜
目的	高校段階の基礎学力 の定着度合いの把握 高校教育の質保証	大学入学者選抜	
対象者	高校生	大学入学希望者	
学力の ３要素	主に「知識・技能」 「思考力・判断力・ 表現力」も	「知識・技能」 「思考力・判断力・ 表現力」	アドミッション・ポリシーで明示 （「知識・技能」「思考力・判断力・ 表現力」「主体性・多様性・協働性」 の３要素）
開始時期	2019年度	2020年度	一部の大学では開始ずみ
実施方法	筆記試験 複数の測定ツールか ら各高校が選択	筆記試験 （マークシート式と 記述式） 英語は４技能を評価	共通テストの結果 論述試験 高校時代の学習・活動歴 エッセイ 大学入学希望理由書、学修計画書 面接、ディベート、集団討論、プ レゼンテーション　など

（高大接続システム改革会議「最終報告」（2016年３月31日）、「高大接続改革の実施方針等の
策定について」（2017年７月13日）をふまえて作成）

入試改革は、「一般入試・推薦入試・AO入試の区分を廃止し、入学者選抜全体において、アドミッション・ポリシー［＝入学者受入れの方針］に基づき大学入学希望者の多様な能力を多元的に評価する選抜へ抜本的に改革」しようとするものであった。

第２項　新しい入試方法の試み

　2020年度からの「新テスト」については、2017年７月に実施方針が発表されたところだが、一部の大学では既に「各大学における個別選抜」において、高大接続答申の理念にそった新しい入試方法が実施されている。

　とりわけ注目されるのは、エリート型の性格を色濃く残す東京大学、京都大学が、2016年度入試から、入学定員の一部に、それぞれ推薦入試と特色入試を取り入れたことである。

　たとえば、2016年度の京都大学教育学部特色入試では、「高校時代の評定平均値4.3以上」を出願資格とした上で、以下のような選抜方法が用いられた（楠見他，2016）。

① 「学びの報告書」とそれを裏づけるポートフォリオ、口頭試問
② パフォーマンス課題、口頭試問
③ 「学びの設計書」、口頭試問

「ポートフォリオ」というのは、学習者が自分の学びと成長の証拠を系統的・継続的に収集したものであり、「パフォーマンス課題」とは、さまざまな知識やスキルを総合して使いこなすことを求めるような複雑な課題のことである。

　選抜は3段階で行われ、第一次選考は「学びの報告書」「学びの設計書」と調査書を用いた書類選考、第二次選考は、パフォーマンス課題と口頭試問、最終選考は、大学入試センター試験の成績（900点満点中80％以上の得点で合格）によって行われた。

　2016年度入試のパフォーマンス課題で与えられたのは、次のような課題であった[2]。

問1. 青少年の集団非行についての英文を読んで、和訳と要約（600字）を行う。［英文の読解力］
問2. 薬物乱用で送致された少年の人数が近年急速に減少している事実（グラフ）について、推測されることを資料を踏まえながら説明する。［論理的・批判的思考力］
問3. 子どもから大人に移行する過程で自律的な規範意識が培われるためには、どのようなことを体験し、成長していくことが求められるのかを論じる。［問題解決能力、創造性］

（注）　［　］内は各問で評価しようとしている能力を示している。

　いずれの問いでも与えられた資料の使用が求められる。資料集には次のよう

な資料が収められていた。

・英語専門書の抜粋（問１の問題文）

・統計資料（犯罪白書、子ども・若者白書など５点）

・谷川俊太郎の詩

・専門書（２冊）の抜粋

このパフォーマンス課題は、北米の大学生の汎用的能力（批判的思考、分析的推論、問題解決、文章作成）をみるために開発された CLA（Collegiate Learning Assessment：大学生学習評価）のパフォーマンス課題（Klein et al., 2007；松下，2012）を参考にして作られている。

ここまで京都大学の特色入試を紹介してきたが、他にも、一次選考を兼ねるプレゼミナール（大学での授業を体験して作成したミニレポートや出願時の提出書類を評価）と二次試験（文系：附属図書館で文献・資料を使って作成した課題レポートおよびグループ討論・面接を評価、理系：実験、データの分析等の課題や高校での学びに基づく課題研究発表を評価）を各々２日かけて行うお茶の水女子大学の「新フンボルト入試」（2016年〜）[3] など、近年、ユニークな入試改革がさまざまに試みられている。

第３項　歴史は繰り返される？

（１）振り子の動き

このような入試改革の議論を読むと、今までにない改革が行われつつあると感じる人もいるかもしれない。だが、一概にそうはいえないのである。

木村（2010）は、入学者選抜の歴史を概観した上で次のように指摘している。

　　入学者選抜の改革案と呼ばれるものは、明治時代から何一つ目新しいものがない。驚くことに、入学者選抜の改革とは、既に明治時代から限られた手数のうちから選択された方略の導入（実施）と廃止が交互に繰り返されてきた歴史とも言える。（p.247）

具体的にいえば、以下のような複数の対立軸の間で、導入と廃止が振り子の

ように繰り返されてきた歴史だという[4]。

（a）調査書重視か、学力試験重視か

（b）記述試験か、客観テストか

（c）将来の学習能力を予測するために、適性検査を実施するかどうか

（d）学力以外の「人物」面を評価するために、口頭試問・面接を導入する
かどうか

（e）総合選抜制[5]など、選抜方法以外のシステム変更を行うかどうか

　このような改革の繰り返しの背後には、受験競争の緩和をめざして「過去・現在・未来のパフォーマンスを等しく評価する」というアメリカから輸入された入学者選抜のルールとそれに対する抵抗があった、とされる。そこにおいて過去・現在・未来のパフォーマンスを評価する方法として考えられていたのは、調査書（＝過去）・学力検査（＝現在）・適性検査（＝未来）の三本の柱であった[6]。これに対し、このルールを清算して、「適切な能力の判定」、「公平性の確保」、「下級学校への悪影響の排除」[7]という新たなルールの下に成立したのが、大学入試センター試験の前身にあたる共通一次試験（1979～89年）であった、という（木村，2010）。

（2）京大特色入試の場合

　このように概観してみると、現在進行中の大学入試改革は、共通一次試験が作り変えたルールを、もう一度、その前のルールに戻そうとするものであるようにも見える。

　たとえば、京都大学教育学部特色入試の「求める人物像」は、下記のように整理されている（楠見他，2016，p.58）。

①　過去の経験として、高校までの広範な学習や経験の成果としての卓越した学力や、学校内外の活動で豊かな経験を積み、創造的熟達[8]による洞察を得ている者

②　現在の能力として、教育や心理などへの関心と論理的・批判的思考力などの汎用的能力を持つ者

③　未来の志向性として、専門に基づく社会貢献の志を持つ者

そして、それぞれについて、選抜方法を次のように対応させている。

① 過去の経験：「学びの報告書」とそれを裏づけるポートフォリオ
② 現在の能力：パフォーマンス課題
③ 未来の志向性：「学びの設計書」
（＊口頭試問は①〜③のすべてに関係する）

適性検査の代わりに「学びの設計書」が使われていること以外は、共通一次試験以前にめざされていたルールと意外なほど似ていることに気づくだろう。

（3）現在の入試改革の新しさ

だが、現在の入試改革は単なる振り子の動きとは異なる新しさをももっている。それは「AかBか」ではなく、「AもBも」を追求している点である。たとえば、新テスト（一次試験）は基本的に客観テストだが、記述試験も一部取り入れ、また、二次試験の記述試験もこれまでより長文のものにする、現在の学力試験を充実させるが、同時に過去の学習活動や未来の学習計画・意欲等もみる、二次試験では、口頭試問・面接も導入する、などである。

その背後には、学力観そのものの問い直しがある。（a）〜（e）の対立軸は、基本的に、受験競争緩和のために学力試験（現在）以外のものも含めるか、公平性・客観性を重視して学力試験に限定するかという対立であり、そこでの「学力」とは筆記試験で測定される知識・技能に限定されていた。

だが、大学がユニバーサル化し、学力試験を課さない入学者選抜が増えるなかで、現在の入試改革の関心は、かつてのような「受験競争の緩和」よりはむしろ、「学力をいかに担保するか」になってきている。しかも、学力観を拡張し、「思考力・判断力・表現力」のような能力や、従来、学力以外の「人物」面と見なされてきた「主体性・多様性・協働性」のような態度まで含めて、それを行おうとするのである。この「知識・技能」、「思考力・判断力・表現力」、「主体性・多様性・協働性」は「学力の３要素」[9]と呼ばれ、今日の教育改革や高大接続改革のキーワードとなっている。

大学がマス化・ユニバーサル化してくるなかで、大学入学者選抜がマス選抜（推薦入試やAO入試を多用）とエリート選抜（一般入試、なかでも学力試験

を多用）に二分化してきたことを第1節第2項で見たが、現在の入試改革は、この境界を崩そうとするものだということができる。「学力型 AO」「新型 AO」といった名称にもそのことが表れている。

第4項　入試選抜と教育接続

（1）「教育接続」という考え方

ここまで、入試方法に焦点をあてて高大接続改革を論じてきた。だが、第2節第1項でも述べたように、高大接続の方法は入試に限定されない。

荒井・橋本（2005）は、ユニバーサル段階を迎えた今日、従来の入試選抜に替わる新しい接続形態が必要になったとし、それを「教育接続」と呼んでいる。

日本の場合、小学校から高校までは学習指導要領によって教育内容の連続性が保たれている。だが、高校教育と大学教育は入試という接点によってつながっているだけで、教育内容や求められる学力の連続性は十分考えられてこなかった。これに対し、ヨーロッパ型の大学入学者選抜制度では、中等教育修了資格試験が同時に大学入学資格試験を兼ねている。たとえば、フランスのバカロレア（Baccalauréat）、ドイツのアビトゥーア（Abitur）などがその代表である。

今回の入試改革では、中等教育修了資格試験の導入は行われていないが、文部科学省は、2013年、国際バカロレア（International Baccalaureate：IB）の認定校を2018年までに200校に増やす「IB200校計画」を打ち出した[10]。国際バカロレアは、国際バカロレア機構（本部：ジュネーブ）が定める教育プログラムで、資質・能力の育成をめざすそのカリキュラムは、現在の日本の教育改革を先取りしたものと見なされている。また、高校生相当のディプロマ・プログラム（IBDP）では、プログラムを修了して最終試験に合格すると、国際的な通用性のある大学入学資格（国際バカロレア資格）が取得できる（渋谷, 2016）。つまり、中等教育修了資格試験が同時に大学入学資格試験を兼ねているのである。2016年度からは、外国語と芸術科目以外は日本語で受けることも可能になり、急速に普及しつつある。

国際バカロレアは、グローバル化対応やアクティブラーニングの先進事例として扱われることが多いが、このように、教育接続の取り組みとしても注目される。

（2）その他の高大接続のかたち

　国際バカロレアはプログラムの内容と資格試験によって高大接続を行っているが、試験を介さないで、より直接的に高大接続を行う取り組みも行われている（以下、括弧内の数値は、文部科学省「大学における教育内容等の改革状況について（平成26年度）」による）。

　大学生に対して、「初年次教育」（高校から大学への円滑な移行を図るために、1年生向けに行われるプログラム。レポート作成、プレゼンテーション、図書館情報検索などが多い）を実施している大学は9割を超え（96.1％）、入学前に基礎学力の補完を目的とする「補習授業」を実施している大学も4割近くに上る（39.4％）。

　一方、高校生向けでは、大学教員が高校に出向いて行う出前授業（38.5％）だけでなく、高校生対象の公開授業の開催（28.3％）や大学の通常授業の履修（26.3％）なども行われるようになっている。

　たとえば、京都大学では、ELCAS という高校生向けの科学教育プログラムが実施されている[11]。高校生は、京都大学に月2回土曜日に通い、前期は講義を受け、後期になると7－9人ずつのチームで研究室に配属され実験・実習を行う。1年目のプログラム（約130名）の修了者のうち、希望者で優れた評価を受けた者は2年目のプログラムに進み（約30名）、大学の研究室で研究者から1対1の指導を受けることになる。このプログラムはかなり選抜性の高いものだが、大学によってはもっと幅広い高校生を対象にしたプログラムも提供されている。

◤ 第3節　進学を規定する学力以外の要因 ◢

　ここまで学力と進学の関係について、トロウの3段階モデルを土台にしながらみてきた。トロウ・モデルでは、大学進学率が50％を超えるユニバーサル段階では、大学進学の要件は「開放的」になり、個人の選択意思に基づくものになるとされていた（表11-1参照）。だが、現在の日本には必ずしもそうとはいえない実態がある。

第１節第２項で、大学の入りやすさを示す「収容力」（入学者数／志願者数）が、2015年には93.7％に達していることを述べた。だが、この数値は、分母が志願者数（＝実際に受験した者の数）であることに注意する必要がある。つまり、大学受験をあきらめた生徒の存在は、この数値には表れないのである。

小林（2008）によれば、「学力、所得階層、性別は相互に関連しあいながら、高校生の高等教育機会の選択を複合的に規定している」（p.57）。ここでいう「高等教育機会の選択」とは、単に大学に進学するかどうかだけでなく、「国公立か私立か、自宅通学かアパート生活か」といった具体的な教育機会の選択のことである。

図11-5は、成績と家計所得がどう関連しているかを示したものである。高所得層は学力が低くても大学に進学しているのに対して、低所得層は学力によって進学率が大きく異なり、学力が低ければ進学していないことがわかる。

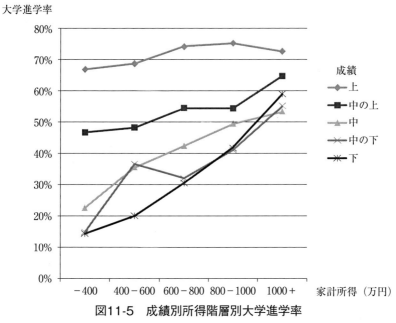

図11-5　成績別所得階層別大学進学率

（東京大学大学経営・政策研究センター「全国高校生・保護者調査」（2006年３月）より）

また、大学に入ってからの費用（学費＋生活費）でみると、「私立大学でアパート生活」（247万円）が最も高く、「私立大学で自宅通学」（177万円）と「国立大学でアパート生活」（172万円）がほぼ同額、最も安いのが「国立大学で自宅通学」（105万円）である（日本学生支援機構「学生生活調査」2006年度）。私立大学は都市部に多いので、都市部在住者の方が地方在住者より高等教育機会の選択肢が多いということになる。

　実際、大学進学率を都道府県別にみると、最も高いのは東京都（72.7％）、最も低いのは鹿児島県（35.8％）で、2倍あまりの開きがある（文部科学省「平成28年度学校基本調査」）。1人当たり県民所得は、上位3県が東京都、愛知県、静岡県、下位3県が沖縄県、鳥取県、鹿児島県となっており（内閣府「平成25年度県民経済計算」）、進学率と所得との間の相関の高さが見てとれる。なお、進学率2位の京都府（65.2％）、3位の山梨県（56.4％）は県民所得はそれほど高くないが、人口10万人あたりの大学数の多さが、進学率を押し上げていると考えられる。

　さらに大学進学率を性別でみると、全国平均では男女比は1.15（男子55.6％、女子48.2％）だが、最も性差の大きい鹿児島県では1.37である。地域差と性差が組み合わさった結果、東京都の男子は73.6％であるのに対し、鹿児島県の女子は30.1％という2.5倍近い開きになっている。

　このように、進学には学力以外の要因、とりわけ所得階層と地域、性別といった要因が大きく関わり、それらが複合的に作用していることが、データから読み取れるのである。

おわりに

　以上、本章では、「学力と進学」というテーマについて4つの問いを立て、議論してきた。どんなことが明らかになったのかを4つの問いに答える形でまとめておこう。

（1）大学進学率の上昇は、大学入学者の選抜方法をどう変えてきたのか。

　大学進学率の上昇が大学教育の質を変えるというトロウ・モデルにしたがえ

ば、日本では、1960年代前半にマス段階に、2000年代半ばにユニバーサル段階に突入したということができる。ただ、日本の場合、ユニバーサル段階に入ったからといって、大学進学が、誰に対しても開かれ個人の意思で選択できる、というふうにはならなかった。ほとんど学力不問で入れる大学が生まれる一方で、一部の大学では厳しい選抜が残り、前者の「マス選抜」では推薦入試やAO入試などが、後者の「エリート選抜」では一般入試（特に学力試験を重視）が用いられるという、選抜方法の二分化が見られるようになった。

（２）選抜方法の改革をめぐってどんな議論が行われてきたのか。

　このような二分化に対して、その区分を廃止し、大学入学希望者の多様な能力を多元的に評価しようとする選抜への改革が、ユニバーサル化を目前にした世紀の変わり目の頃から議論されてきた。2014年の高大接続答申では、現在のセンター試験に代わる「新テスト」が提案され、2020年度の実施に向けて具体的な方法の検討が進められている。また、「各大学における個別選抜」では、これまで学力試験に依存していたエリート型の大学においても、学力を重視したAO入試が試みられ始めている。

　学力か人物か、客観テストか記述試験かといった議論は、明治以来繰り返されてきたが、現在の改革は、「AかBか」ではなく「AもBも」追求している点に特徴がある。そのために、学力観そのものを広げ、「知識・技能」だけでなく、「思考力・判断力・表現力などの能力」、「主体性・多様性・協働性などの態度」も学力に含めるという方策がとられている。この学力観には、高校と大学をつなぐ働きも期待されている。

（３）高校と大学を接続する方法として、入試以外にどんな方法が考えられるか。

　入試は高校と大学を点でつなぐが、もっと日常的に高校生が大学での学びを体験できる高大連携の取り組みも数多くなされている。また、中等教育と高等教育のプログラムの内容に一貫性をもたせ、中等教育修了資格試験が大学入学資格試験を兼ねる国際バカロレアが、日本でも普及し始めている。

（４）大学進学を規定する要因は何か。学力以外にどんな要因があるのか。

　大学進学には、学力だけでなく、所得階層、性別といった要因が相互に関連しあいながら、複合的に関わっている。また、大学数の少ない地方では、さら

に進学率が低くなるという地域格差も生まれている。

　こうしてみると、「大学全入時代」という言葉は、二重の意味でミスリーディングであることがわかる。1つは、一部の大学では相変わらず厳しい選抜があるということである。それは今や狭い意味の学力（知識・技能）だけでなく、より広い意味の能力や態度にも評価対象を広げている。もう1つは、進学には学力以外の要因も大きく影響しているということである。大学進学、あるいは自分の行きたい大学への進学を、学力以外の要因（家庭の所得、性別、居住地など）で断念している生徒の存在にも、私たちは目を向ける必要がある。

〈注〉
（1）「推薦入試」は、出身高等学校長の推薦に基づき、原則として学力検査を免除し、調査書を主な資料として判定する入試方法である。一方「AO入試」は、入学希望者の意志で出願できる公募制となっており、詳細な書類審査と時間をかけた丁寧な面接等を組み合わせることによって、入学希望者の能力・適性や学習に対する意欲、目的意識等を総合的に判定する入試方法である。
（2）問題と資料集はすべて、京都大学特色入試のウェブサイト（http://www.nyusi.gakusei.kyoto-u.ac.jp/tokushoku/past_issues/）からダウンロードできる。
（3）新フンボルト入試のウェブサイト（http://www.ocha.ac.jp/news/h280126.html）参照。
（4）この整理は、高等教育の大衆化時代における教育制度のあり方を提言したとされる1971（昭和46）年の中央教育審議会答申「今後における学校教育の総合的な拡充整備のための基本的施策」（いわゆる「46答申」）の中間報告での整理（木村, 2010, p.246）を要約したものである。
（5）学校間格差の解消を目的として、居住地や学力などによって合格者を学区内の各校に平均的に振り分ける制度。
（6）もっとも、アメリカのSAT（Scholastic Aptitude Test）をモデルとする適性検査は、日本では結局広がらなかった。
（7）「下級学校への悪影響の排除」とは、かつての大学入試にみられた難問・奇問の排除を指している。
（8）「創造的熟達」とは、「様々な領域において経験を振り返りつつ自分なりの工夫など

による洞察を得て、高いレベルのパフォーマンスを発揮できるようになること」を指す（楠見他，2016，p.58）。

（9）「学力の３要素」とは、2007年の学校教育法改正で第30条第２項に加えられた学力の説明に対し、後に与えられた呼び名である。

（10）その後、「2020年までに200校」に変更された。認定校は2016年10月現在で101校となっている。

（11）ELCAS のウェブサイト（http://www.elcas.kyoto-u.ac.jp/）参照。

〈文献〉

荒井克弘・橋本昭彦編（2005）．高校と大学の接続──入試選抜から教育接続へ──　玉川大学出版部

中央教育審議会（2014）．新しい時代にふさわしい高大接続の実現に向けた高等学校教育、大学教育、大学入学者選抜の一体的改革について──すべての若者が夢や目標を芽吹かせ、未来に花開かせるために──（答申）

木村拓也（2010）．共通一次試験・センター試験の制度的妥当性の問題．中村高康（編）大学への進学──選抜と接続──（リーディングス日本の高等教育①）（pp.244-264）玉川大学出版部　＊初出は2008年

Klein, S., Benjamin, R., Shavelson, R., & Bolus, R. (2007). The Collegiate Learning Assessment: Facts and fantasies. *Evaluation Review*, 31(5), 415-439.

小林雅之（2008）．進学格差──深刻化する教育負担──　ちくま新書

高大接続システム改革会議（2016）．高大接続システム改革会議「最終報告」

楠見孝・南部広孝・西岡加名恵・山田剛史・斎藤有吾（2016）．パフォーマンス評価を活かした高大接続のための入試──京都大学教育学部における特色入試の取り組み──京都大学高等教育研究，22，55-66.

松下佳代（2012）．パフォーマンス評価による学習の質の評価──学習評価の構図の分析にもとづいて──　京都大学高等教育研究，18，75-114.

中村高康編（2010）．大学への進学──選抜と接続──（リーディングス日本の高等教育①）玉川大学出版部

中村高康（2011）．大衆化とメリトクラシー──教育選抜をめぐる試験と推薦のパラドクス──　東京大学出版会

OECD 教育調査団編、深代惇郎訳（1972）．日本の教育政策　朝日新聞社

渋谷真樹（2016）．国際バカロレアにみるグローバル化と高大接続──日本の教育へのインパクトに着目して──　教育学研究，83(4)，423-435.

トロウ, M., 天野郁夫・喜多村和之編訳 (1976). 高学歴社会の大学——エリートからマス
　へ—— 東京大学出版会
〈推薦図書〉
荒井克弘・橋本昭彦編 (2005). 高校と大学の接続——入試選抜から教育接続へ—— 玉
　川大学出版部
中村高康編 (2010). 大学への進学——選抜と接続——(リーディングス日本の高等教育①)
　玉川大学出版部
小林雅之 (2008). 進学格差——深刻化する教育負担—— ちくま新書

第12章

学力の国際比較

はじめに

　「学力の国際比較」と聞いて多くの人が思い浮かべるのは、何年かに一度発表される国別のランキング表ではないだろうか。新聞やテレビでは、毎回、日本が何位になったとか、順位が上がった（下がった）といったことが報道される。それだけなら、多くの人にとって、「学力の国際比較」というテーマは自分には何の関係もない遠い世界のことだろう。だが、実際には、学力の国際比較の方法やその結果は、私たちが受けている学校教育にも大きな影響を及ぼしている。

　学力の国際比較として現在行われている調査の中でも、参加国が多く、影響力も大きなものが、IEA（国際教育到達度評価学会）の TIMSS（Trends in International Mathematics and Science Study：国際数学・理科教育動向調査）と OECD（経済協力開発機構）の PISA（Programme for International Student Assessment：生徒の学習到達度調査）である。

　TIMSS は、小学4年生と中学2年生を対象として、数学と理科の分野で、学校カリキュラムの到達度（主に知識・技能が習得されているか）を測定してきた。1995（平成7）年から4年に1度実施され、2015年調査の参加国[1]は39ヶ国である。TIMSS の前身は、国際数学（理科）教育調査であり、第1回は1964年（理科は1970年）に実施され、2003年から現在の名称に変えて、調査が行われてきた[2]。50年近い歴史をもつ国際学力調査である。

　一方、PISA は、15歳児を対象として、読解・数学・科学の3つの分野を中

心に、2000年から３年に１度実施されている。参加国は、直近のPISA2015で72ヶ国に上る（国立教育政策研究所，2016a）。

この２つを比べると、TIMSSの方が歴史は古いが、現在の世界および日本の教育により強い影響を与えているのはPISAの方である。実際、参加国もTIMSSが減少傾向にあるのに対し、PISAは毎回増加している。また、PISAが始まった当初は、TIMSSとのランキングの違いが話題になったが、最近では、どちらも、シンガポール、香港、韓国、台湾、日本など、アジア諸国が上位を占めるようになってきており、両者を比較検討する意味は薄れてきている[3]。

そこで、本章ではPISAにしぼって、以下のような問いについて考えていくことにしたい。

・学力の国際比較はどのように行われているか。
・学力の国際比較から何がわかるか。
・学力の国際比較はどのような影響をもたらしてきたか。
・学力の国際比較にはどんな課題があるか。

◤ 第１節　学力の国際比較はどのように行われているか ◥

第１項　PISAの調査デザイン

（１）調査目的——15歳児のリテラシー——

PISAで調査しているのは、厳密に言えば、「学力」ではなく「リテラシー（literacy）」である。リテラシーとは、辞書的には「読み書き能力」の意味だが、PISAでは「多様な状況において問題を設定し、解決し、解釈する際に、その教科領域の知識や技能を効果的に活用してものごとを分析、推論、コミュニケートする生徒の力」（OECD, 2004, p.20）という意味に広げ、読解力（reading literacy）、数学的リテラシー（mathematical literacy）、科学的リテラシー（scientific literacy）の３つの分野を設定した。

各分野のリテラシーはさらに個別に定義がなされ、その定義も数年おきに更新されている。たとえば、最新の読解力の定義は、「自らの目標を達成し、自

らの知識と可能性を発達させ、社会に参加するために、書かれたテキストを理解し、利用し、熟考し、これに取り組むこと」（国立教育政策研究所, 2010, p.23）となっている。ここには、単に、知識や技能を活用できるという〈認知的側面〉だけでなく、読むことに対してモチベーションや興味・関心があり、読書を楽しみと感じていて、読書を多面的、ひんぱんに行っているといった〈情意的・行動的側面〉も含まれている。

　このように、PISA調査で測定しようとしているのは、学校で教えられる知識や技能を習得しているかよりもむしろ、それを活用することによって思慮深い市民として効果的に社会参加するための基礎ができているか、である。15歳というのは、多くの国で義務教育修了段階にあたる[4]。つまり、義務教育修了段階までに、社会参加の基礎となるリテラシーがどの程度形成されているかをみるのが、PISAの第一の目的だといえる。

（2）PISAの展開——PISA2000からPISA2015まで——

　表12-1は、2000年から2015年までのPISA調査の展開を整理したものである。
　調査は2000年から３年ごとに実施され、毎回、調査の中心分野が変わる。2000年と2009年は読解、2003年と2012年は数学、2006年と2015年は科学が中心分野とされた。
　この３分野以外にも調査分野が加えられることがあり、PISA2015では、「協

表12-1　PISA調査の展開

実施年	参加国数	中心分野	調査分野・方法の特徴
2000年	32	読解	
2003年	41	数学	問題解決能力も調査
2006年	57	科学	
2009年	65	読解	コンピュータ使用型調査を導入（読解のみ、オプション）
2012年	65	数学	問題解決能力・金融リテラシーも調査／コンピュータ使用型調査を拡張（科学以外、オプション）
2015年	72	科学	協同問題解決能力・金融リテラシーも調査／コンピュータ使用型調査に全面移行

同問題解決能力（collaborative problem solving）」の調査が実施された。また、これまでは紙ベースの筆記型調査が主だったが、PISA2015からはコンピュータ使用型調査に全面移行した。

前述のように、PISA2015には72ヶ国が参加し、世界の経済圏の8割以上をカバーするまでになっている。標本抽出は層化二段抽出法（まず全国の高等学校（全日制・定時制）、中等教育学校後期課程、高等専門学校の中から、調査を実施する学校を決定し、次に各学校から無作為に調査対象生徒を選ぶというやり方）で行われ、日本では、198校、高校1年生6,647人が参加した[5]。これは当該年齢人口の約0.5％にあたる。

（3）調査項目──調査問題と質問紙の二本立て──

調査項目は、調査問題（2時間）と質問紙（約30～40分）の二本立てで構成されている。調査問題には多肢選択形式や短答形式も含まれているが、自由記述（論述）形式が約4割を占める。これは、大規模国際調査ではきわめてチャレンジングな試みであり、PISAが注目される理由にもなっている。

一方、質問紙は、「生徒質問紙」と「学校質問紙」に分かれている。生徒質問紙では、生徒の家庭環境（経済的・社会的・文化的な背景など）と生徒の学習の情意的・行動的側面について、生徒自身が回答する[6]。学校質問紙の方は、学校の教育・学習環境などについて校長が回答することになっている。

このように、リテラシーの認知的側面は調査問題によって、リテラシーの情意的・行動的側面やリテラシーに影響する背景要因については質問紙によって、データが収集されている。調査問題と質問紙の二本立ては、TIMSSにも見られる学力調査の標準的なデザインであり、日本の全国学力・学習状況調査でも採用されている。

第2項　調査問題
（1）「温室効果」問題

以下では、PISA2006の科学的リテラシーで使われた「温室効果」問題（図12-1）を例に、PISAの調査問題について具体的に見ていこう（松下，2011）。

温室効果

次の課題文を読んで、以下の間に答えてください。

温室効果－事実かフィクションか

生物は、生きるためにエネルギーを必要としている。地球上で生命を維持するためのエネルギーは、太陽から得ている。太陽が宇宙空間にエネルギーを放射するのは、太陽が非常に高温だからである。このエネルギーのごく一部が地球に達している。

空気のない世界では温度変化が大きいが、地球の大気は地表をおおう防護カバーの働きをして、こうした温度変化を防いでいる。

太陽から地球へくる放射エネルギーのほとんどが地球の大気を通過する。地球はこのエネルギーの一部を吸収し、一部を地表から放射している。この放射エネルギーの一部は大気に吸収される。

その結果、地上の平均気温は、大気がない場合より高くなる。地球の大気は温室と同じ効果がある。「温室効果」というのはそのためである。

温室効果は20世紀を通じていっそう強まったと言われている。

地球の平均気温は確かに上昇している。新聞や雑誌には、二酸化炭素排出量の増加が20世紀における温暖化の主因であるとする記事がよく載っている。

太郎さんが、地球の平均気温と二酸化炭素排出量との間にどのような関係があるのか興味をもち、図書館で次のような二つのグラフを見つけました。

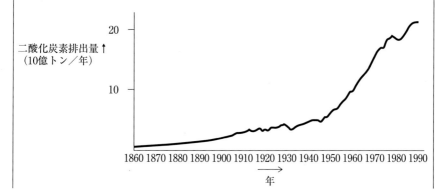

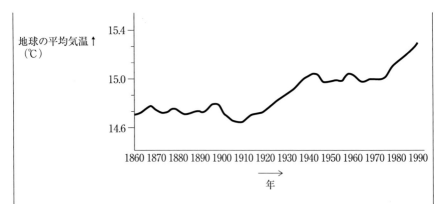

地球の平均気温↑
（℃）

15.4

15.0

14.6

1860 1870 1880 1890 1900 1910 1920 1930 1940 1950 1960 1970 1980 1990

⟶
年

　太郎さんは、この二つのグラフから、地球の平均気温が上昇したのは二酸化炭素排出量が増加したためであるという結論を出しました。

温室効果に関する問１
　太郎さんの結論は、グラフのどのようなことを根拠にしていますか。

温室効果に関する問２
　花子さんという別の生徒は、太郎さんの結論に反対しています。花子さんは、二つのグラフを比べて、グラフの一部に太郎さんの結論に反する部分があると言っています。
　グラフの中で太郎さんの結論に反する部分を一つ示し、それについて説明してください。

温室効果に関する問３　［略］

　図12-1　温室効果に関する問題（PISA2006・科学的リテラシー）

（国立教育政策研究所，2007, pp.88-92.）

PISA の調査問題は、分野によって多少の違いはあるが、だいたい、〈知識〉、〈能力・プロセス〉、〈（知識や技能が適用される）状況・文脈〉という３つの要素によって構成されている[7]。
　地球温暖化現象はいうまでもなく、人類が地球規模で直面している問題である。ただし、「クライメートゲート事件」[8]でも露わになったように、地球温暖化の真実性や原因についてはさまざまな議論がある。この調査問題は、そうしたグローバルな本物の論争的問題を取り上げている（状況・文脈）。「温室効果」については課題文の中で説明されているので、既有知識としてもっておく

ことは強く求められてはいない（知識）。問われているのは、与えられた情報やデータから、一定の科学的根拠に基づいた推論と説明ができるかどうかである（能力・プロセス）。

　このような対立する２つの意見を含む現実の問題について、それぞれの立場から推論し、論述することを要求するこの調査問題は、最も PISA らしい問題の１つといえる。PISA2009の読解力で使われた「携帯電話の安全性」や「在宅勤務」なども同じタイプの問題である。

　PISA2006の問題数は３分野あわせて、76ユニット（大問）、216題に上る。実施時間は２時間だが、問題は約6.5時間分作成されているので、平均すると、１ユニット（大問）あたり約5.1分で解答しなければならないことになる。もちろん、すべての課題文が「温室効果」問題のように長いわけではなく、問題には多肢選択形式や短答形式も含まれているが、それにしても、かなりのスピードでこなしていかねばならないことがわかるだろう。

（２）採点と尺度化・得点化

　さて、図12-1の問１・２・３はいずれも論述形式の問題である。このような論述形式の問題の採点において信頼性を確保するために、PISA では、事前に採点ガイド（コード化・採点基準のマニュアル）を作成し、採点者トレーニングや採点者間の一致度のチェックを行っている。

　問２を例にとって採点方法を具体的に見てみよう。採点基準は、完全正答（グラフの特定の部分で両者が同時に増えたり同時に減ったりしていないことを指摘し、それに対応する説明をしている）が２点、部分正答（２つの曲線の相違を述べているが、時期を特定していない、など）が１点、無答／誤答（時期の定義が不明確で、説明もまったくない、など）が０点である。

　太郎の推論のしかたの欠陥は、本当は、相関関係と因果関係を混同していること（２つの現象の変化のしかたが似ていても因果関係があるとは限らないこと）にあるのだが、問２では、２つのグラフの相関関係の不完全さを指摘すればよいことになっている。つまり、素材となっている論争的問題自体は複雑だが、生徒への設問はかなり単純化されているといえる。また、論述形式の問題

とはいっても、期待されている解答はかなりシンプルな短い記述であることにも気づかされる。これらは PISA の問題全体を通じて見られる傾向である。

このように採点された各問の得点から各国の得点が算出され、OECD 加盟国の平均得点が500点、標準偏差が100点になるよう調整される（＝得点化）。また、各分野について「習熟度レベル」を設定し（たとえば、PISA2006の科学的リテラシーはレベル6からレベル1未満までの7段階）、各レベル別の生徒の割合を算出している（＝尺度化）。

平均得点が各国の生徒のリテラシーの〈水準〉を表すのに用いられ、各習熟度レベル別の生徒の割合の分布がリテラシーの〈格差〉をみるのに使われる。「卓越性（excellence）」すなわち水準の高さと、「公平性（equity）」すなわち格差に対する社会経済文化的な背景要因の影響の小ささとが、PISA の追求する価値である。

▲ 第2節　学力の国際比較から何がわかるか ▲

第1項　教育指標の開発とデータの提供

OECD では、「経済のグローバル化とともに、世界各国の教育を共通の枠組みに基づいて比較する必要性が認識されるようになった」（国立教育政策研究所，2013, p.52）ことから、1988年に「教育インディケータ事業（Indicators of Education Systems: INES）」を開始した。PISA はその一環として実施されている。ちょうど経済指標として GDP が存在するように、教育指標として開発されたのが PISA なのである。

OECD が毎年刊行している『図表でみる教育：OECD インディケータ』（*Education at a Glance*）には INES で開発された指標・データが掲載されており、PISA の結果も他のデータと合わせて、さまざまな仕方で分析されている（OECD, 2007など）。

PISA が提供する指標には、生徒の知識・技能などに関する「基本指標」、知識・技能などが社会経済的・教育的要因などとどのように関係しているのかに

関する「背景指標」、および、数回にわたる調査によって得られる「変化指標」の３種類がある（国立教育政策研究所，2013, p.53）。これらの指標は、PISAの開始当初から設定されていたが、調査が２巡目に入ったPISA2009からは、変化指標を含めより詳細な分析が行われるようになっている。

　たとえば、PISA2012の報告書は６巻からなり、総ページ数2,400ページ超にも及ぶが、第１巻『生徒は何を知り、何を行うことができるか──数学・読解・科学の成績──』では、数学の成績について、「PISA2003での得点」を横軸、「PISA2003からPISA2012への得点変化」を縦軸とする座標上に、各国が表示されている（OECD, 2013, p.8）。356点から391点になったブラジルは、得点はまだ低いが向上した国の代表例であり、逆に、544点から519点になったフィンランドは、得点は依然として高いが低下した国の代表例となっている。また、第２巻『公平性を通じての卓越性──すべての生徒に成功の機会を与える──』では、卓越性と公平性の関係について、生徒や学校の社会経済文化的な背景要因が成績に及ぼす影響の変化を横軸、数学の得点の変化を縦軸とする座標軸上に、各国が位置づけられている（OECD, 2013, p.15）。得点が向上し、なおかつ社会経済文化的な背景要因の影響も低下した国のグループには、トルコ、メキシコ、ドイツなどが含まれている。こうした事例から、卓越性（成績水準の高さ）と公平性（格差に対する社会経済文化的な背景要因の影響の小ささ）は相互排他的な目標ではないこと、政策によって両方の改善を図ることが可能であることが主張されている。

第２項　日本の場合

　では、日本についてはPISAからどんなことがわかってきたのだろうか。日本のデータの一部をのぞいてみよう。

（１）平均得点と順位の推移

　PISAの結果で毎回、世間の注目を集めるのは順位だが、参加国の数は増加し、顔ぶれも異なるので、そのまま比較することはできない。しかし、得点については OECD 加盟国内で調整されているので、経年変化を捉えることができる。

表12-2　PISA の平均得点と順位の推移（日本の場合）

	2000年 （32か国）		2003年 （41か国）		2006年 （57か国）		2009年 （65か国）		2012年 （65か国）		2015年 （72か国）
読解	522点 （8位）	＞	498点 （14位）	≒	498点 （15位）	＜	520点 （8位）	＜	538点 （4位）	＞	516点 （8位）
数学	557点 （1位）		534点 （6位）	＞	523点 （10位）	≒	529点 （9位）	≒	536点 （7位）	≒	532点 （5位）
科学	550点 （2位）		548点 （2位）		531点 （6位）	≒	539点 （5位）	≒	547点 （4位）	≒	538点 （2位）

（注）得点は、読解・数学・科学が初めて中心分野になった回（それぞれ2000年、2003年、2006年）で、OECD 加盟国の平均得点が500点、標準偏差が100点になるよう調整されている。また、経年変化の把握は、初めて中心分野になった回以降で、統計的に意味があるとされている。なお、この表では、得点や順位に変動があっても有意差がない場合は「≒」で表記している。

　表12-2は、読解・数学・科学の過去６回の調査における平均得点と順位の推移を示したものである。日本の生徒は３分野とも、ほぼ一貫して好成績をおさめている。例外は、OECD 平均を割り込んだ、PISA2003と PISA2006の読解力である。これまで、算数・数学、理科の国際比較調査で常にトップクラスに位置していた日本にとって、これは初めての経験だった。

　とりわけ PISA2003の結果は、「日本版 PISA ショック」と呼ばれ——本家の「PISA ショック」は、教育先進国を自負していたドイツに PISA の結果が与えた衝撃である——、日本の教育政策に大きな影響を及ぼすことになる（第３節第１項参照）。PISA2006でも低下傾向には歯止めがかからなかったが、PISA2009、PISA2012では、特に読解力の成績が向上し、「読解力向上プログラム」などの対策が功を奏したとされた。しかし、コンピュータ使用型調査に全面移行した PISA2015では再び読解力がやや低下した。この結果を受けて、文科省は新たに学校 ICT 環境整備の加速化などの対応策を打ち出している。

（2）認知的側面と情意的・行動的側面のギャップ——日本型高学力——

　かつて、日本の子どもたちの学力は、IEA の第１回・第２回国際数学教育調査（1964年、1981年）の結果などから、高水準で格差が小さいが、学習意欲や

値が大きいほど、生徒が科学について知識を得たり学ぶことを楽しんで行っていることを示す。
（項目例）
・科学の話題について学んでいるときは、たいてい楽しい
・科学についての本を読むのが好きだ

「科学の楽しさ」指標

値が大きいほど、生徒が科学に関連する活動に積極的に取り組んでいることを示す。
（項目例）
・科学を話題にしているインターネットを見る
・科学を話題にしているテレビ番組を見る

「科学に関連する活動」指標

「理科学習に対する道具的な動機付け」指標

値が大きいほど、生徒が自分の将来に理科の学習が役立つと感じていることを示す。
（項目例）
・将来自分の就きたい仕事で役に立つから、努力して理科の科目を勉強することは大切だ
・理科の科目を勉強することは、将来の仕事の可能性を広げてくれるので、私にとってやりがいがある

値が大きいほど、生徒がある文脈で科学の知識を使うことができるという自分の能力への信頼を示す。
（項目例）
・地震がひんばんに発生する地域とそうでない地域があるのはなぜかについて説明すること
・病気の治療で使う抗生物質にはどのような働きがあるのかを説明すること

「理科学習者としての自己効力感」指標

―― 日本(2015年)　‥‥‥ 日本(2006年)　―― OECD平均(2015年)　‥‥‥ OECD平均(2006年)

図12-2　科学的リテラシー（情意的側面）の経年変化

（国立教育政策研究所，2016b, p.4.）

（注）点線は2006年、実線は2015年、内側が日本、外側が OECD 平均

関心は低いとされ、「日本型高学力」と呼ばれていた（須藤，1993）。

　この50年の間に「日本型高学力」に変化はあったのだろうか。最新のPISA2015で、中心分野となっている科学的リテラシーの結果を見てみよう（国立教育政策研究所，2016a, 2016b）。図12-2は、科学的リテラシーの情意的・行動的側面について尋ねた質問紙調査の結果を、2006年と2015年で比較したものである。

　一見してわかるとおり、「科学の楽しさ」、「科学に関連する活動」、「理科学習者としての自己効力感」、「理科学習に対する道具的な動機付け」のどの指標でも、日本の生徒は OECD 平均より低い。ただし、「理科学習に対する道具的な動機付け」（自分の将来に理解の学習が役立つと感じている）は、この９年間に大きく伸び、OECD 平均に近づいている。これまでの PISA 調査によれば、読解や数学でも、類似の傾向（依然として低いが、部分的には改善している）が認められる。

質問紙調査の結果には、ネガティビティ・バイアス（全体的にネガティブな回答をする傾向。アジア人は欧米人よりその傾向が強いとされる）が影響している可能性があり（村山，2006）、単純な国際比較には慎重であるべきだが、経年変化はそうしたバイアスの影響を免れていると考えられ、注目に値する。

　こうしてみると、認知的側面（知識・技能）の高さと情意的・行動的側面（関心・態度など）の低さのギャップという日本型高学力の特徴は、大きくは変わっていないが、変化の兆しは見られるといえる。

◤ 第3節　学力の国際比較はどんな影響をもたらしてきたか ◢

第1項　日本の教育政策への影響

　では、PISA は教育政策にどのような影響を与えてきたのだろうか。表12-3に、日本の教育政策への影響を簡単にまとめた。

　日本の教育への PISA の影響は「政策転換への直接的影響」と「構造変化への間接的影響」に分けて論じることができる（松下，2012）。政策転換とは、PISA2003のもたらした「日本版 PISA ショック」により、90年代末から続いていた学力論争に事実上の終止符が打たれ、ゆとり教育から学力向上へと政策が転換したことである。まず「読解力向上プログラム」が打ち出され、さらに2007年には、学校教育法の改正によって、PISA リテラシーと類似した「思考力・判断力・表現力」を含む「学力の3要素」[9]が教育目標に据えられた。また同じ年には、PISA 型の「B問題」を含んだ全国学力・学習状況調査も始まった。この政策転換は、2008・2009年に学習指導要領が改訂されたことによって完了したが、2017・2018年改訂の学習指導要領にも「資質・能力の育成」という形で引き継がれている。

　このような動きは、単に、ゆとり教育から学力向上へという政策転換だけでなく、学校教育の構造変化も伴っていた。構造変化とは、「国の責任によるインプット（目標設定とその実現のための基盤整備）を土台にして、プロセス（実施過程）は市区町村や学校が担い、アウトカム（教育の結果）を国の責任で検

表12-3　日本の教育政策への PISA の影響

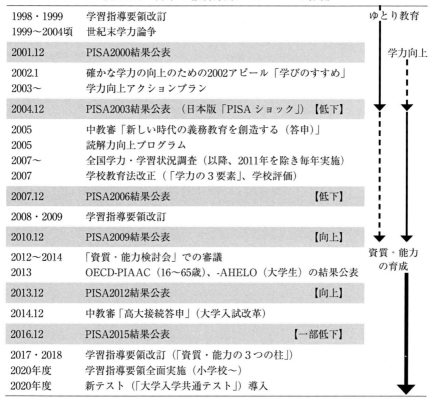

1998・1999	学習指導要領改訂	ゆとり教育
1999～2004頃	世紀末学力論争	
2001.12	PISA2000結果公表	学力向上
2002.1	確かな学力の向上のための2002アピール「学びのすすめ」	
2003～	学力向上アクションプラン	
2004.12	PISA2003結果公表　（日本版「PISAショック」）【低下】	
2005	中教審「新しい時代の義務教育を創造する（答申）」	
2005	読解力向上プログラム	
2007～	全国学力・学習状況調査（以降、2011年を除き毎年実施）	
2007	学校教育法改正（「学力の3要素」、学校評価）	
2007.12	PISA2006結果公表　【低下】	
2008・2009	学習指導要領改訂	
2010.12	PISA2009結果公表　【向上】	
2012～2014	「資質・能力検討会」での審議	資質・能力
2013	OECD-PIAAC（16～65歳）、-AHELO（大学生）の結果公表	の育成
2013.12	PISA2012結果公表　【向上】	
2014.12	中教審「高大接続答申」（大学入試改革）	
2016.12	PISA2015結果公表　【一部低下】	
2017・2018	学習指導要領改訂（「資質・能力の3つの柱」）	
2020年度	学習指導要領全面実施（小学校～）	
2020年度	新テスト（「大学入学共通テスト」）導入	

証し、質を保証する教育システムへの転換」（中央教育審議会, 2005）を指す。PISA 調査やその影響を受けて始まった全国学力・学習状況調査の結果は、この「アウトカム」の検証を行うためのデータとして位置づけられたのである。

　このような PISA 調査の影響を受けながら進められた日本の教育改革を、当時の政策責任者は、「エビデンスに基づく改善サイクルの構築」と表現している（鈴木, 2011）。

第2項　教育のグローバル化の促進

　PISA は日本だけでなく、各国の教育政策にも大きな影響を及ぼしている（松

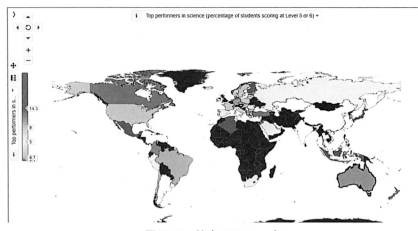

図12-3　教育 GPS の一部

（http://gpseducation.oecd.org/）

下，2014）。PISA 調査が 2 巡目に入り [10]、経年変化のより詳細な分析が可能
になった PISA2009以降、PISA ですぐれた成績をおさめている国（strong
performers）や PISA の結果が向上している国（successful reformers）から教育
政策を学ぶような仕組みを、OECD は積極的に提案するようになってきた。た
とえば、『PISA から見る、できる国・頑張る国（*Strong Performers and Success-
ful Reformers: Lessons from PISA*）』（OECD, 2010, 2012）というシリーズの刊行や、
"教育 GPS" という装置などである（図12-3参照）。普通の GPS（global posi-
tioning system）は地球上での現在位置を知らせるシステムだが、教育 GPS は、
グローバルな世界の中での自国の教育の位置を知らせるシステムだ。特定の指
標を入れれば、すぐに自国の位置（ランキング）が地図上に示され、自国のデー
タだけでなくベンチマーキング（競合するすぐれた国のパフォーマンスと比
較・分析する活動）する相手の国のデータもすぐ入手できるようになっている。
　こうして今や、PISA は、単なる調査にとどまらず、教育改革を推進する道
具の役割を果たすにいたっている。

おわりに

　この15年の間に、PISA の参加国は次第に増加し、PISA はグローバル・スタンダードとしての性格を強めてきた。それに伴って、PISA は、国レベルの教育政策を評価し教育改革を方向づける上で、ますます大きな役割を演じるようになっている。PISA は高校１年生のわずか0.5％しか受けない標本調査であるが、その影響は、初等中等教育全体に及んでいる。

　PISA によって得られたデータや指標は、各国の教育を多面的にみる上で一定の有効性をもっている。たとえば、社会経済文化的背景（特に移民の子どもであること）や性差が成績に及ぼす影響、および、どこの国がそうした影響の軽減に成功しているか、といったことについての詳細な分析を、PISA は可能にした。たとえば、『21世紀の資本』で経済格差を実証的に分析したことで知られる経済学者のピケティ（Piketty, T.）は、PISA を教育のブラックボックスを開けるものとして高く評価している[11]。

　だが、PISA や TIMSS といった国際学力調査は、限界や問題点もはらんでいる。まず、こうした調査で測定できる能力は、紙ベースにしろ、コンピュータベースにしろ、既に記号（文字、図表、数式など）で表現された情報を読み解き、操作する能力（しかも、その一部）に限定されている（松下，2014）。PISA2015からは、協同問題解決能力も測定されるようになったが、これも、コンピュータ画面上のエージェントとの協同にすぎず、「違いから学ぶ」本来の協同問題解決能力を測定するものとはいいがたい（白水，2014）。

　また、日本では、PISA ショックから導入された全国学力・学習状況調査が公立学校では悉皆で行われ、自治体や学校の教育施策・教育実践を評価する、ハイ・ステイクスなテスト（被評価者にとって大きな利害関係をもつテスト）になってきている。その結果、こうしたテストで測定されない能力や特質（身体的・道徳的・市民的・芸術的な発達など）を育てようとする意欲や努力が低下するおそれがある。

　さらにいえば、学力の国際比較は、その結果に基づいた教育政策の評価と改

善を促すことにより、教育の標準化を推し進め、多様性を圧迫する恐れもある[12]。

「学力の国際比較」について、国別のランキングに踊らされるのではなく、また、自分の日常的な教育・学習活動には関係のないものとして無視するのでもなく、それがどのように行われ、そこから何がわかり、それがどんな影響を及ぼしているかを、冷静に捉える私たち自身のリテラシーが求められている。

〈注〉

（1）TIMSS も PISA も、国単位だけでなく地域（都市や州など）単位でも参加が認められているので、厳密には「参加国・地域」と表記すべきだが、本章では煩雑さを避けて「参加国」と表記する。

（2）1995年と1999年の調査は、同じ TIMSS でも、正式名称は Third International Mathematics and Science Study（第3回国際数学・理科教育調査）であった（1999年調査は、1995年調査と区別して、TIMSS-R と呼ばれた）。正式名称が現在のものになったのは2003年調査からである。ただし、形式は1995年から一貫しているので、1995年以降のデータで経年比較ができるようになっている。

（3）TIMSS については、国立教育政策研究所のウェブサイトに紹介がある（http://www.nier.go.jp/timss/）。

（4）同じ15歳児でも、留年や飛び級があり、ほとんどの国の調査対象に、3つ以上の学年の生徒が含まれている。したがって、調査対象が義務教育を修了していない場合もある（国立教育政策研究所, 2016a, p.247）。

（5）正確に言えば、高等学校、中等教育学校後期課程、高等専門学校の1年生が含まれている。

（6）PISA2015では、生徒対象に ICT 活用調査も行われた。

（7）科学的リテラシーでは、この3つの他に「態度」も付け加えられている。

（8）2009年に、英国の研究組織からメールが流出し、地球温暖化データの捏造・操作についての疑惑が、主に地球温暖化懐疑派によって喧伝された。再分析によって科学的には問題がなかったことが証明されている。

（9）「学力の3要素」とは、2007年の学校教育法改正によって付け加えられた第30条第2項の学力規定に対し、後につけられた呼び名であり、①基礎的な知識及び技能、②これらを活用して課題を解決するために必要な思考力、判断力、表現力その他の能力、

③主体的に学習に取り組む態度、の3要素を指す。

(10) 表12-1に示したように、PISA 調査の中心分野は、2000年が読解、2003年が数学、2006年が科学と移り変わり、2009年から再び読解、数学、科学という2順目のサイクルが始まった。たとえば、読解については2000年と2009年、数学については2003年と2012年、科学については2006年と2015年の結果を比較することで、より詳細な分析ができるようになっている。

(11) パリ白熱教室第3回「不平等と教育格差」（NHK 教育テレビ、2015年1月23日放送）。

(12) 2014年5月には、PISA のもつ問題点を指摘した公開書簡が、アメリカを中心とする世界の教育学者たちによって作成され、PISA のディレクターである OECD 教育局次長のシュライヒャー（Andreas Schleicher）あてに出された（https://www.theguardian.com/education/2014/may/06/oecdpisatestsdamagingeducationacademics）。

〈文献〉

中央教育審議会（2005）．新しい時代の義務教育を創造する（答申）

国立教育政策研究所編（2007）．生きるための知識と技能3――OECD 生徒の学習到達度調査（PISA）2006年調査国際結果報告書――　ぎょうせい

国立教育政策研究所編（2010）．生きるための知識と技能4――OECD 生徒の学習到達度調査（PISA）2009年調査国際結果報告書――　明石書店

国立教育政策研究所編（2013）．生きるための知識と技能5――OECD 生徒の学習到達度調査（PISA）2012年調査国際結果報告書――　明石書店

国立教育政策研究所（2016a）．OECD 生徒の学習到達度調査（PISA2015）のポイント<http://www.nier.go.jp/kokusai/pisa/pdf/2015/01_point.pdf>（2017年1月16日）

国立教育政策研究所編（2016b）．生きるための知識と技能――OECD 生徒の学習到達度調査（PISA）2015年調査国際結果報告書――　明石書店

松下佳代（2011）．〈新しい能力〉による教育の変容――DeSeCo キー・コンピテンシーとPISA リテラシーの検討――　日本労働研究雑誌, *614*, 39-49.

松下佳代（2012）．学校は、なぜこんなにも評価まみれなのか――教育のグローバル化とPISA の果たした役割――　グループ・ディダクティカ（編）教師になること、教師であり続けること――困難の中の希望――(pp.23-45)　勁草書房

松下佳代（2014）．PISA リテラシーを飼いならす――グローバルな機能的リテラシーとナショナルな教育内容――　教育学研究, *81*(2), 14-27.

村山航（2006）．PISA をいかに読み解くか. 東京大学大学院教育学研究科基礎学力研究開発センター（編）日本の教育と基礎学力――危機の構図と改革への展望――(pp.70-91)

明石書店

OECD（2004）. *Learning for tomorrow's world: First results from PISA 2003*. Paris: OECD Publishing.

OECD（2007）. 図表でみる教育：OECD インディケータ（2007年版） 明石書店

OECD（2010）. *Strong performers and successful reformers in education: Lessons from PISA for the United States*. Paris: OECD Publishing.（OECD, 渡辺良監訳（2011）. PISA から見る、できる国・頑張る国――トップを目指す教育―― 明石書店）

OECD（2012）. *Strong performers and successful reformers in education: Lessons from PISA for Japan*. OECD Publishing.（OECD, 渡辺良監訳（2012）. PISA から見る、できる国・頑張る国2――未来志向の教育を目指す：日本―― 明石書店）

OECD（2013）. *PISA 2012 results in focus: What 15-year-olds know and what they can do with what they know*. Paris: OECD Publishing.

白水始（2014）. 新たな学びと評価は日本で可能か. グリフィン、P./マクゴー、B./ケア、E., 三宅なほみ監訳. 21世紀型スキル――学びと評価の新たなかたち――(pp.205-222) 北大路書房

須藤敏昭（1993）.「日本型高学力」をどうみるか. 教育科学研究会『現代社会と教育』編集委員会（編）現代社会と教育4 知と学び(pp.33-64) 大月書店

鈴木寛（2011）. PISA 調査と日本の教育改革――エビデンスに基づく改善サイクルの構築―― OECD/Japan セミナー 2011年6月28日 <http://www.mext.go.jp/component/a_menu/other/detail/__icsFiles/afield-file/2011/07/08/1308231_02.pdf>（2017年1月16日）

〈推薦図書〉

田中耕治（編）（2008）. 新しい学力テストを読み解く 日本標準

澤野由紀子・北村友人（編）（2009）. 揺れる世界の学力マップ 明石書店

松下佳代（編）（2010）.〈新しい能力〉は教育を変えるか――学力・リテラシー・コンピテンシー―― ミネルヴァ書房

志水宏吉・鈴木勇（編）（2012）. 学力政策の比較社会学―― PISA は各国に何をもたらしたか―― 明石書店

索引

【サ行】

教職教養講座　第9巻　発達と学習
編著者・執筆者一覧

［編著者］

子安増生（こやす　ますお）………………………………………第1章

甲南大学文学部特任教授。京都大学名誉教授。1977年京都大学院教育研究科博士課程中退、博士（教育学）。愛知教育大学教育学部助手・助教授、京都大学教育学部助教授・教授、京都大学大学院教育学研究科授、京都大学大学院教育学研究科長・教育学部長を経て、2016年から現職。主要著作：著書『心の理論──心を読む心の科学──』（岩波書店、2000年）、編著『心の理論──第2世代の研究へ──』（新曜社、2016年）、編著『「心の理論」から学ぶ発達の基礎──教育・保育・自閉症理解への道──』（ミネルヴァ書房、2016年）ほか。

明和政子（みょうわ　まさこ）……………………………………第2章

京都大学大学院教育学研究科教授。京都大学大学院教育学研究科博士後期課程修了、博士（教育学）。京都大学霊長類研究所研究員、滋賀県立大学人間文化学部専任講師、京都大学大学院教育学研究科准教授を経て、現職。日本学術会議連携会員。主要著作：『心が芽ばえるとき──コミュニケーションの誕生と進化──』（NTT出版、2006年）、『まねが育むヒトの心』（岩波書店、2012年）、「真似る・真似られる──模倣の発達的・進化的変遷──」（安西祐一郎・今井むつみ・入來篤史・梅田聡・片山容一・亀田達也・開一夫・山岸俊男（編）『コミュニケーションの認知科学3　母性と社会性の起源』、岩波書店、2014年）ほか。

［執筆者］

西垣順子（にしがき　じゅんこ）…………………………………第3章

大阪市立大学大学教育研究センター准教授

西川由紀子（にしかわ　ゆきこ）‥‥‥‥‥‥‥‥‥‥‥‥‥‥‥‥第4章
　　京都華頂大学現代家政学部教授

金田茂裕（きんだ　しげひろ）‥‥‥‥‥‥‥‥‥‥‥‥‥‥‥‥‥第5章
　　関西学院大学教育学部准教授

中間玲子（なかま　れいこ）‥‥‥‥‥‥‥‥‥‥‥‥‥‥‥‥‥‥第6章
　　兵庫教育大学大学院学校教育研究科教授

赤木和重（あかぎ　かずしげ）‥‥‥‥‥‥‥‥‥‥‥‥‥‥‥‥‥第7章
　　神戸大学大学院人間発達環境学研究科准教授

高橋菜穂子（たかはし　なほこ）‥‥‥‥‥‥‥‥‥‥‥‥‥‥‥‥第8章
　　大阪総合保育大学総合保育研究所嘱託研究員

坂上裕子（さかがみ　ひろこ）‥‥‥‥‥‥‥‥‥‥‥‥‥‥‥‥‥第9章
　　青山学院大学教育人間科学部准教授

田中友香理（たなか　ゆかり）‥‥‥‥‥‥‥‥‥‥‥‥‥‥‥‥第10章
　　京都大学大学院教育学研究科研修員

松下佳代（まつした　かよ）‥‥‥‥‥‥‥‥‥‥‥‥‥‥‥第11・12章
　　京都大学高等教育研究開発推進センター教授

［索引作成協力者］

小林　慧（こばやし　けい）
　　京都大学大学院教育学研究科明和研究室技術補佐員

教職教養講座　第9巻

発達と学習

平成29年12月18日　　第 1 刷発行

監修者　高見　　茂
　　　　田中耕治
　　　　矢野智司
　　　　稲垣恭子
編著者　子安増生 ©
　　　　明和政子 ©
発行者　小貫輝雄
発行所　協同出版株式会社
　　　　〒101-0054　東京都千代田区神田錦町2-5
　　　　　　　　　電話 03-3295-1341
　　　　　　　　　振替 00190-4-94061

乱丁・落丁はお取り替えします。定価はカバーに表示してあります。

ISBN 978-4-319-00331-0

教職教養講座

高見 茂・田中 耕治・矢野 智司・稲垣 恭子　監修

全15巻　A5版

協同出版